从长安出发
——丝路申遗成功十周年主题展

Starting from Chang'an
Theme Exhibition of the 10th Anniversary of Inscription of the Silk Roads on World Heritage List

Начиная с Чанъаня
Тематическая выставка о праздновании 10-летия успешного включения Шелкового пути в список Всемирного культурного наследия

陕西历史博物馆　编
Prepared by Shaanxi History Museum
Под редакцией Исторического Музея провинции Шэньси

侯宁彬　主编
Editor-in-Chief Hou Ningbin
Главный редактор Хоу Нинбинь

西北大学出版社·西安
Northwest University Press · Xi'an
Издательство Северо-Западного университета · Сиань

《从长安出发——丝路申遗成功十周年主题展》编委会

Editorial Committee of *Starting from Chang'an — Theme Exhibition of the 10th Anniversary of Inscription of the Silk Roads on World Heritage List*

Редакционная коллегия «Начиная с Чанъаня: Тематическая выставка о праздновании 10-летия успешного включения Шелкового пути в список Всемирного культурного наследия»

主　任
Director
Директор

侯宁彬

副主任
Deputy Directors
Заместитель директора

庞雅妮　魏成广　朱　铭　步　雁

委　员
Committee Members
Члены редколлегии

程　俊　钱锡娟　杨成成　马军辉
任　刚　许　晨　杨效俊　卢　轩
路智勇　任雪莉　王　洪　呼　啸
代　军　姜　涛　廉　钰　吴崔博
刘　艺

主　编
Editor-in-Chief
Главный редактор

侯宁彬

副主编
Deputy Editor-in-Chief
Заместитель главного редактора

任雪莉

编　著
Compiler
Составитель

岳敏静

参与撰稿
Contributors
Авторы

杨传宇　张　萍　赵雪芬　常燕娜　刘维玉
丽娜·巴合提别克　石燕燕　马　榕
阿迪力·阿布力孜　陈新勇　付　昶
岳启龙　余瀚静　王媛媛
奴尔买买提·卡迪尔　赵江南　侯雅丹

展览组织与实施
Exhibition Organization and Execution
Организация и реализация выставки

展览总策划 / Exhibition Chief Planner / Главный планировщик выставки
侯宁彬

项目负责人 / Project Leader / Руководитель проекта
任雪莉

策展人 / Curator / Куратор
岳敏静

展览协助 / Exhibition Assistance / Помощники в организации выставки

谭前学	于志勇	李文英	王建新	张宏志	陶 亮
丁 岩	田有前	席 琳	李 坤	唐云鹏	伏海翔
刘思哲	肖从礼	刘光煜	杨 瑞	贺延军	曹学文
何艳丽	孙 静	郑 莉	闫 慧	黄 超	刘 瑞

Кольченко Валерий

展品实施 / Exhibit Managers / Менеджер экспонатов

张 正	惠月瑶	张 建	吴晓璇	张 梅
田卫丽	姜 晨	潘 婷	陈闽非	张 扅
魏秋萍	秦 妍	杨 洁	白 璐	张旭东
	赵 青	王 军	邓蕊婷	

致辞一

2014年6月22日，第38届世界遗产大会宣布，中国、哈萨克斯坦、吉尔吉斯斯坦三国联合申报的"丝绸之路：长安—天山廊道的路网"成功列入《世界遗产名录》。这是首例跨国合作、成功申遗的项目，具有全球性示范意义。2023年"5·18"国际博物馆日，中国国家文物局宣布：陕西省西安市为2024年"5·18"国际博物馆日中国主会场活动举办城市，陕西历史博物馆秦汉馆为活动具体承办地。

"从长安出发——丝路申遗成功十周年主题展"是为纪念中、哈、吉三国联合申遗成功暨为2024年"5·18"国际博物馆日主场城市活动而专门策划的专题性临时展览，其目的是展示"丝绸之路：长安—天山廊道的路网"上的33处遗址点的前世今生，彰显中、哈、吉三国在文化遗产保护传承方面取得的成就，同时也为陕西历史博物馆秦汉馆正式对外开放呐喊助威。

本次展览主要有三个方面的特点：

一是展览主题鲜明。丝绸之路横贯亚欧大陆，对世界文明的发展演变产生过重大而深远的影响，是一项对人类文明与文化交流极具影响力的线性遗产。"丝绸之路：长安—天山廊道的路网"成功列入《世界遗产名录》，是中国和中亚各国在遗产保护、研究、展示、利用方面联合行动的巨大成果，值得大书特书。

展览分为三大部分。第一部分"申遗历程：中国-中亚联合的典范"，回顾申遗历程，并重温2014年6月22日卡塔尔多哈世界遗产大会上激动人心的历史时刻。第二部分"丝绸之路：长安—天山廊道的路网"，根据遗址点的类型，以代表性文物、图片、模型和音视频等多种手法展示丝路遗产的突出普遍价值。第三部分"保护传承：亚洲-世界文化的共享"，从国家层面的对话出发，展示达成共识之后的联合行动，包括对文化遗产的联合考古、联合保护和交流互鉴等。

本次展览呈现了丝绸之路的前世今生，主要目的是在唤起所有人对丝绸之路记忆的基础上，让大家全方位了解丝绸之路世界遗产，实现古今对话，传播丝路探索精神。这不仅是对人类过去文明成果的留存与尊重，更是对未来世界实现可持续发展的新探索。

二是展览内容丰富。为了充分展示世界遗产的突出普遍价值，呈现丝路申遗成功10年来的工作成果，策展团队先后实地踏查中国陕西、河南、甘肃、新疆以及哈萨克斯坦和吉尔吉斯斯坦的诸遗址点。通过重走"丝绸之路：长安—天山廊道的路网"，切身感受路网沿途的城镇村落、高山草地、沙漠戈壁、绿洲河谷等亚洲内陆极富特色的地貌景观，为展览积累丰富的素材。

本次展览通过330余件（组）材质多样、造型独特的文物，展示"丝绸之路：长安—天山廊道的路网"上的文化交融。重点文物包括简牍、文书、丝织品、佛教造像、钱币、金属饰品、壁画、木俑、陶俑以及日常生产、生活用具，通过古今时空对照、史实与艺术想象对照、世俗与宗教对照、国家政策与个体行为对照等，力求多层次、多角度反映丝绸之路文化遗产，体现漫漫历史长河中的国家力量和人文精神。

与此同时，为突出时空对话，展览以申遗工作为线索，集中展示中外联合考古、遗产保护、展示利用等成果。尤其是立足陕西在中国-中亚双边或多边人文交流活动方面的工作开展情况，重点展示近年来中国西北大学、陕西省考古研究院等机构联合考古和保护利用工作成果。这既是对丝绸之路的重新探索，也是对丝路精神的传承弘扬。

三是展览意义深远。数千年来，生活在亚欧大陆上的人们以各种方式进行沟通，路途的险峻和政权的更迭从来都没能阻止交流的步伐。19世纪末，费迪南·冯·李希霍芬赋予汉代中国与中亚、印度等地交通线路以"丝绸之路"的称号，无疑具有里程碑意义；21世纪，中国联合中亚有关国家开展跨国申遗，"丝绸之路：长安—天山廊道的路网"申遗成功，是新时代世界对丝绸之路文化遗产保护传承的贡献。

作为"世界遗产语境下的丝绸之路"主题展，本次展览以33处遗址点为主体，立足前世，审视当下，展望未来，从长安出发，贯通整个亚欧大陆，通过点、线、面相结合的形式，在全面阐释遗产价值的基础上，突出展示申遗成功10年间丝绸之路世界遗产的保护、研究、展示、利用等的最新成果。

2023年，塔吉克斯坦、土库曼斯坦、乌兹别克斯坦三国联合申报的"丝绸之路：泽拉夫善—卡拉库姆的廊道"成功列入《世界遗产名录》。这是对"丝绸之路：长安—天山廊道的路网"申遗成功重大意义的最好诠释，也为"海上丝绸之路"的联合申遗奠定了坚实的基础。

2024年"5·18"国际博物馆日的主题是"博物馆致力于教育和研究"。"从长安出发——丝路申遗成功十周年主题展"就是想通过传播世界遗产知识，一起重温丝绸之路的辉煌历史，唤起广大民众对保护遗产、传承文明、弘扬文化的共鸣。

丝绸之路，在时空中蔓延；丝路精神，注定生生不息！

陕西历史博物馆馆长

侯宁彬

2024年5月

Address I

On June 22, 2014, the 38th Session of the World Heritage Committee announced that the "Silk Roads: the Routes Network of Chang'an-Tianshan Corridor" jointly nominated by China, Kazakhstan and Kyrgyzstan was successfully inscribed in the *World Heritage List.* This is the first cross-border cooperation and successful application for World Heritage status project, with global demonstration significance. On the May 18 International Museum Day 2023, the National Cultural Heritage Administration of China announced that Xi'an, Shaanxi Province, is the host city for the main event of the May 18 International Museum Day 2024 in China, and the Qin Han Museum of the Shaanxi History Museum is the venue for the event.

The "Starting from Chang'an—Theme Exhibition of the 10th Anniversary of Inscription of the Silk Roads on World Heritage List" is a provisional exhibition specially planned to commemorate the successful joint application for World Heritage by China, Kazakhstan, and Kyrgyzstan, and for the host city event of the May 18 International Museum Day 2024, to showcase the past and present of 33 heritage sites on the "Silk Roads: the Routes Network of Chang'an-Tianshan Corridor". It also highlights the achievements of China, Kazakhstan, and Kyrgyzstan in cultural heritage conservation and inheritance, and promotes the official opening of the Qin Han Museum of the Shaanxi History Museum to the public.

This exhibition has three main characteristics:

Firstly, the exhibition has a distinct theme. Spanning across the Eurasian continent, the Silk Road has had a significant and far-reaching impact on the development and evolution of world civilization. It is a linear heritage that has had a great influence on human civilization and cultural exchange. The fact that the "Silk Roads: the Routes Network of Chang'an-Tianshan Corridor" has been inscribed on the *World Heritage List* is a huge achievement of joint actions of China and Central Asian countries in conservation, research, display and utilization of heritages, and is well worth writing about.

The exhibition is divided into three parts. The first part, "Nomination Process: A Model of China-Central Asia Cooperation", reviews the application process and revisits the exciting historical moment at the Session of the World Heritage Committee in Doha, Qatar on June 22, 2014. The second part, the "Silk Roads: the Routes Network of Chang'an-Tianshan Corridor", showcases the outstanding universal value of the Silk Road heritage through various methods such as representative cultural relics, pictures, models, and audio and video works, based on the types of archaeological sites. The third part, "Conservation and Inheritance: Sharing Asian and World Cultures", showcases joint actions after reaching consensus through dialogue at the national level, including joint archaeology, joint conservation, and exchange and mutual learning of cultural heritage.

This exhibition presents the past and present of the Silk Road, with the main purpose of arousing people's memory of the Silk Road, enabling them to comprehensively understand the Silk Road as the World Heritage, achieving dialogue between ancient and modern times, and spreading the exploration spirit of the Silk Road. This is not only a preservation and respect for the accomplishments of human civilization in the past, but also a new exploration for achieving sustainable development in the future world.

Secondly, the exhibition offers rich contents. In order to fully demonstrate the outstanding universal value of the World Heritage and present the achievements of the Silk Road's successful application for the World Heritage status over the past decade, the curatorial team has conducted on-site visits to various sites in Shaanxi, Henan, Gansu, Xinjiang in China, Kazakhstan, and Kyrgyzstan. By retracing the route of the "Silk Roads: the Routes Network of Chang'an-Tianshan Corridor", they have experienced the unique landforms and landscapes of the Asian inland, such as towns, villages, high mountains, grasslands, deserts, Gobi, oases, and river valleys along the routes network, and accumulated rich materials for the exhibition.

This exhibition showcases the cultural integration on the "Silk Roads: the Routes Network of Chang'an-Tianshan Corridor" through more than 330 cultural relics with diverse materials and unique shapes. Key cultural relics on the Silk Road include bamboo slips, documents, silk fabrics, Buddhist statues, coins, metal ornaments, murals, wooden figurines, terracotta figurines, as well as daily production tools and living utensils. Through the comparisons of ancient and modern time and space, historical facts and artistic imagination, secularity and religion, national policies and individual behavior, etc., the exhibition strives to reflect the cultural heritage of the Silk Road from multiple levels and perspectives, as well as the national strength and humanistic spirit in the long history.

At the same time, in order to highlight the dialogue in time and space, the exhibition focuses on the application for World Heritage status and showcases the achievements of Sino-foreign joint archaeology, heritage conservation, exhibition and utilization. Especially based on the work of Shaanxi in bilateral or multilateral cultural exchange activities between China and Central Asia, the focus is on showcasing the achievements of joint archaeological, conservation and utilization work by institutions such as Northwest University and Shaanxi Academy of Archaeology in recent years. This is not only a re-exploration of the Silk Road, but also a continuation and promotion of the spirit of the Silk Road.

Thirdly, the exhibition has profound significance. For thousands of years, people living on the Eurasian continent have communicated in various ways, and the steep roads and changes in political power have never stopped the pace of communication. At the end of the 19th century, Ferdinand von Richthofen bestowed the title of "the Silk Road" on the transportation routes between China and Central Asia, India, and other regions during Han Dynasty, which undoubtedly had a milestone significance. In the 21st century, China and the relevant Central Asian countries jointly launched a cross-border application for World Heritage of the "Silk Roads: the Routes Network of Chang'an-Tianshan Corridor". The success is the world's contribution to the conservation and inheritance of the Silk Road cultural heritage in the new era.

As the theme exhibition of "the Silk Road in the Context of World Heritage", the exhibition focuses on 33 heritage sites, which are presented based on the past, reviewing the present, and looking forward to the future. Starting from Chang'an, it connects the entire Eurasian continent, and through the combination of points, lines, and surfaces, on the basis of comprehensively explaining the value of the heritage, highlights the latest achievements in research, conservation, display, and utilization of the Silk Road World Heritage during the ten years since its successful application for World Heritage.

In 2023, the "Silk Roads: Zarafshan-Karakum Corridor" jointly nominated by Tajikistan, Turkmenistan and Uzbekistan was successfully inscribed in the *World Heritage List*. This is the best interpretation of the importance of the successful application for World Heritage status of the "Silk Roads: the Routes Network of Chang'an-Tianshan Corridor", and also lays a solid foundation for the joint application for World Heritage status of the "Maritime Silk Road".

The theme of International Museum Day on May 18th, 2024 is "Museums for Education and Research". The "Starting from Chang'an — Theme Exhibition of the 10th Anniversary of Inscription of the Silk Roads on World Heritage List" aims to spread knowledge of World Heritage, revisit the glorious history of the Silk Road together, and awaken the resonance of the general public in protecting heritage, inheriting civilization, and promoting culture.

The Silk Road spreads in time and space; the Silk Road spirit is destined to continue to thrive!

Director of Shaanxi History Museum
Hou Ningbin
May 2024

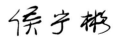

Приветственная речь I

На своей 38-й сессии (Доха, 22.06.2014 г.) Комитет всемирного наследия объявил, что «Шелковый путь: сеть маршрутов Чанъань-Тянь-Шаньского коридора», совместно объявленный Китаем, Казахстаном и Кыргызстаном, вошел в *Список Всемирного наследия*. Это первый проект транснационального сотрудничества, успешно внесенный в *Список Всемирного наследия*, который имеет глобальное демонстрационное значение. 18 мая, в Международный день музеев 2023 года Государственное управление по охране культурного наследия КНР (NCHA) объявило, что город Сиань провинции Шэньси, станет городом-организатором мероприятий, посвященных «18 мая» Международному дню музеев 2024 года в Китае, а павильон Цинь и Хань - филиал Исторического Музея провинции Шэньси - конкретным местом проведения мероприятия.

«Начиная с Чанъаня: Тематическая выставка о праздновании 10-летия успешного включения Шелкового пути в список Всемирного культурного наследия» - это специальная временная выставка, специально спланированная в честь успеха совместной заявки Китая, Казахстана и Кыргызстана на включение в список Всемирного наследия и главного городского события «5·18 Международный день музеев» в 2024 году. Цель выставки состоит в том, чтобы показать прошлое и настоящее 33 объектов наследия на «Шелковом пути: сеть маршрутов Чанъань-Тянь-Шаньского коридора», подчеркивать достижения Китая, Казахстана и Кыргызстана в защите и наследовании культурного наследия, а также приветствовать официальное открытие для публики павильона династий Цинь и Хань Исторического Музея провинции Шэньси.

Эта выставка характеризуется тремя основными аспектами:

Во-первых, тема выставки яркая. Шелковый путь пересекает азиатско-европейский континент и оказал большое и глубокое влияние на развитие и эволюцию мировой цивилизации. Это линейное наследие, которое оказывает большое влияние на человеческую цивилизацию и культурный обмен. Успешное включение «Шелкового пути: сеть маршрутов Чанъань-Тянь-Шаньского коридора» в *Список Всемирного наследия*, является огромным достижением совместных действий Китая и стран Центральной Азии в области охраны, изучения, демонстрации и использования наследия, заслуживает широкой пропаганды.

Выставка разделена на три части: первая часть «История заявки на включение в *Список Всемирного наследия*, пример объединения Китая и Центральной Азии», в которой рассматривается история заявки на включение в *Список Всемирного наследия*, и пересматриваются захватывающие исторические моменты на конференции Всемирного наследия в Дохе Катара 22 июня 2014 года; Вторая часть «Шелковый путь: сеть маршрутов Чанъань-Тянь-Шаньского коридора», демонстрирует выдающуюся универсальную ценность наследия Шелкового пути с помощью различных методов, таких как репрезентативные культурные реликвии, фотографии, модели, аудио и видео, в соответствии с типами руин; Третья часть «Сохранение и наследование: совместное использование культур Азии и мира», начинается с диалога на национальном уровне и демонстрирует совместные действия после достижения консенсуса, включая совместную археологию, совместную защиту и взаимное обучение культурному наследию.

Эта выставка представляет жизнь Шелкового пути в прошлом и настоящем, ее основная цель - пробудить память о Шелковом пути у всех людей, всесторонне понять Всемирное наследие Шелкового пути, наладить диалог между прошлым и настоящим и распространить дух исследования Шелкового пути. Это не только сохранение и уважение достижений человеческой цивилизации в прошлом, но и новое исследование будущего мира для достижения устойчивого развития.

Во-вторых, выставка богата по содержанию. Чтобы в полной мере продемонстрировать выдающуюся универсальную ценность Всемирного наследия и представить достижения Шелкового пути за последние десять лет с момента включение Шелкового пути в список Всемирного наследия, кураторская группа последовательно провела полевые исследования в Шэньси, Лояне, Ганьсу, Синьцзяне, а также в Казахстане и Кыргызстане. Пройдя вновь по «Шелковому пути: сеть маршрутов Чанъань-Тянь-Шаньского коридора», кураторы смогли познакомиться с городами и деревнями вдоль маршрута, высокогорьем и лугами, пустынями и Гоби, оазисами и долинами и другими характерными ландшафтами внутренней Азии, накопив богатый материал для выставки.

Более 330 культурных реликвий из различных материалов и уникальных форм демонстрируют культурное слияние на «Шелковом пути: сеть маршрутов Чанъань-Тянь-Шаньского коридора». Ключевые культурные реликвии включают планки и дощечки для письма, деловые бумаги, шелковые ткани, буддийские статуи, монеты, металлические украшения, фрески, деревянные погребальные статуэтки, керамические статуэтки, а также предметы повседневного производства и быта по Шелковому пути. Сопоставляя древнее и современное время и пространство, исторические факты и художественное воображение, светское и религиозное, национальную политику и индивидуальное поведение, мы стремимся отразить культурное наследие Шелкового пути на разных уровнях и с разных точек зрения, а также силу государства и гуманистический дух в долгой истории.

В то же время, чтобы подчеркнуть диалог между временем и пространством, выставка берет за основу работу по подаче заявки на включение в список Всемирного наследия и концентрируется на демонстрации достижений совместных археологических исследований между Китаем и зарубежными странами, защиты наследия, демонстрации и использования наследия. В частности, основываясь на работе Шэньси в двусторонних и многосторонних гуманитарных обменах между Китаем и Центральной Азией, выставка фокусируется на результатах совместных археологических работ, сохранении и использовании наследия, проведенных в последние годы Северо-Западным университетом Китая, Научно-исследовательским институтом археологии провинции Шэньси и другими учреждениями. Это и повторное исследование Шелкового пути, и наследование и продвижение духа Шелкового пути.

В-третьих, выставка имеет далеко идущее значение. На протяжении тысячелетий люди, живущие на континенте Евразии, общались между собой различными способами, и опасности на дорогах и смена режимов никогда не останавливали темпы обменов. В конце XIX века Фердинанд фон Рихтгофен присвоил название «Шелковый путь» транспортным маршрутам между Китаем и Центральной Азией и Индией в период династии Хань, что, несомненно, имеет эпохальное значение; в XXI веке Китай совместно с соответствующими странами Центральной Азии провел транснациональную подачу заявки на включение «Шелкового пути: сеть маршрутов Чанъань-Тянь-Шаньского коридора» в *Список Всемирного наследия,* что является вкладом мира в защиту и наследование культурного наследия Шелкового пути в новую эпоху.

Как тематическая выставка «Шелковый путь в контексте всемирного наследия», эта выставка берет 33 объекта руин в качестве основной части, основываясь на прошлых жизнях, рассматривая настоящее и заглядывая в будущее. Начиная с Чанъаня, линия выставки проходит через весь Евразийский континент, объединяя точки, линии и поверхности, на основе всестороннего объяснения ценности наследия. Одновременно она рассказывает о последних достижениях в области исследований, охраны, демонстрации и использования всемирного наследия Шелкового пути за десять лет, прошедших с момента успешного включения Шелкового пути в список Всемирного наследия.

В 2023 году совместная номинация Таджикистана, Туркменистана и Узбекистана «Шелковый путь: Зарафшан-Каракумский коридор» была успешно включена в *Список Всемирного Наследия.* Это наилучшая интерпретация значения успешного включения «Шелкового пути: сеть маршрутов Чанъань-Тянь-Шаньского коридора» в *Список Всемирного наследия,* а также закладывает прочную основу для совместной номинации «Морского Шелкового пути» в список Всемирного наследия.

В 2024 году тема «5·18 Международного дня музеев» – «Музеи для образования и исследований». «Начиная с Чанъаня: Тематическая выставка о праздновании 10-летия успешного включения Шелкового пути в список Всемирного культурного наследия» ставит своей целью вернуться к славной истории Шелкового пути через распространение знаний о мировом наследии, а также пробудить в обществе сочувствие к защите наследия, наследованию цивилизации и развитию культуры.

Шелковый путь распространяется во времени и пространстве; дух Шелкового пути обречен на бесконечность!

Директор Исторического Музея провинции Шэньси
Хоу Нинбинь
Май 2024

致辞二

亲爱的朋友们：

今年是"丝绸之路：长安—天山廊道的路网"被列入联合国教科文组织《世界遗产名录》10周年。"丝绸之路：长安—天山廊道的路网"具有数千年的历史，是伟大丝绸之路的一部分。它是哈萨克斯坦、中国和吉尔吉斯斯坦三国推进人类历史文明前沿共同取得的胜利与成就。

丝绸之路联结了数千公里的东亚和地中海地区，不仅成为主要的贸易枢纽，还是促进跨文化和跨宗教互动的"金桥"。沿着这条全球闻名的商队路线，除了贸易，城市文化得以繁荣，知识和科学也蓬勃发展。我们将在观看本次展览呈现的宝贵历史和文化文物时，见证这一点。

过去10年来，我们在研究和宣传丝绸之路遗产方面取得了巨大成功。诸多展览，如"丝路之都——陕西省文物精华图片展"（2016年）、"中国秦始皇兵马俑文物展"（2017年）以及纪念"一带一路"倡议提出5周年系列摄影展"神奇的中国"（2018年），皆是证明。值得注意的是，如今，在2017年成立的国际丝绸之路博物馆联盟的框架内，对共同文化遗产的研究仍在继续。

我深知文化机构之间相互合作的重要性，因此在国际博物馆日前夕，祝愿我们与陕西历史博物馆联合举办的"从长安出发——丝路申遗成功十周年主题展"取得圆满成功！希望本次展览能够让广大观众见证我们共同的历史、丰富的文化，并进一步加强我们的长久合作！

哈萨克斯坦国家博物馆馆长
阿伊贝克·热克塞纳利耶维奇·西迪科夫
2024年5月

Address II

Dear friends,

This year marks the 10th anniversary of the inclusion of the " Silk Roads: the Routes Network of Chang'an-Tianshan Corridor ", a part of the Great Silk Road with a millennia-long history, in the UNESCO *World Heritage List*. This is a collective victory and achievement for Kazakhstan, China, and Kyrgyzstan in advancing the forefront of civilization in human history.

The Great Silk Road, connecting thousands of kilometers of East Asian and Mediterranean regions, has become not only a major trade hub but also a golden bridge for intercultural and interreligious interaction. Along this globally renowned caravan route, besides trade, urban culture thrived, and knowledge and science flourished. We will witness this as we examine valuable historical and cultural artifacts presented in the catalog of this exhibition.

Over the past 10 years, we have achieved significant success in studying and promoting the heritage of the Great Silk Road. Exhibitions such as "Along the Great Silk Road: Cultural Heritage of Shaanxi"(2016), "Terracotta Army of Emperor Qin Shi Huang"(2017), and the photo exhibition series "Amazing China"(2018), dedicated to the 5th anniversary of " the Belt and Road ", initiative, serve as vivid evidence of this. It is worth noting that today the study of the common cultural heritage continues within the framework of the International Union of the Silk Road Museums, established in 2017.

Acknowledging the importance of mutual partnership between cultural institutions, I wish success in hosting the exhibition " Starting from Chang'an — Theme Exhibition of the 10th Anniversary of Inscription of the Silk Roads on World Heritage List ", organized jointly with the Shaanxi History Museum on the eve of the International Museum Day! I hope that this exhibition will enable a wide audience to witness our shared history, rich culture, and further strengthen our centuries-old cooperation!

Aibek Zheksenalyevich Sydykov

May 2024

Приветственная речь II

Дорогие друзья!

В этом году исполняется 10 лет с момента включения коридора Тянь-Шань, являющегося частью Великого Шелкового пути с многовековой историей, в Список всемирного наследия Международной организации ЮНЕСКО. Это общая победа и достижение для Казахстана, Китая и Кыргызстана в продвижении передовой цивилизации в истории человечества.

Великий Шелковый путь, соединивший тысячи километров восточно-азиатских и средиземноморских регионов, стал не только крупным торговым узлом, но и золотым мостом межкультурного и межрелигиозного взаимодействия. На всемирно известном караванном пути, помимо торговли, процветала городская культура, развивались знания и наука. Об этом мы убедимся, рассмотрев ценные исторические и культурные артефакты, представленные в каталоге этой выставки.

За эти 10 лет мы добились значительных успехов в изучении и продвижении наследия Великого Шелкового пути. Выставки «По Великому Шелковому пути: культурное наследие Шэньси» (2016), «Терракотовая армия императора Цинь Шихуанди» (2017), серия фотовыставок «Удивительный Китай» (2018), приуроченная к 5-летию начала проекта «Один пояс, один путь», - яркое тому доказательство. В этой связи следует особо отметить, что сегодня изучение общего культурного наследия продолжается в рамках Международного Союза музеев Шелкового пути, созданного в 2017 году.

Отмечая важность взаимного партнерства между учреждениями культуры, я желаю успеха в проведении выставки «Начиная с Чаньаня: Празднование 10- летия успешного включения в список всемирного культурного наследия», организованной совместно с Историческим музеем Шэньси в преддверии Международного дня музеев! Надеюсь, что эта выставка позволит широкому кругу зрителей увидеть нашу общую историю, богатую культуру, и еще больше укрепит наше многовековое сотрудничество!

Сөйлеу II

Құрметті достар!

Биыл сан ғасырлық тарихы бар Ұлы Жібек жолының күре тамыры саналатын Тянь-Шань дәлізінің халықаралық ЮНЕСКО ұйымының Бүкіл әлемдік мұралар тізіміне енгеніне 10 жыл толып отыр. Бұл Қазақстан, Қытай, Қырғызстан елдерінің адамзат тарихындағы озық өркениетті насихаттаудағы ортақ жеңісі мен жетістігі болып табылады.

Мыңдаған шақырымға созылған Шығыс Азия мен Жерорта теңізі аймақтарын өзара жалғаған Ұлы Жібек жолы тек ірі сауда торабы ғана емес, сондай-ақ мәдениетаралық, конфессияаралық байланыстың алтын көпіріне айналды. Әлемге әйгілі керуен жолы бойында сауда-саттықпен бірге қала мәдениеті өркендеп, білім мен ғылым қарыштап дамыды. Бұған осы көрме каталогына ұсынылып отырған құнды тарихи және мәдени жәдігерлерді тамашалау арқылы көз жеткіземіз.

Біз осы 10 жыл ішінде Ұлы Жібек жолы мұрасын зерттеуде және насихаттауда елеулі жетістіктерге қол жеткіздік. ҚР Ұлттық музейінде ұйымдастырылған «Ұлы Жібек жолымен: Шэньсидің мәдени мұралары» (2016), «Император Цинь-Шихуандидің терракоталық әскері» көрмелері (2017), «Бір белдеу, бір жол» жобасы басталуының 5 жылдығына орай «Таңғажайып Қытай» атты фотокөрмелер сериясы (2018) және тағы да басқа маңызды іс-шаралар мұның жарқын дәлелі болып табылады. Осы орайда, бүгінде ортақ мәдени мұраны зерттеу ісінің 2017 жылы құрылған Жібек жолы музейлерінің халықаралық одағы аясында жалғасып жатырғандығын ерекше атап өткен жөн.

Мәдениет мекемелері арасындағы өзара әріптестіктің маңызын атап өте келе Халықаралық музейлер күні қарсаңында Шэньси тарихи музейімен бірлесе ұйымдастырылып отырған «Чанъаньнан бастап: Әлемдік мұра тізіміне сәтті енудің 10 жылдығын тойлау» атты көрме жұмысына сәттілік тілеймін! Бұл көрме қалың көрерменге ортақ тарихымызды, бай мәдениетімізді көрсетуге және сан ғасырлық ынтымақтастығымызды одан әрі нығайта түсуге мүмкіндік береді деп сенемін!

目 录

前言……………………001

第一部分　申遗历程：中国-中亚联合的典范………005

第二部分　丝绸之路：长安—天山廊道的路网………011

第一单元　廊道上的中心城镇……………014
一、大汉中枢：汉长安城未央宫遗址……………015
二、国都新姿：汉魏洛阳城遗址……………019
三、万国衣冠：唐长安城大明宫遗址……………024
四、神都风采：隋唐洛阳城定鼎门遗址……………031
五、西行保障：高昌故城遗址……………033
六、建筑典范：交河故城遗址……………041
七、天山枢纽：北庭故城遗址……………050
八、安西重镇：碎叶城（阿克·贝西姆遗址）……………058
九、包容之城：巴拉沙衮城（布拉纳遗址）……………060
十、红河古城：新城（科拉斯纳亚·瑞希卡遗址）……………062
十一、草原重镇：开阿利克遗址……………063

第二单元　廊道上的交通及防御……………066
一、后方天堑：新安汉函谷关遗址……………067
二、保障通道：崤函古道石壕段遗址……………070
三、瓜州传奇：锁阳城遗址……………078
四、戈壁驿站：悬泉置遗址……………084
五、东西分界：玉门关遗址……………096
六、烽火天山：克孜尔尕哈烽燧……………100
七、交通枢纽：卡拉摩尔根遗址……………108

第三单元　廊道上的商贸聚落……………110
一、贸易之都：塔尔加尔遗址……………111
二、酿酒重镇：阿克托贝遗址……………114
三、粟特聚落：库兰遗址……………114
四、互通之城：奥尔内克遗址……………115
五、未完之城：阿克亚塔斯遗址……………116
六、文化之城：科斯托比遗址……………118

第四单元　廊道上的宗教⋯⋯⋯⋯⋯⋯**126**
　　一、龟兹风格：克孜尔石窟⋯⋯⋯⋯⋯⋯127
　　二、传播中心：苏巴什佛寺遗址⋯⋯⋯⋯⋯⋯136
　　三、西秦神韵：炳灵寺石窟⋯⋯⋯⋯⋯⋯146
　　四、塑绘东西：麦积山石窟⋯⋯⋯⋯⋯⋯149
　　五、长安在望：彬县大佛寺石窟⋯⋯⋯⋯⋯⋯163
　　六、大唐名胜：大雁塔⋯⋯⋯⋯⋯⋯165
　　七、晨钟祈福：小雁塔⋯⋯⋯⋯⋯⋯184
　　八、玄奘归宿：兴教寺塔⋯⋯⋯⋯⋯⋯190

第五单元　廊道上的墓葬⋯⋯⋯⋯⋯⋯**192**
　　凿空见证：张骞墓⋯⋯⋯⋯⋯⋯193

第三部分　保护传承：亚洲–世界文化的共享⋯⋯⋯⋯⋯⋯**201**

第一单元　对话——达成共识⋯⋯⋯⋯⋯⋯**202**

　　　　第二单元　行动——践行承诺⋯⋯⋯⋯⋯⋯**204**
　　　　　　一、联合考古⋯⋯⋯⋯⋯⋯205
　　　　　　二、共同保护⋯⋯⋯⋯⋯⋯213
　　　　　　三、展览互鉴⋯⋯⋯⋯⋯⋯215

　　　　结语⋯⋯⋯⋯⋯⋯**218**

研究论文⋯⋯⋯⋯⋯⋯**224**

丝绸之路上的胡人俑——唐代胡人抱囊或抱鸭形壶俑及其相关问题探讨⋯⋯⋯⋯⋯⋯冉万里 225
丝绸之路绢帛图像考——以敦煌壁画和唐墓骆驼俑为中心⋯⋯⋯⋯⋯⋯沙武田 243
哈萨克斯坦国家博物馆藏别列尔、伊塞克墓葬动物风格饰品
⋯⋯⋯⋯⋯⋯库尔曼加利耶夫·阿尔曼·凯拉托维奇 269

全书参考书目⋯⋯⋯⋯⋯⋯**280**

后记⋯⋯⋯⋯⋯⋯**281**

Contents

Preface · 002

Part 1　Nomination Process: A Model of China-Central Asian Cooperation · 004

Part 2　Silk Roads: The Routes Network of Chang'an–Tianshan Corridor · 010

Unit 1　Central Cities and Towns on the Corridor · 014

I. Center of the Great Han Dynasty: The Site of Weiyang Palace in Chang'an City of Han Dynasty · 015

II. New Look of the Capital: The Site of Luoyang City of Han and Wei Dynasties · 019

III. International Costumes: The Site of Daming Palace in Chang'an City of Tang Dynasty · 024

IV. Divine Capital Charm: The Site of Dingding Gate, Luoyang City of Sui and Tang Dynasties · 031

V. Support to Westward Travel: The Site of Qocho City · 033

VI. Architectural Model: The Site of Yar City · 041

VII. Tianshan Hub: The Site of Bashbaliq City · 050

VIII. Strategic Town in Anxi: The City of Suyab (Site of Ak-Beshim) · 058

IX. City of Inclusiveness: The City of Balasagun (Site of Burana) · 060

X. Red River Ancient City: The City of Nevaket (Site of Krasnaya Rechka) · 062

XI. Strategic Grassland Town: The Site of Kayalyk · 063

Unit 2　Transport and Defense Facilities on the Corridor · 066

I. Rear Trench: The Site of Han'gu Pass of Han Dynasty in Xin'an County · 067

II. Security Channel: The Site of Shihao Section of Xiaohan Ancient Route · 070

III. Guazhou Legend: The Site of Suoyang City · 078

IV. Gobi Post Station: The Site of Xuanquan Posthouse · 084

V. East-West Divide: The Site of Yumen Pass · 096

VI. Beacon in Tianshan Mountains: Kizilgaha Beacon Tower · 100

VII. Transportation Hub: The Site of Karamergen · 108

Unit 3　Commercial Settlements on the Corridor · 110

I. Trade Capital: The Site of Talgar · 111

II. Brewing Town: The Site of Aktobe · 114

III. Sogdian Settlement: The Site of Kulan · 114

IV. The City of Interconnection: The Site of Ornek · 115

V. Unfinished City: The Site of Akyrtas · 116

VI. The City of Culture: The Site of Kostobe · 118

Unit 4   Religions on the Corridor · 126

I. Qiuci Style: Kizil Cave-Temple Complex · 127

II. Communication Center: Subash Buddhist Ruins · 136

III. Western Qin Charm: Bingling Cave-Temple Complex · 146

IV. Sculpture and Painting of East and West: Maijishan Cave-Temple Complex · 149

V. Chang'an in Sight: Bin County Cave Temple · 163

VI. Tang Dynasty Place of Interest: Great Wild Goose Pagoda · 165

VII. Morning Bell Prayer: Small Wild Goose Pagoda · 184

VIII. Xuanzang's Destination: Xingjiaosi Pagodas · 190

Unit 5   Tombs on the Corridor · 192

Witness of Interconnection: The Tomb of Zhang Qian · 193

Part 3   Conservation and Inhertitance: Sharing of Asian and World Cultures · 200

Unit 1   Dialogue — Reaching Consensus · 202

Unit 2   Action — Fulflling Commitments · 204

I. Archaeological Partnership · 205

II. Joint Conservation · 213

III. Exhibition for Mutual Learning · 215

Epilogue · 219

Research Papers · 224

References · 280

Postscript · 282

Оглавление

Предисловие · 003

Первая часть История заявки на включение в *Список Всемирного наследия*: Пример объединения Китая и Центральной Азии · 004

Вторая часть Шелковый путь: Сеть маршрутов Чанъань-Тянь-Шаньского коридора · 010

Раздел I Центральные города и посёлки в коридоре · 014

I. Центр династии Хань: Руины дворца Вэйян в городе Чанъань династии Хань · 015

II. Новый стиль столицы: Руины города Лоян династий Хань и Вэй · 019

III. Чиновники вассальных государств: Руины дворца Дамин в городе Чанъань династии Тан · 024

IV. Элегантность легендарной столицы: Руины Диндинмэнь в городе Лоян династий Суй и Тан · 031

V. Гарантия движения на запад: Руины древнего города Царства Гаочан · 033

VI. Архитектурные образцы: Руины древнего города Цзяохэ · 041

VII. Узел гор Тянь-шань: Руины древнего города вассального правления Бейтин · 050

VIII. Военный городок при наместничестве (духуфу) Аньси: Суяб (Ак-Бешимское городище) · 058

IX. Город толерантности: Баласагун (Буранинский минарет) · 060

X. Древний город Красной реки: Невакет (Развалина Краснореченского городища) · 062

XI. Степной военный город: Развалина городища Каялык · 063

Раздел II Движение и оборона в коридоре · 066

I. Тыловой естественный рубеж: Руины заставы Ханьгу династии Хань в уезде Синьань · 067

II. Гарантийный проход: Руины на участке поселка Шихао древней казенного тракта Сяохань · 070

III. Легенда Гуачжоу: Руины города Соян · 078

IV. Почтовые станции на пустыне Гоби: Руины Сюаньцюаньчжи · 084

V. Граница между востоком и западом: Руины заставы Юймэньгуань · 096

VI. Сигнальный огонь на горах Тянь-шань: Сторожевая башня Кызыл-Кала · 100

VII. Транспортный узел: Развалина городища Карамерген · 108

Раздел III Торговые поселения в коридоре · 110

I. Столица торговли: Развалина городища Талгар · 111

II. Винокуренный город: Развалина городища Актобе · 114

III. Поселение Согдианы: Развалина городища Кулан · 114

IV. Взаимосвязанный город: Развалина городища Орнек · 115

V. Незавершенный город: Археологический памятник «Акыртас» · 116

VI. Город культуры: Развалина городища Костобе · 118

Раздел IV   Религия в коридоре · 126

I. Стиль Цюцы: Кэцзыэрские монашеские пещеры · 127

II. Центр распространения: Руины буддийского храма Субаши · 136

III. Божественный ритм Западной Цинь: Гроты храма Бинлин · 146

IV. Скульптурные и живописные Восток и Запад: Гроты Майцзишань · 149

V. Чанъань впереди: Гроты храма Дафосы в уезде Бинь · 163

VI. Достопримечательность династии Тан: Пагода Даяньта · 165

VII. Утренняя колокольная молитва: Пагода Сяояньта · 184

VIII. Пристанище после гибели Сюаньцзана: Пагода храма Синцзяосы · 190

Раздел V   Гробницы в коридоре · 192

Свидетель первого путешествия на запад: Гробница Чжан Цяня · 193

Третья часть   Сохранение и наследование: Совместное использование культур Азии и мира · 200

Раздел I   Диалог — достижение консенсуса · 202

Раздел II   Акция — Выполнение обещания · 204

I. Совместная археология · 205

II. Совместная охрана · 213

III. Взаимное обучение на выставках · 215

Заключение · 220

Исследовательские работы · 224

Литература · 280

Послесловие · 284

前言

数千年来，生活在亚欧大陆上的人们，跨越戈壁、雪山、沙漠等层层地理阻隔，沿着中西古道连续拓展形成的交通路网，进行商品贸易、思想交流和文化传播。公元前2世纪，西汉张骞出使西域，标志着中国开始了解世界，世界开始发现中国。直到19世纪末，德国地理学家费迪南·冯·李希霍芬第一次将这条庞大的交通路网冠名为"丝绸之路"。1988年，联合国教科文组织协调各国学者，全面启动了丝绸之路世界文化遗产项目。2014年6月22日，第38届世界遗产大会宣布，中国、哈萨克斯坦、吉尔吉斯斯坦三国联合申报的丝绸之路项目"丝绸之路：长安—天山廊道的路网"成功列入《世界遗产名录》，这是丝绸之路路网项目申遗成功的首例。

"从长安出发——丝路申遗成功十周年主题展"作为"世界遗产语境下的丝绸之路"主题展，为纪念2014年丝路申遗成功，以33处遗址点为基础，立足汉唐，从长安出发，贯通整个亚欧大陆。展览通过点、线、面相结合的形式，在全面阐释遗产价值的基础上，突出展示申遗成功10年间的研究新成果和保护新面貌。

Preface

For thousands of years, people living on the Eurasian continent have crossed layers of geographical barriers such as Gobi, snow-capped mountains, and deserts, and continuously expanded the formed transportation network along the ancient routes between China and the West for commodity trade, ideological exchange, and cultural dissemination. In the 2nd century BC, Zhang Qian of Western Han Dynasty was sent as an envoy to the Western Regions, marking China's beginning to understand the rest of the world and the world's beginning to discover China. It was not until the end of the 19th century that German geographer Ferdinand von Richthofen named this vast transportation network "Silk Road" for the first time. In 1988, UNESCO coordinated scholars from various countries to fully launch the Silk Road World Cultural Heritage Program. On June 22, 2014, the 38th Session of the World Heritage Committee announced that the Silk Road project "Silk Roads: the Routes Network of Chang'an-Tianshan Corridor" jointly nominated by China, Kazakhstan and Kyrgyzstan was successfully included in the *World Heritage List*, which was the first adoption of the Silk Road routes network project for world heritage.

As the theme exhibition of "the Silk Road in the Context of World Heritage", "Starting from Chang'an — Theme Exhibition of the 10th Anniversary of Inscription of the Silk Roads on World Heritage List" commemorates the adoption for World Heritage of the Silk Road in 2014. Based on 33 archaeological sites, rooted in Han and Tang Dynasties, starting from Chang'an and connecting the entire Eurasian continent, the exhibition, through the combination of points, lines and surfaces, and on the basis of comprehensively interpreting the value of heritage, highlights the new research achievements and conservation during the ten years after adoption for World Heritage.

Предисловие

На протяжении тысячелетий люди, живущие на континенте Евразии, пересекали Гоби, снежные горы, пустыни и другие географические барьеры, осуществляли торговлю товарами, обмен идеями и распространение культуры по транспортной сети, образованной последовательным расширением вдоль древних дорог между китаем и западом. Во II веке до н. э. в династии Западной Хань Чжан Цянь отправился с миссией в западные регионы, что положило начало познанию мира Китаем и открытию Китая миром. Только в конце XIX века немецкий географ Фердинанд фон Рихтгофен впервые назвал эту обширную транспортную сеть «Шелковым путем». В 1988 году ЮНЕСКО объединила усилия ученых всего мира, чтобы запустить проект Всемирного культурного наследия «Шелковый путь». На своей 38-й сессии (Доха, 22.06.2014 г.) Комитет всемирного наследия объявил, что объект «Шелковый путь: сеть маршрутов Чанъань-Тянь-Шаньского коридора», совместно объявленный Китаем, Казахстаном и Кыргызстаном, вошел в *Список Всемирного наследия*. Это стало первой успешной заявкой на проект дорожной сети на Шелковом пути.

Как тематическая выставка « Шелковый путь в контексте всемирного наследия », «Начиная с Чанъаня: Тематическая выставка о праздновании 10-летия успешного включения Шелкового пути в список Всемирного культурного наследия», берет 33 объекта руин в качестве основной части в честь успешного внесения Шелкового пути в список Всемирного наследия в 2014 году. Основываясь на династиях Хань и Тан, начиная с Чанъаня, выставка проходит через весь континент Евразии и объединяет точки, линии и поверхности. На основе всестороннего объяснения ценности наследия показываются последние достижения в исследовании и новый облик при охране наследия за десять лет, прошедших с момента успешного включения Шелкового пути в список Всемирного наследия.

Part 1
Nomination Process
A Model of China-Central Asian Cooperation

The Silk Road spans across the Eurasian continent and has had a significant and far-reaching impact on the development of world civilization. It is a heritage route that greatly influences human civilization and cultural exchange. Over the years, scholars around the world have conducted extensive research on the Silk Road, striving to provide complete and systematic support from the perspective of academic research results. The United Nations Educational, Scientific and Cultural Organization (UNESCO) coordinated scholars from various countries and developed the conceptual literature based on field investigations from 1988 to 1997. In 2001, Professor Tim Williams from the University of London was commissioned to divide the Silk Road into 55 corridors, so as to apply for UNESCO World Heritage status individually or in combination according to different corridors, promoting the practical application of the Silk Road for UNESCO World Heritage status. Since 2007, China and five Central Asian countries have officially launched the joint nomination for the World Cultural Heritage status of the Silk Road.

Первая часть
История заявки на включение в *Список Всемирного наследия*
Пример объединения Китая и Центральной Азии

Шелковый путь, протянувшийся через континент Евразия, оказал значительное и далеко идущее влияние на развитие мировой цивилизации и является наследием маршрута, оказавшего огромное влияние на человеческую цивилизацию и культурные обмены. На протяжении многих лет ученые во всем мире проводили различные исследования по Шелковому пути, стремясь обеспечить его полную и систематическую поддержку с точки зрения результатов научных исследований. ЮНЕСКО привлекла ученых из разных стран для создания концептуального документа на основе полевых исследований в 1988-1997 годах, в 2001 году поручила профессору Тиму Уильямсу из Лондонского университета разделить Шелковый путь на 55 коридоров и сделать единую или комбинированную заявку на включение в *Список Всемирного наследия* в соответствии с различными коридорами, что позволило заявке на включение Шелкового пути в список Всемирного наследия выйти на оперативный уровень. С 2007 года Китай и пять стран Центральной Азии официально запустили работу по номинации Шелкового пути в качестве целого объекта Всемирного культурного наследия.

第一部分 申遗历程

中国—中亚联合的典范

  丝绸之路横贯亚欧大陆，曾经对世界文明的发展产生了重大而深远的影响，是一项极具人类文明与文化交流影响的线路遗产。多年来，全世界的学者对丝绸之路展开了多方面的研究，力求从学术研究层面上给予其完整、系统的支撑。联合国教科文组织统筹各国学者，于1988—1997年在实地考察的基础上形成概念性文献，2001年委托伦敦大学的蒂姆·威廉姆斯教授将丝绸之路划分为55个廊道，按照不同廊道进行单一或者组合申遗，促使丝路申遗进入可操作的层面。2007年开始，中国及中亚五国正式启动了丝绸之路整体申报世界文化遗产的工作。

2007年1月	2008年6月	2009年5月	2009年11月	2010年11月	2011年5月	2012年3月
中国及中亚五国正式启动丝绸之路整体申报世界文化遗产的工作。	"丝绸之路跨国联合申报世界遗产第四轮国际协调会"在中国西安召开。	"联合国教科文组织第五次丝绸之路联合申遗分区研讨会"在哈萨克斯坦阿拉木图州召开。	"丝绸之路跨国系列申遗协调委员会第一次会议"在中国西安召开。	"丝绸之路价值与申报世界遗产工作研讨会"在中国西安召开。	"丝绸之路协调委员会第二次会议"在土库曼斯坦召开。	"丝绸之路跨国系列申遗协调委员会专家会议"在乌兹别克斯坦塔什干召开。

2012年6月 "丝绸之路廊道跨国申遗专家会议"在乌兹别克斯坦撒马尔罕召开。

2012年7月 "'丝绸之路：起始段和天山廊道的路网'工作组第一次会议"在中国西安召开。

2012年9月 "'丝绸之路：起始段和天山廊道的路网'工作组第二次会议"在中国西安召开。

2012年11月至12月 "'丝绸之路：起始段和天山廊道的路网'工作组第三次会议"在中国北京召开。

2013年1月28日 丝绸之路申遗文本成功递交。

2013年 中国国家文物局申遗预演检查组检查指导新疆、甘肃、陕西和河南遗址点。

2014年6月22日 "丝绸之路：长安—天山廊道的路网"申遗成功。

回眸之处，灿若星辰。"丝绸之路：长安—天山廊道的路网"成功列入《世界遗产名录》以来，中国和中亚各国在加强保护传承、科学规划遗址周边环境，增强各国各区域之间的沟通，以及促进经济发展方面，成果显著。丝路申遗成功为全面保护、研究、展示、利用这些世界遗产奠定了基础，不仅是对人类过去文明成果的留存与尊重，更是对未来世界实现可持续发展的新探索。

Looking back on the past, we can still see the efforts made shining like stars. Since "Silk Roads: the Routes Network of Chang'an-Tianshan Corridor" was inscribed on the *World Heritage List*, China and Central Asian countries have made remarkable achievements in strengthening the conservation and inheritance, scientifically planning the surrounding environment of the sites, enhancing communication between countries and regions, and promoting economic development. The Silk Road adopted as World Heritage property has laid the foundation for the comprehensive conservation, research, and utilization of these World Heritage sites. It is not only a preservation and respect for the accomplishments of human civilization in the past, but also a new exploration for achieving sustainable development in the future world.

То, что мы видим в ретроспективе, сияет, как звезды. После успешного включения «Шелкового путь: сеть маршрутов Чанъань-Тянь-Шанского коридора» в *Список Всемирного наследия* Китай и страны Центральной Азии достигли замечательных результатов в укреплении защиты и наследования, научном планировании окружающей среды объектов руин, связи между регионами стран и содействии экономическому развитию. Успешное включение Шелкового пути в *Список Всемирного наследия* закладывает основу для всесторонней защиты, изучения и использования этих объектов Всемирного наследия, что не только сохраняет и уважает достижения прошлых цивилизаций человечества, но и является новым исследованием для достижения устойчивого развития в будущем мире.

CONVENTION CONCERNING THE PROTECTION OF THE WORLD CULTURAL AND NATURAL HERITAGE

The World Heritage Committee has inscribed

Silk Roads: the Routes Network of Chang'an-Tianshan Corridor

on the World Heritage List

Inscription on this List confirms the outstanding universal value of a cultural or natural property which requires protection for the benefit of all humanity

DATE OF INSCRIPTION
25 June 2014

Irina Bokova
DIRECTOR-GENERAL OF UNESCO

"丝绸之路：长安—天山廊道的路网"成功列入《世界遗产名录》

"Silk Roads: the Routes Network of Chang'an-Tianshan Corridor" was successfully inscribed in the *World Heritage List*

«Шелковый путь: сеть маршрутов Чанъань-Тянь-Шаньского коридора» вошел в *Список Всемирного наследия*

Part 2
Silk Roads
The Routes Network of Chang'an–Tianshan Corridor

"Silk Roads: the Routes Network of Chang'an-Tianshan Corridor "(or "the Routes Network"), as an important component of the Silk Road, establishes a direct and long-term connection between the ancient civilization center of East Asia, the Central Plains region of China, and Zhetysu region, one of the regional civilizations in Central Asia. The total length of the Routes Network is over 8,700 kilometers, consisting of 33 representative sites distributed in China, Kazakhstan, and Kyrgyzstan, as well as their transportation and communication relationships.

Вторая часть
Шелковый путь
Сеть маршрутов Чанъань-Тянь-Шаньского коридора

Являясь важной частью Шелкового пути, «Шелковый путь сеть маршрутов Чанъань-Тянь-Шаньского коридора » (далее «сеть маршрутов») установил прямые и долгосрочные связи между «Центральными равнинами» Китая, которые были центром древних цивилизаций Восточной Азии, и историко-географическим районом «Семиречье», который был одной из региональных цивилизаций Центральной Азии. Общая протяженность сети составляет более 8 700 километров и состоит из 33 типичного памятника, расположенного на территории Китая, Казахстана и Кыргызстана, а также транспортных связей между ними.

第二部分 丝绸之路
长安—天山廊道的路网

"丝绸之路：长安—天山廊道的路网"（以下简称"路网"）作为丝绸之路的重要组成部分，在东亚古老文明中心的中国"中原地区"和中亚区域性文明之一的"七河地区"之间，建立起直接的长期联系。"路网"总长达8700多千米，由分布于中国、哈萨克斯坦和吉尔吉斯斯坦境内的33处代表性遗迹以及它们之间的交通交流关系构成。

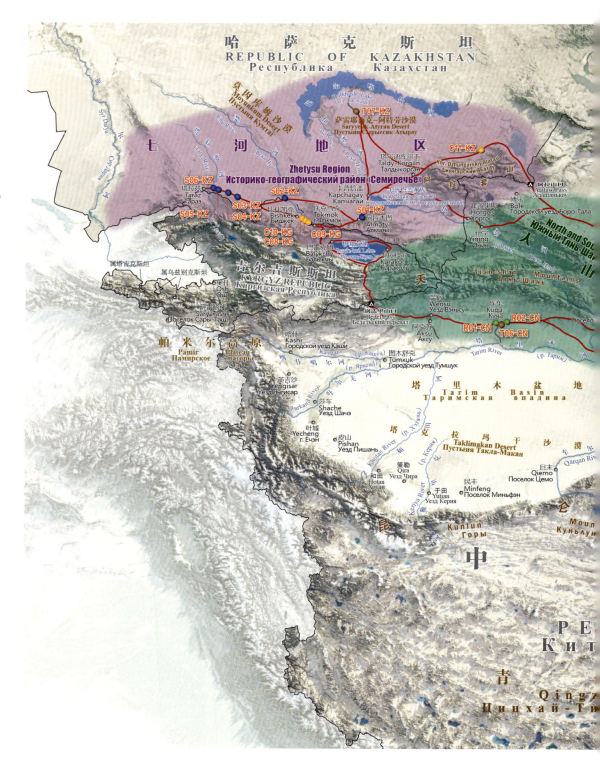

"丝绸之路：长安—天山廊道的路网"遗址分布与类型图

Map of site distribution and types of "Silk Roads: the Routes Network of Chang'an-Tianshan Corridor"

Карта распределения и типов объектов руин «Шелкового пути: сеть маршрутов Чанъань-Тянь-Шаньского коридора»

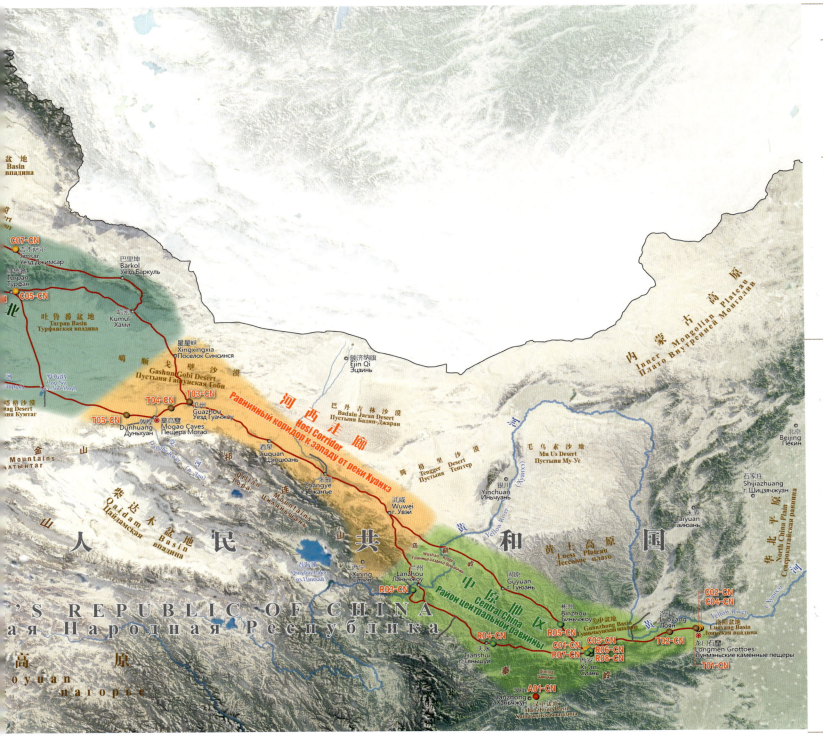

No.	Name of Site
C01-CN	汉长安城未央宫遗址 Site of Weiyang Palace in Chang'an City of Han Dynasty Руины дворцов Вэйян в городе Чанъань династии Западная Хань
C02-CN	汉魏洛阳城遗址 Site of Luoyang City of Han and Wei Dynasties Руины города Лоян в провинции династий Хань и Вэй
C03-CN	唐长安城大明宫遗址 Site of Daming Palace in Chang'an City of Tang Dynasty Руины дворцов Дамин в городе Чанъань династии Тан
C04-CN	隋唐洛阳城定鼎门遗址 Site of Dingding Gate, Luoyang City of Sui and Tang Dynasties Руины Диндинмэнь в городе Лоян династий Суй и Тан
C05-CN	高昌故城遗址 Site of Qocho City Руины древнего города Царства Гаочан
C06-CN	交河故城遗址 Site of Yar City Руины древнего города Цзяохэ
C07-CN	北庭故城遗址 Site of Bashbaliq City Руины древнего города вассального правления Бейтин
C08-KG	碎叶城（阿克-贝希姆遗址） City of Suyab (Site of Ak-Beshim) Город Суяб (Ак-Бешимское городище)
C09-KG	巴拉沙衮城（布拉纳遗址） City of Balasagun (Site of Burana) Город Баласагун (Буранинский минарет)
C10-KG	新城（科拉斯纳亚-瑞希卡遗址） City of Nevaket (Site of Krasnaya Rechka) Невакет (развалина Красноречинского городища)
C11-KZ	开阿利克遗址 Site of Kayalyk Развалина городища Каялык

No.	Name of Site
S01-KZ	塔尔加尔遗址 Site of Talgar Развалина городища Талгар
S02-KZ	阿克托贝遗址 Site of Aktobe Развалина городища Актобе
S03-KZ	库兰遗址 Site of Kulan Развалина городища Кулан
S04-KZ	奥尔内克遗址 Site of Ornek Развалина городища Орнек
S05-KZ	阿克亚塔斯遗址 Site of Akyrtas Археологический памятник «Акыртас»
S06-KZ	科斯托比遗址 Site of Kastobe Развалина городища Костобе
T01-CN	新安汉函谷关遗址 Site of Han'gu Pass of Han Dynasty in Xin'an County Руины заставы долины Ханыгу династии Хань на уезде Синьань
T02-CN	崤函古道石壕段遗址 Site of Shihao Section of Xiaohan Ancient Route Руины на участке поселка Шихао древней казенной тракта Сяохань (с г. Лоян до уезда Тунгуань)
T03-CN	锁阳城遗址 Site of Suoyang City Руины древнего города Соян
T04-CN	悬泉置遗址 Site of Xuanquan Posthouse Руины Сюаньцюаньчжи
T05-CN	玉门关遗址 Site of Yumen Pass Руины заставы Юймэньгуань

No.	Name of Site
T06-CN	克孜尔尕哈烽燧 Kizilgaha Beacon Tower Достопримечательность «Сторожевая башня Кызыл-Кала»
T07-KZ	卡拉摩尔根遗址 Site of Karamergen Развалина городища Карамерген
R01-CN	克孜尔石窟 Kizil Cave-Temple Complex Кызылские монашеские пещеры
R02-CN	苏巴什佛寺遗址 Subash Buddhist Ruins Руины буддийского храма Субаши
R03-CN	炳灵寺石窟 Bingling Cave-Temple Complex Гроты храма Бинлин
R04-CN	麦积山石窟 Maijishan Cave-Temple Complex Гроты Майцзишань
R05-CN	彬县大佛寺石窟 Bin County Cave Temple Гроты храма Дафосы в уезде Бин
R06-CN	大雁塔 Great Wild Goose Pagoda Пагода Даяньта
R07-CN	小雁塔 Small Wild Goose Pagoda Пагода Сяояньта
R08-CN	兴教寺塔 Xingjiaosi Pagodas Пагода храма Синцзяосы
A01-CN	张骞墓 Tomb of Zhang Qian Гробница Чжан Цяня

第一单元
廊道上的中心城镇

◆ 丝绸之路沿线的许多城镇，在不同的历史时期都对丝绸之路的维护和东西方文化的交流做出了贡献。这些城镇包括中原地区的长安、洛阳，河西走廊上的敦煌、武威，西域丝路南道的于阗、楼兰和北道的龟兹、焉耆、高昌，楚河流域的碎叶城、巴拉沙衮城、新城和开阿利克城等。这些中心城镇见证了公元前2世纪—公元16世纪丝绸之路在繁荣时期所起的重要推动和保障作用，印证了古代城市文化、建筑技术、多种宗教和多民族文化的交流传播。

Unit 1
Central Cities and Towns on the Corridor

Many cities and towns along the Silk Road have contributed to the maintenance of the Silk Road and the exchange of Eastern and Western cultures in different historical periods. These cities and towns include Chang'an and Luoyang in the Central Plains region, Dunhuang and Wuwei on the Hexi Corridor, Yutian and Loulan on the southern Silk Road of the Western Regions, and Qiuci, Yanqi, and Gaochang on the northern Silk Road, as well as City of Suyab, City of Balasagun, City of Nevaket, and City of Kayalyk in the Chuy valley. These central cities and towns witnessed the important role of the Silk Road during its prosperous period from the 2nd century BC to the 16th century AD, and confirmed the exchange and dissemination of ancient urban culture, architectural technology, multiple religions, and multi-ethnic cultures.

Раздел I
Центральные города и посёлки в коридоре

Многие города и посёлки вдоль Шелкового пути внесли свой вклад в поддержание Шелкового пути и обмен восточной и западной культурами в разные периоды истории. К ним относятся Чанъань и Лоян на Центральной равнине, Дуньхуан и Увэй на коридоре Хэси, Юйтянь и Лоулань на южном маршруте Шелкового пути в Западном регионе, Цюцы, Яньци и Гаочан на северном маршруте, а также города Суяб, Баласагун, Невакет и Каялык в долине реки Чу. Эти центральные города и поселки стали свидетелями важной стимулирующей и гарантирующей роли Шелкового пути в период процветания со II века до н.э. по XVI век н.э., подтверждая обмен и распространение древней городской культуры, архитектурных технологий, различных религий и многоэтнических культур.

◆ 汉长安城中最重要的宫殿是未央宫，它既是汉高祖之后西汉帝国200余年间的政令中心，也是汉帝国统治者下达"汉通西域"政令的决策地和指挥中心，更是丝绸之路最早的东方起点，是西汉帝国积极寻求与西方国家对话、交流并促成丝绸之路开辟的重要见证。

I. Center of the Great Han Dynasty:
The Site of Weiyang Palace in Chang'an City of Han Dynasty

I. Центр династии Хань:
Руины дворца Вэйян в городе Чанъань династии Хань

一 大汉中枢 汉长安城未央宫遗址

汉长安城遗址平面布局图
Layout Plan of Site of Chang'an City of Han Dynasty
План расположения руин города Чанъань династии Хань

汉长安城未央宫遗址平面图
Plan of Site of Weiyang Palace in Chang'an City of Han Dynasty
План руин дворца Вэйян в городе Чанъань династии Хань

◆ 根据考古发现，汉长安城未央宫遗址位于都城西南部，主要发现前殿、椒房殿、少府遗址和中央官署等遗迹。图片来源：中国社会科学院考古研究所刘振东研究员。

Начиная с Чанъаня: Тематическая выставка о праздновании 10-летия успешного включения Шелкового пути в список Всемирного культурного наследия

卷云纹瓦当

汉（前202—公元220）

当面直径15.6厘米，瓦身残长6.2厘米

中国新疆维吾尔自治区奇台县石城子遗址出土

新疆维吾尔自治区文物考古研究所藏

Curly Cloud Patterned Eaves Tile

Han Dynasty (202 BC – 220 AD)

Face diameter 15.6 cm, fragment length 6.2 cm

Unearthed from Shichengzi Site in Qitai County, Xinjiang Uygur Autonomous Region, China

Collection of the Institute of Cultural Relics and Archaeology of Xinjiang Uygur Autonomous Region

Круглая черепица с облакообразным орнаментом

Династия Хань (202 г. до н. э. – 220 г. н. э.)

Диаметр лицевой стороны черепицы 15,6 см, длина фрагмента 6,2 см

Обнаружена на стоянке Шичэнцзы уезда Цитай, Синьцзян-Уйгурский автономный район, Китай

Коллекция Института культурных реликвий и археологии СУАР

　　石城子遗址位于新疆维吾尔自治区昌吉回族自治州奇台县，1972年首次被发现，2014—2019年新疆文物考古研究所进行发掘。清理出的遗迹主要包括城门、城墙、角楼、护城壕、房址、窑址、墓葬等，遗物主要包括建筑材料、陶器、铜器等。石城子遗址是联结天山南北的重要通道之一，填补了新疆地区两汉时期城址考古的空白，是目前新疆发现的汉代重要军镇遗址，有力印证了两汉时期中央王朝对包括新疆在内的广大西域地区的有效治理和管辖。

几何纹瓦当

汉（前202—公元220）

当面残径10.4厘米，厚2.6厘米

中国新疆维吾尔自治区奇台县石城子遗址出土

新疆维吾尔自治区文物考古研究所藏

Geometric Patterned Eaves Tile

Han Dynasty (202 BC – 220 AD)

Residual diameter 10.4 cm, thickness 2.6 cm

Unearthed from Shichengzi Site in Qitai County, Xinjiang Uygur Autonomous Region, China

Collection of the Institute of Cultural Relics and Archaeology of Xinjiang Uygur Autonomous Region

Круглая черепица с геометрическим орнаментом

Династия Хань (202 г. до н. э. – 220 г. н. э.)

Диаметр лицевой стороны фрагмента 10,4 см, толщина 2,6 см

Обнаружена на стоянке Шичэнцзы уезда Цитай, Синьцзян-Уйгурский автономный район, Китай

Коллекция Института культурных реликвий и археологии СУАР

此简分木质和竹质两种，墨书隶体，正面或背面写有序号，原有4道编纶，今已不存，其内容为《仪礼》的部分篇章，分甲、乙、丙3种。《仪礼》共9篇，3本，总字数有27400余字，是汉代经师诵习的本子。这是目前所见《仪礼》的最古版本，为研究汉代经学和《仪礼》版本、校勘《仪礼》提供了重要的第一手材料。其书写工整秀丽，结构规范，字态端正，文字完全摆脱了篆体框架，已具成熟隶书的雍容气派。

《仪礼》简

汉（前202—公元220）
原简共469枚，长35~56厘米，宽0.8厘米，厚0.28厘米
1959年中国甘肃省武威市磨嘴子汉墓6号墓出土
甘肃省博物馆藏

Bamboo Slips of the Book of *Rites*

Han Dynasty (202 BC – 220 AD)

The number of the original bamboo slips is 469, measuring 35~56 cm in length, 0.8 cm in width, and 0.28 cm in thickness

Unearthed from Tomb No. 6 of Han Dynasty at Mozuizi in Wuwei City, Gansu Province, China, in 1959

Collection of Gansu Provincial Museum

Бамбуковые дощечки с записью книги «И-ли»

Династия Хань (202 г. до н. э. – 220 г. н. э.)

Оригиналы 469 штук, длина 35~56 см, ширина 0,8, толщина 0,28 см.

Обнаружены в 1959 году в гробнице № 6 захоронения династии Хань в Моцзуйцзы, город Увэй, провинция Ганьсу, Китай

Коллекция Музея провинции Ганьсу

二 国都新姿
汉魏洛阳城遗址

II. New Look of the Capital:
The Site of Luoyang City of Han and Wei Dynasties

II. Новый стиль столицы:
Руины города Лоян династий Хань и Вэй

◆ 汉魏洛阳城遗址位于中原地区的洛阳盆地，是1—6世纪中华文明发展史上东汉、曹魏、西晋、北魏4个重要王朝的都城，反映了中原王朝的文化特征。尤其是北魏时期，游牧民族与农耕民族在这里大融合，促生了包容、多元的城市文化。

◆ 根据目前的考古发现，汉魏洛阳城遗址主要包括宫城及内城城墙、城门、城濠、道路、水系、建筑遗址（包括宫殿、衙署、寺院、仓库等），手工业遗址，等等。这些遗存展现了城市形制的跨时空演变和交流。特别是城内的永宁寺遗址，展现了佛教在中原地区的传播和本土化过程。

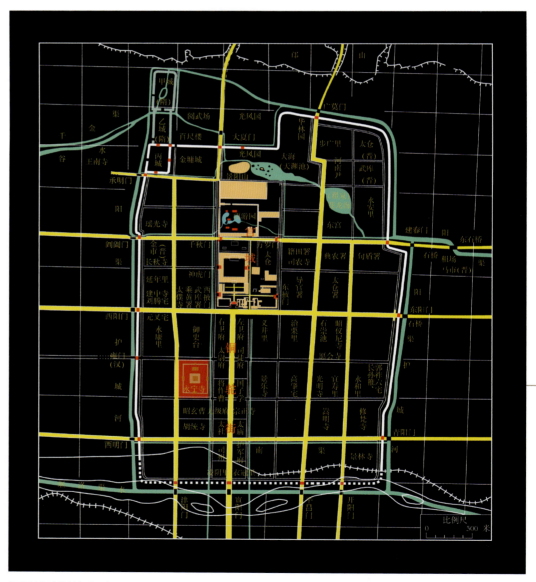

汉魏洛阳城遗址平面复原图
Plan of Restoration of Site of Luoyang City of Han and Wei Dynasties
План реконструкции руин города Лоян династий Хань и Вэй

陶百花灯

汉(前202—公元220)

高63厘米,底径23厘米

中国河南省洛阳市黄河冶炼厂油库采集

洛阳博物馆藏

Terracotta Flowers Lamp

Han Dynasty (202 BC – 220 AD)

Height 63 cm, base diameter 23 cm

Collected from the oil depot of Yellow River Smelter in Luoyang City, Henan Province, China

Collection of Luoyang Museum

Керамический светильник «Сто цветов»

Династия Хань (202 г. до н. э. – 220 г. н. э.)

Высота 63 см, диаметр основания 23 см

Собран на нефтебазе плавильного завода Хуанхэ, город Лоян, провинция Хэнань, Китай

Коллекция Лоянского Музея

整个灯由上下两部分组成。上半部分为灯柱和枝杆。灯柱中间分3层,各伸出4支曲枝以承托灯盏。在第二、三层灯盏中间各插1件龙形饰,龙形饰均有双翼,其上各坐一人。灯柱顶端为一圆形灯盏,中间和下端各有一圆盘。灯的下半部分为一喇叭形灯座,座身自下而上分为3层,塑有狗、猴、羊、鸟等动物形象以及一手扶膝、一手捂耳的人。

百花灯作为随葬明器,在河南地区多有发现。灯底座呈覆钵形,器壁一圈半圆形开口,模仿汉代仙山——昆仑山,珍禽异兽和仙人点缀其间,结合上半部分灯柱和枝杆点缀的仙人、龙纹灯,整体营造出一种神秘且悠然自得的氛围。昆仑山是汉代人想象中的仙山。将装饰有仙山造型的百花灯置于墓室,反映了人们希望逝去后去往仙境的愿望。汉代以来,随着丝绸之路的开通,昆仑山逐渐与西方世界联系起来。《山海经》中记载的女神西王母,其所在仙境就位于昆仑山。

陶世俗服装供养人立像

北魏（386—534）
高 20.2 厘米，宽 8 厘米
中国河南省洛阳市永宁寺遗址出土
洛阳博物馆藏

Terracotta Statue of a Provider in Secular Clothing

Northern Wei Dynasty (386 – 534)
Height 20.2 cm, width 8 cm
Unearthed from Yongning Temple Site in Luoyang City, Henan Province, China
Collection of Luoyang Museum

Керамическая стоячая статуэтка донатора в светской одежде

Династия Северная Вэй (между 386 – 534 гг.)
Высота 20,2 см, ширина 8 см
Обнаружена на территории храма Юннин, город Лоян, провинция Хэнань, Китай
Коллекция Лоянского Музея

这是一件小型影塑像，其身体一侧削成平面以贴附壁面，呈现出浮雕效果；佛残手和足，体现出残缺美。

北魏熙平元年（516），孝明帝下令营建永宁寺。孝明帝生母胡太后曾为永宁寺9层木塔表基立刹。《洛阳伽蓝记》记载：时永宁寺有9层浮屠，去地千尺，去京师百里，已遥见之。浮屠北有佛殿一，形如太极殿。中有丈八金像一，中长金像十，绣珠像三，金织成像五，作工奇巧，冠于当世。由于木塔焚毁，永宁寺出土塑像多身首分离。

永宁寺及木塔的出现，是佛教传入中国后发展至鼎盛时期的重要标志。同时从寺窟构造以及造像的形式、内容题材和表现手法等，可以看出汉文化因素对佛教的影响。

陶佛手

北魏（386—534）
长8厘米，宽6.6厘米，高3.8厘米
中国河南省洛阳市永宁寺遗址出土
洛阳博物馆藏

Terracotta Buddha Hand

Northern Wei Dynasty (386 – 534)

Length 8 cm, width 6.6 cm, height 3.8 cm

Unearthed from Yongning Temple Site in Luoyang City, Henan Province, China

Collection of Luoyang Museum

Керамическая рука Будды

Династия Северная Вэй (между 386 – 534 гг.)

Длина 8 см, ширина 6,6 см, высота 3,8 см

Обнаружена на территории храма Юннин, город Лоян, провинция Хэнань, Китай

Коллекция Лоянского Музея

陶佛足

北魏（386—534）
长10.5厘米，宽8厘米，高5.5厘米
中国河南省洛阳市永宁寺遗址出土
洛阳博物馆藏

Terracotta Buddha Foot

Northern Wei Dynasty (386 – 534)

Length 10.5 cm, width 8 cm, height 5.5 cm

Unearthed from Yongning Temple Site in Luoyang City, Henan Province, China

Collection of Luoyang Museum

Керамическая ступня Будды

Династия Северная Вэй (между 386 – 534 гг.)

Длина 10,5 см, ширина 8 см, высота 5,5 см

Обнаружена на территории храма Юннин, город Лоян, провинция Хэнань, Китай

Коллекция Лоянского Музея

Начиная с Чанъаня: Тематическая выставка о праздновании 10-летия успешного включения Шелкового пути в список Всемирного культурного наследия

三 万国衣冠 唐长安城大明宫遗址

III. International Costumes: The Site of Daming Palace in Chang'an City of Tang Dynasty

III. Чиновники вассальных государств: Руины дворца Дамин в городе Чанъань династии Тан

◆ 唐长安城大明宫遗址是7—10世纪丝绸之路鼎盛时期东方起点城市唐长安城的代表性遗存，展现了中原地区农耕文明发展鼎盛时期国家的文明水平和礼制文化特征，见证了唐王朝对丝绸之路的大力推动。

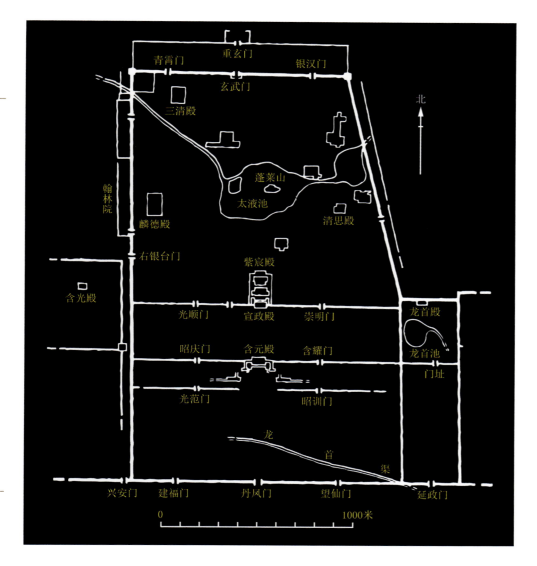

唐长安城大明宫遗址平面图
Plan of Site of Daming Palace in Chang'an City of Tang Dynasty
План руин дворца Дамин в городе Чанъань династии Тан

和贾舍人早朝大明宫之作

[唐] 王维

绛帻鸡人报晓筹，尚衣方进翠云裘。
九天阊阖开宫殿，万国衣冠拜冕旒。
日色才临仙掌动，香烟欲傍衮龙浮。
朝罢须裁五色诏，佩声归到凤池头。

"裴肃进"鎏金双凤纹大银盘

唐贞元十四年至十八年（798—802）

直径 64 厘米

1962 年中国陕西省西安市北郊坑底寨村出土

陕西历史博物馆藏

Gilded Double Phoenix Patterned Silver Plate "Presented by Pei Su"

The 14th to the 18th year of Zhenyuan of Tang Dynasty (798 – 802)

Diameter 64 cm

Unearthed from Kengdizhai Village in the northern suburb of Xi'an City, Shaanxi Province, China, in 1962

Collection of Shaanxi History Museum

Позолоченная большая серебряная тарелка с орнаментом двух фениксов и надписью «Пэй Суцзинь» (подношение Пэй Суцзинем)

Между 14 – 18 гг. правления Чжэньюань династии Тан (между 798 – 802 гг.)

Диаметр 64 см

Обнаружена в 1962 году в деревне Кэндичжай, северный пригород Сианя, провинция Шэньси, Китай

Коллекция Исторического Музея провинции Шэньси

这件银盘为葵花形，盘内中心刻双凤对舞纹，周围衬以宝相花6朵，花鸟纹缘，纹饰鎏金。整体采用錾刻、锤揲工艺，制作精美。盘底部边缘刻36个字："浙东道都团练观察处置使/大中大夫守/越州刺史御使大夫上柱国赐柴金鱼袋臣裴肃进。"另有刀刻文字"點過訖"。根据《旧唐书·裴休传》，应为德宗贞元年间裴肃进奉的物品。这件银盘出土于唐长安城大明宫遗址附近，具有重要的艺术价值和历史价值。

彩绘胡人骑马载物陶俑

唐神龙二年(706)

高 32 厘米,长 27.5 厘米

中国陕西省咸阳市乾县永泰公主墓出土

陕西历史博物馆藏

Painted Terracotta Figurine of Hu People Riding the Horse Carrying Things

The 2nd year of Shenlong of Tang Dynasty (706)

Height 32 cm, length 27.5 cm

Unearthed from Tomb of Princess Yongtai in Qian County, Xianyang City, Shaanxi Province, China

Collection of Shaanxi History Museum

Окрашенная гончарная фигурка людей Ху (этнические группы на севере и западе Китая в древние времена) с предметом на лошади

Второй год Шэньлун династии Тан (706 г.)

Высота 32 см, длина 27,5 см

Обнаружена в гробнице принцессы Юнтай, уезд Цяньсянь, город Сяньян, провинция Шэньси, Китай

Коллекция Исторического Музея провинции Шэньси

永泰公主是唐高宗李治和武则天的孙女，中宗李显第七女，名仙蕙，字秾辉。大足元年（701）去世，时年17岁。神龙元年（705），与驸马都尉武延基合葬于乾县北，陪葬乾陵。永泰公主墓共出土陶俑770余件。这件彩绘胡人骑马载物俑，人物头戴尖顶翻沿帽，身着翻领胡服，双手前伸，似在牵缰绳，身后马背上驼一卷起的丝帛类物品。这件陶俑是沿着丝绸之路进入盛唐长安等地的胡人形象的典型代表。

镀金口三鱼莲瓣纹银碗

唐（618—907）
口径 11 厘米，底径 5.5 厘米，高 5 厘米
中国甘肃省武威市南营乡青嘴湾武氏墓出土
武威市博物馆藏

Silver Bowl of Gold-plated Mouth with Three Fish Lotus Petal Pattern

Tang Dynasty (618 – 907)
Caliber 11 cm, base diameter 5.5 cm, height 5 cm
Unearthed from the tomb of Wu Family in Qingzuiwan, Nanying Township, Wuwei City, Gansu Province, China
Collection of Wuwei Museum

Серебряная чаша с золочеными ободками, тремя рыбами и лепестками лотоса

Династия Тан (между 618 – 907 гг.)
Диаметр 11 см, диаметр дна 5,5 см, высота 5 см
Обнаружена в гробнице семьи У, Цинцзуйвань, поселок Наньин, город Увэй, провинция Ганьсу, Китай
Коллекция Музея города Увэй

这件银碗是吐谷浑家族燕王慕容曦皓之妻武氏夫人墓中的随葬品，应该为她的日常用具。碗底内饰三连续鱼纹，预示多子多福，与墓主身份相辅相成。鱼纹周边以联珠纹装饰。联珠纹源于波斯文化，在唐代丝织品中常见。莲瓣纹多与佛教文化相关，是丝绸之路多元文化的反映。这件镀金口三鱼莲瓣纹银碗，与中国陕西省西安市何家村窖藏发现的鸳鸯莲瓣纹金碗，在造型和装饰风格方面均一致，都是唐代高度发达的手工业及繁荣多元的文化的典型代表。

突骑施原为突厥十姓部落之一，散居于伊犁河流域。突骑施钱模仿唐代的方孔圆钱。显庆三年（658）前后，唐朝在中亚广设羁縻都督府州，于突骑施部落设置都督府。突骑施钱主要在中亚和中国新疆地区发现，陕西历史博物馆收藏有一件征集品，形制、文字与此件文物基本一致。钱币正面为粟特文，意思为"圣天、突骑施可汗钱"；背面有弓形族徽。

突骑施钱

唐景龙二年至景云二年（708—711）

直径 2.5 厘米，重 3.8 克

中国新疆维吾尔自治区新和县通古斯巴西古城出土

阿克苏地区文博院（博物馆）藏

Coin of Türgesh

The 2nd year of Jinglong to the 2nd year of Jingyun of Tang Dynasty (708 – 711)

Diameter 2.5 cm, weight 3.8 g

Unearthed from Tougouz-bach Ancient City in Xinhe County, Xinjiang Uygur Autonomous Region, China

Collection of Aksu Museum

Тюргешские монеты

Со второго года правления Цзинлун по второй год правления Цзинюнь династии Тан (между 708 – 711гг.)

Диаметр 2,5 см, вес 3,8 г

Обнаружены в древнем городе Тунгус-Баси, уезд Синьхэ, Синьцзян-Уйгурский автономный район, Китай

Коллекция Академии культуры и музеев округа Аксу (музея)

玻璃瓶

唐（618—907）

高 4.3 厘米

中国陕西省西安市小雁塔遗址出土

西安博物院藏

Glass Bottle

Tang Dynasty (618 – 907)

Height 4.3 cm

Unearthed from Small Wild Goose Pagoda Site in Xi'an City, Shaanxi Province, China

Collection of Xi'an Museum

Стеклянная бутылка

Династия Тан (между 618 – 907гг.)

Высота 4,3 см

Обнаружена на руинах пагоды Сяояньта в городе Сиань, провинция Шэньси, Китай

Коллекция Музея Сианя

IV. Divine Capital Charm:
The Site of Dingding Gate, Luoyang City of Sui and Tang Dynasties

IV. Элегантность легендарной столицы:
Руины Диндинмэнь в городе Лоян династий Суй и Тан

四 神都风采
隋唐洛阳城定鼎门遗址

◆ 隋唐洛阳城定鼎门遗址是7—10世纪隋唐都城洛阳城的南入口及街区遗址，位于河南省洛阳市。该遗址为隋唐洛阳城遗址南边中门，是丝绸之路鼎盛时期洛阳城的代表性遗存，与丝绸之路上繁盛的商贸往来具有密切关联。

◆ 根据目前的考古发现，洛阳定鼎门门前带双阙的建筑样式，继承自东魏北齐的邺北城，出现了不同于唐长安城明德门的阙门样式，展现了唐代都城城市文化的礼制特征及影响力。

三彩胡人牵马俑（1组2件）

唐（618—907）

胡俑：高58.8厘米

马：高70厘米

中国河南省洛阳市龙门啤酒厂出土

洛阳博物馆藏

Tri-colored Figurine of Hu People Leading the Horse and Tri-colored the Horse (1set of 2 pieces)

Tang Dynasty (618 – 907)

Figurine of Hu people: height 58.8 cm

Horse: height 70 cm

Unearthed from the Longmen Brewery in Luoyang City, Henan Province, China

Collection of Luoyang Museum

Трехцветная керамическая погребальная статуэтка людей Ху (этнические группы на севере и западе Китая в древние времена), ведущего коня и трехцветный керамический конь (2 штуки в 1 комплекте)

Династия Тан (между 618 – 907гг.)

Фигурка человека Ху (этнические группы на севере и западе Китая в древние времена) : высота 58,8 см

Лошадь: высота 70 см

Найдены на пивоварне Лунмэнь, город Лоян, провинция Хэнань, Китай

Коллекция Лоянского Музея

V. Support to Westward Travel: The Site of Qocho City

V. Гарантия движения на запад: Руины древнего города Царства Гаочан

五、西行保障 高昌故城遗址

◆ 高昌故城是公元前1世纪—公元14世纪丝绸之路东天山南麓吐鲁番盆地上的中心城镇。高昌是汉唐设置在天山南麓的重要政治、经济、文化、宗教、军事中心和交通枢纽。

◆ 高昌故城见证了汉唐等中原王朝通过设置郡、州、县等建置对丝绸之路开创与繁荣所起的重要推动和保障作用，展现了城市文化、建筑技术、多种宗教和多民族文化在吐鲁番盆地上的交流与传播。

彩绘漆杯

汉晋（前202—公元420）
口径8.6厘米，底径8.5厘米，高8.6厘米
中国新疆维吾尔自治区若羌县楼兰遗址出土
新疆维吾尔自治区文物考古研究所藏

Lacquered Painted Cup

Han to Jin Dynasty (202 BC – 420 AD)

Caliber 8.6 cm, base diameter 8.5 cm, height 8.6 cm

Unearthed from Loulan Site in Ruoqiang County, Xinjiang Uygur Autonomous Region, China

Collection of the Institute of Cultural Relics and Archaeology of Xinjiang Uygur Autonomous Region

Раскрашенный лаковый кубок

Династии Хань и Цзинь (202 г. до н. э. – 420 г. н. э.)

Диаметр 8,6 см, диаметр основания 8,5 см, высота 8,6 см

Найден на стоянке Лоулань, уезд Жоцян, Синьцзян-Уйгурский автономный район, Китай

Коллекция Института культурных реликвий и археологии СУАР

男、女木俑（1组）

十六国（304—439）
男俑：通高 24.1 厘米，宽 8.8 厘米
女俑：通高 23.5 厘米，肩宽 7 厘米
中国新疆维吾尔自治区吐鲁番市哈拉和卓墓地出土
新疆维吾尔自治区文物考古研究所藏

Wooden Figurine of Man, Wooden Figurine of Woman (1set)

Sixteen Kingdoms Period (304 – 439)

Figurine of man: height 24.1 cm, width 8.8 cm

Figurine of woman: height 23.5 cm, shoulder width 7 cm

Unearthed from Karakhoja Cemetery in Turpan City, Xinjiang Uygur Autonomous Region, China

Collection of the Institute of Cultural Relics and Archaeology of Xinjiang Uygur Autonomous Region

Мужская деревянная статуэтка, женская деревянная статуэтка (1 комплекте)

Шестнадцать варварских государств (между 304 – 439 гг.)

Мужская фигурка: общая высота 24,1 см, ширина 8,8 см

Женская фигурка: общая высота 23,5 см, ширина плеч 7 см

Найдены на кладбище ходжа Хара, город Турфан, Синьцзян-Уйгурский автономный район, Китай

Коллекция Института культурных реликвий и археологии СУАР

代人木牌

北凉（397—460）
高 22.4 厘米，宽 2.1 厘米，厚 0.4~0.8 厘米
中国新疆维吾尔自治区吐鲁番市哈拉和卓墓地出土
新疆维吾尔自治区文物考古研究所藏

Wooden Identity Board

Northern Liang Dynasty (397 – 460)

Height 22.4 cm, width 2.1 cm, thickness 0.4~0.8 cm

Unearthed from Karakhoja Cemetery in Turpan City, Xinjiang Uygur Autonomous Region, China

Collection of the Institute of Cultural Relics and Archaeology of Xinjiang Uygur Autonomous Region

Деревянный знак человеческой фигуры

Северная Лян (между 397 – 460 гг.)

Высота 22,4 см, ширина 2,1 см, толщина 0,4~0,8 см

Найдены на кладбище Караходжа, город Турфан, Синьцзян-Уйгурский автономный район, Китай

Коллекция Института культурных реликвий и археологии СУАР

彩绘木罐

唐（618—907）
器内深 2.5 厘米，口径 8.3 厘米，腹径 12.5 厘米，底径 9.2 厘米
中国新疆维吾尔自治区吐鲁番市哈拉和卓墓地出土
新疆维吾尔自治区文物考古研究所藏

Painted Wooden Jar

Tang Dynasty (618 – 907)

Depth inside the device 2.5 cm, caliber 8.3 cm, abdominal diameter 12.5 cm, base diameter 9.2 cm

Unearthed from Karakhoja Cemetery in Turpan City, Xinjiang Uygur Autonomous Region, China

Collection of the Institute of Cultural Relics and Archaeology of Xinjiang Uygur Autonomous Region

Раскрашенная деревянная банка

Династия Тан (между 618 – 907гг.)

Внутренняя глубина 2,5 см, диаметр 8,3 см, диаметр тулова 12,5 см, диаметр основание 9,2 см

Найдена на кладбище Караходжа, город Турфан, Синьцзян-Уйгурский автономный район, Китай

Коллекция Института культурных реликвий и археологии СУАР

哈拉和卓墓地位于中国新疆维吾尔自治区吐鲁番市高昌区二堡乡，在高昌故城北部及东北部。哈拉和卓墓地出土文物以丝织品、木制品、银币等为主。以上几件彩绘木制品是其重要代表。

剪纸

北朝（439—581）

直径 26 厘米

1967 年中国新疆维吾尔自治区吐鲁番县阿斯塔那墓群 88 号墓出土

新疆维吾尔自治区博物馆藏

Paper-cut

Northern Dynasties (439 – 581)

Diameter 26 cm

Unearthed from Tomb No. 88 of Astana Tomb Group in Turpan County, Xinjiang Uygur Autonomous Region, China, in 1967

Collection of Xinjiang Uygur Autonomous Region Museum

Вырезки из бумаги

Северные династии (между 439 – 581 гг.)

Диаметр 26 см

Найдены в 1967 году в гробнице № 88 комплекса гробниц Астана, город Турфан, Синьцзян-Уйгурский автономный район, Китай

Коллекция Музея Синьцзян-Уйгурского автономного района

伏羲女娲帛画

唐（618—907）

画芯长 226 厘米，上宽 105 厘米，下宽 79 厘米，全长 238.6 厘米

中国新疆维吾尔自治区吐鲁番市出土

新疆维吾尔自治区博物馆藏

Silk Painting of God Fuxi and Goodess Nuwa

Tang Dynasty (618 – 907)

Core of the painting 226 cm long, 105 cm wide at the top, 79 cm wide at the bottom, with a total length of 238.6 cm

Unearthed from Turpan City, Xinjiang Uygur Autonomous Region, China

Collection of Xinjiang Uygur Autonomous Region Museum

Картина Фуси и Нюйва на шелке

Династия Тан (между 618 – 907 гг.)

Длина основной части росписи 226 см, ширина в верхней части 105 см, ширина в нижней части 79 см, общая длина 238,6 см

Найдена в городе Турфан, Синьцзян-Уйгурский автономный район, Китай

Коллекция Музея Синьцзян-Уйгурского автономного района

这件帛画1965年出土于中国新疆维吾尔自治区吐鲁番县阿斯塔那墓群42号墓。用3片原白色绢缝合，上彩绘伏羲、女娲，二人上身相拥，下尾相交。画右为伏羲，为深目高鼻的胡人形象，左手执带墨斗的矩尺。左为女娲，发束高髻，右手执规。二人共穿饰有白色横条纹的红色花裙，两尾相交，色彩分别为黑、红、白三色。二人上方有太阳，尾下是月亮，两边是星辰。

我国古代有"天圆地方"之说，女娲、伏羲分执规矩，意思为"司天规地"。伏羲、女娲是我国神话传说中人类的始祖神。在宫殿或墓室中描绘这类传说故事，是祈求他们保护、造福子孙，并保佑逝者灵魂升天。

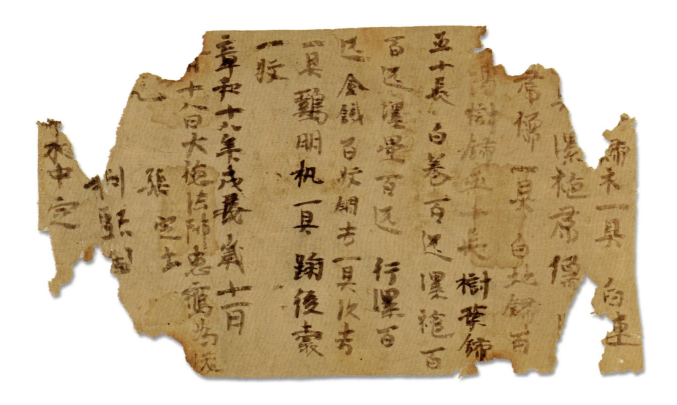

高昌章和十八年缺名随葬衣物疏

南北朝（420—589）

横 43 厘米，纵 26 厘米

1960 年中国新疆维吾尔自治区吐鲁番县阿斯塔那墓群 313 号墓出土

新疆维吾尔自治区博物馆藏

The List of Nameless Burial Objects in the 18th Year of Zhanghe of Qocho

Southern and Northern Dynasties (420 – 589)

43 cm horizontally, 26 cm vertically

Unearthed from Tomb No. 313 of Astana Tomb Group in Turpan County, Xinjiang Uygur Autonomous Region, China, in 1960

Collection of Xinjiang Uygur Autonomous Region Museum

Список захороненной одежды вместе с покойником без имени в 18-ом году правления Чжанхэ государством Гаочан

Южные и Северные династии (420 – 589 гг.)

43 см в горизонтальном направлении, 26 см в продольном направлении

Найден в 1960 году в гробнице № 313 комплекса гробниц Астана, уезд Турфан, Синьцзян-Уйгурский автономный район, Китай.

Коллекция Музея Синьцзян-Уйгурского автономного района

六 建筑典范 交河故城遗址

VI. Architectural Model:
The Site of Yar City

VI. Архитектурные образцы:
Руины древнего города Цзяохэ

◆ 交河故城是公元前2世纪—公元14世纪丝绸之路东天山南麓吐鲁番盆地上的中心城镇。公元前60年，西汉在交河设西域都护府，此后历为高昌国、唐西州、高昌回鹘王国等管辖。640年，唐设安西都护府于交河城，其成为唐代控制天山南麓乃至西域广大地区的重要行政、军事、交通、宗教中心。

◆ 交河故城依托自然台地的选址特征，形成了独特的城市形态和布局，见证了汉唐王朝的边疆管理模式及其对丝绸之路交流的重要保障。

交河故城遗址
Site of Yar City
Руины древнего города Цзяохэ

从 长 安 出 发——丝路申遗成功十周年主题展　**Starting from Chang'an**—Theme Exhibition of the 10th Anniversary of Inscription of the Silk Roads on World Heritage List

叙利亚文刻石

元（1271—1368）

横 31 厘米，纵 17.3 厘米，厚 6.5 厘米

1958 年中国新疆维吾尔自治区霍城县阿力马力古城出土

新疆维吾尔自治区博物馆藏

Inscribed Stone in Syrian Language

Yuan Dynasty (1271 – 1368)

31 cm horizontally, 17.3 cm vertically, thickness 6.5 cm

Unearthed from Almalik Ancient City in Huocheng County, Xinjiang Uygur Autonomous Region, China, in 1958

Collection of Xinjiang Uygur Autonomous Region Museum

Камень с сирийской надписью

Династия Юань (между 1271 – 1368 гг.)

31 см в горизонтальном направлении, 17,3 см в продольном направлении, толщина 6,5 см

Найден в 1958 году в древнем городе Алимали, уезд Хочэн, Синьцзян-Уйгурский автономный район, Китай

Коллекция Музея Синьцзян-Уйгурского автономного района

焉耆文《弥勒会见记》剧本（正反面）

唐（618—907）

长 29 厘米，宽 18.5 厘米

1975 年中国新疆维吾尔自治区焉耆回族自治县七个星千佛洞出土

新疆维吾尔自治区博物馆藏

Script of *Maitrisimit Nom Bitig* in Qarasheher Language (the obverse and the reverse)

Tang Dynasty (618 – 907)

Length 29cm, width 18.5cm

Unearthed from Thousand Buddha Caves at Qigexing in Yanqi Hui Autonomous County, Xinjiang Uygur Autonomous Region, China, in 1975

Collection of Xinjiang Uygur Autonomous Region Museum

Сценарий «Встречи Майтрейи» на яньцийском языке (передняя и задняя стороны)

Династия Тан (между 618 – 907 гг.)

Длина 29 см, ширина 18,5 см

Обнаружен в 1975 году в Пещере тысячи будд Семи звезд, Яньци-Хуэйский автономный уезд, Синьцзян-Уйгурский автономный район, Китай

Коллекция Музея Синьцзян-Уйгурского автономного района

《弥勒会见记》描绘了未来佛弥勒的生平事迹，主要叙述了弥勒离开师父、家乡，赴正觉山会见佛祖释迦牟尼并拜其为师，获得佛果成道，成为未来佛的故事。根据书写文字的不同，《弥勒会见记》有吐火罗文和回鹘文两种写本。新疆维吾尔自治区博物馆藏的这件《弥勒会见记》为吐火罗文 A 本，季羡林先生对其进行了鉴定和研究。该剧本凸显了新疆在弥勒信仰传播中的地位。

婆罗谜文残纸

唐（618—907）

长 17 厘米，宽 13.5 厘米

中国新疆维吾尔自治区巴楚县托库孜萨来遗址出土

新疆维吾尔自治区博物馆藏

Script Fragment in Brahmi Language

Tang Dynasty (618 – 907)

Length 17 cm, width 13.5 cm

Unearthed from Tuoku Zisalai Site in Bachu County, Xinjiang Uygur Autonomous Region, China

Collection of Xinjiang Uygur Autonomous Region Museum

Фрагмент бумаги с брахми

Династия Тан (между 618 – 907 гг.)

Длина 17 см, ширина 13,5 см

Обнаружен на стоянке Токузсалай, уезд Бачу, Синьцзян-Уйгурский автономный район, Китай

Коллекция Музея Синьцзян-Уйгурского автономного района

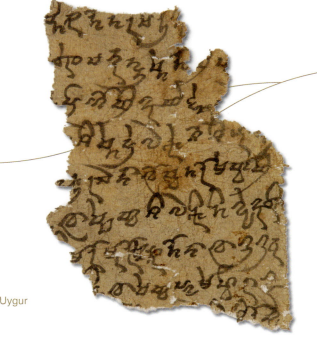

吐火罗文残片

唐（618—907）

长 19.5 厘米，宽 7 厘米

中国新疆维吾尔自治区吐鲁番市胜金口墓地出土

新疆维吾尔自治区博物馆藏

Script Fragment in Tocharian Language

Tang Dynasty (618 – 907)

Length 19.5 cm, width 7 cm

Unearthed from Shengjinkou Cemetery in Turpan City, Xinjiang Uygur Autonomous Region, China

Collection of Xinjiang Uygur Autonomous Region Museum

Фрагмент бумаги с тохарской письменностью

Династия Тан (между 618 – 907 гг.)

Длина 19,5 см, ширина 7 см

Найден на кладбище Шэнцзинкоу, город Турфан, Синьцзян-Уйгурский автономный район, Китай

Коллекция Музея Синьцзян-Уйгурского автономного района

吐蕃文木牍

唐（618—907）
长 20 厘米，宽 2.23 厘米，厚 1.05 厘米
征集
和田地区博物馆藏

Inscribed Wooden Tablet in Tubo Language

Tang Dynasty (618 – 907)
Length 20 cm, width 2.23 cm, thickness 1.05 cm
Contributed by the public
Collection of Hotan Museum

Деревянная дощечка с письменьностью царства Тубо

Династия Тан (между 618 – 907 гг.)
Длина 20 см, ширина 2,23 см, толщина 1,05 см
Коллекционирована
Коллекция Музея округа Хотан

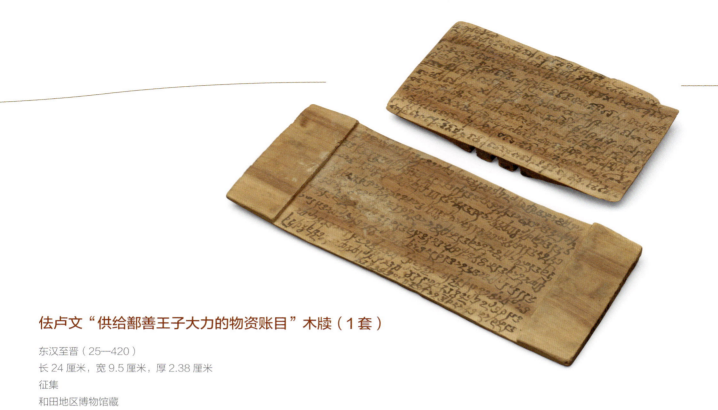

佉卢文"供给鄯善王子大力的物资账目"木牍（1套）

东汉至晋（25—420）
长 24 厘米，宽 9.5 厘米，厚 2.38 厘米
征集
和田地区博物馆藏

Inscribed Wooden Tablet of "Accounts of Materials Provided to Dali the Prince of Shanshan" in Kharosthi Language (1 set)

Eastern Han to Jin Dynasty (25 – 420)
Length 24 cm, width 9.5 cm, thickness 2.38 cm
Contributed by the public
Collection of Hotan Museum

Деревянная дощечка «Счет материальных ресурсов для принца Шаньшаня Дали» на кхароштхи (1 комплект)

С династии Восточной Хань по династию Цзинь (между 25 – 420 гг.)
Длина 24 см, ширина 9,5 см, толщина 2,38 см
Коллекционирована
Коллекция Музея округа Хотан

　　和田地区博物馆收藏的这批木牍记录了供给鄯善国王子大力的食物和酒的账目。文书记载，大力王子到达精绝的当天，就因食物、酒水不足而对财政大臣黎贝表达了不满。黎贝十分重视大力王子的申诉，随即对所有负责大力王子后勤的人员进行调查，根据他们手中的收据、回执整理出了详细的食物、酒水收支账目。账目的原件作为档案保留在扜泥城（鄯善国的国都）。展出的这件文书为重新抄写的账目副本。从账目支出可知，大力王子及其随从多次索取物资，包含酒、面粉、粗粉、牛肉、清油、毯子、丝料等，并且租用了骆驼，所耗费的物资颇巨。大力王子索取大量物资，可能也是为了组织、筹备祭礼仪式。

回鹘文残片

唐宋（618—1279）

长 14 厘米，宽 7.5 厘米

中国新疆维吾尔自治区巴楚县托库孜萨来遗址出土

新疆维吾尔自治区博物馆藏

Script Fragment in Uyghur Language

Tang to Song Dynasty (618 – 1279)

Length 14 cm, width 7.5 cm

Unearthed from Tuoku Zisalai Site in Bachu County, Xinjiang Uygur Autonomous Region, China

Collection of Xinjiang Uygur Autonomous Region Museum

Фрагмент со староуйгурским письмом

Династия Тан и Сун (между 618 – 1279 гг.)

Длина 14 см, ширина 7,5 см

Обнаружен на стоянке Токузсалай, уезд Бачу, Синьцзян-Уйгурский автономный район, Китай

Коллекция Музея Синьцзян-Уйгурского автономного района

阿拉伯文残片

宋（960—1279）

之一：长 12 厘米，宽 7.5 厘米

之二：长 9.5 厘米，宽 8.2 厘米

中国新疆维吾尔自治区巴楚县托库孜萨来遗址出土

新疆维吾尔自治区博物馆藏

Script Fragments in Arabic Language

Song Dynasty (960 – 1279)

The 1st one: length 12 cm, width 7.5 cm

The 2nd one: length 9.5 cm, width 8.2 cm

Unearthed from Tuoku Zisalai Site in Bachu County, Xinjiang Uygur Autonomous Region, China

Collection of Xinjiang Uygur Autonomous Region Museum

Фрагмент с арабской письменностью

Династия Сун (между 960 – 1279 гг.)

Первый: длина 12 см, ширина 7,5 см

Второй: длина 9,5 см, ширина 8,2 см

Обнаружен на стоянке Токузсалай, уезд Бачу, Синьцзян-Уйгурский автономный район, Китай

Коллекция Музея Синьцзян-Уйгурского автономного района

VII. Tianshan Hub: The Site of Bashbaliq City

VII. Узел Тянь-шань: Руины древнего города вассального правления Бейтин

◆ 北庭故城是7—14世纪天山以北地区的重要军事、政治中心和交通枢纽,也是唐代北庭都护府的治所。北庭故城遗址见证了唐代"都护府"等边疆管理模式及其对丝绸之路文化交流的保障,见证了古代西域高昌回鹘文明,展现了丝绸之路沿线城市文化、建筑技术、佛教和多民族文化的交流与传播。

人面瓦当

唐（618—907）

直径 7.7 厘米

1986 年中国新疆维吾尔自治区吉木萨尔县北庭故城遗址采集

丝绸之路北庭故城遗址博物馆藏

Human Face Eaves Tile

Tang Dynasty (618 – 907)

Diameter 7.7 cm

Collected at Bashbaliq City Site in Jimsar County, Xinjiang Uygur Autonomous Region, China, in 1986

Collection of Site Museum of Bashbaliq City, Silk Road

Круглая черепица с узором в виде человеческого лица

Династия Тан (между 618 – 907 гг.)

Диаметр 7,7 см

Собрана в 1986 году на руинах древнего города вассального правления Бейтин, уезд Джимсар, Синьцзян-Уйгурский автономный район, Китай

Коллекция Музея руин древнего города вассального правления Бейтин Шелкового пути

人面陶贴塑

唐（618—907）

直径 5 厘米

1984 年中国新疆维吾尔自治区和田地区约特干遗址采集

丝绸之路北庭故城遗址博物馆藏

Human Face Terracotta Sculpture

Tang Dynasty (618 – 907)

Diameter 5 cm

Collected at Yuetegan Site in Hotan Prefecture, Xinjiang Uygur Autonomous Region, China, in 1984

Collection of Site Museum of Bashbaliq City, Silk Road

Форма из гончарной пасты с человеческим лицом

Династия Тан (между 618 – 907 гг.)

Диаметр 5 см

Собрана в 1984 году на стоянке Яоткан, округ Хотан, Синьцзян-Уйгурский автономный район, Китай

Коллекция Музея руин древнего города вассального правления Бейтин Шелкового пути

　　和田地区博物馆收藏的约特干遗址出土陶器较多，其多数为圆雕，少数为浮雕，造型有猴、马、骆驼、人物等，制作精细，写实而生动。约特干遗址出土小型陶塑的具体功能无法确定，但推测可能是某些器具上的装饰部件。部分圆雕口部还有小孔，很可能是某种容器的流或嘴。

兽面瓦当

唐（618—907）

直径 10.8 厘米

1982 年中国新疆维吾尔自治区吉木萨尔县北庭故城遗址采集

丝绸之路北庭故城遗址博物馆藏

Beast Face Eaves Tile

Tang Dynasty (618 – 907)

Diameter 10.8 cm

Collected at Bashbaliq City Site in Jimsar County, Xinjiang Uygur Autonomous Region, China, in 1982

Collection of Site Museum of Bashbaliq City, Silk Road

Круглая черепица с узором в виде лица зверя

Династия Тан (между 618 – 907 гг.)

Диаметр 10,8 см

Собрана в 1982 году на руинах древнего города вассального правления Бейтин, уезд Джимсар, Синьцзян-Уйгурский автономный район, Китай

Коллекция Музея руин древнего города вассального правления Бейтин Шелкового пути

滴水

唐（618—907）

横 14.1 厘米，纵 11 厘米

1986 年中国新疆维吾尔自治区吉木萨尔县北庭故城遗址采集

丝绸之路北庭故城遗址博物馆藏

Drip Tile

Tang Dynasty (618 – 907)

14.1 cm horizontally, 11 cm vertically

Collected at Bashbaliq City Site in Jimsar County, Xinjiang Uygur Autonomous Region, China, in 1986

Collection of Site Museum of Bashbaliq City, Silk Road

Черепица с узорным выступом

Династия Тан (между 618 – 907 гг.)

14,1 см в горизонтальном направлении, 11 см в продольном направлении

Собрана в 1986 году на руинах древнего города вассального правления Бейтин, уезд Джимсар, Синьцзян-Уйгурский автономный район, Китай

Коллекция Музея руин древнего города вассального правления Бейтин Шелкового пути

莲纹砖

唐（618—907）

长 20.7 厘米，宽 19 厘米

2007 年中国新疆维吾尔自治区吉木萨尔县泉子街东泉大庙采集

丝绸之路北庭故城遗址博物馆藏

Lotus Patterned Brick

Tang Dynasty (618 – 907)

Length 20.7 cm, width 19 cm

Collected at Dongquan Temple, Quanzi Street, Jimsar County, Xinjiang Uygur Autonomous Region, China, in 2007

Collection of Site Museum of Bashbaliq City, Silk Road

Кирпич с узором в виде лотоса

Династия Тан (между 618 – 907 гг.)

Длина 20,7 см, ширина 19 см

Собран в 2007 году в большом храме Дунцюань, улица Цюаньцзы, уезд Джимсар, Синьцзян-Уйгурский автономный район, Китай

Коллекция Музея руин древнего города вассального правления Бейтин Шелкового пути

浮雕莲云纹筒瓦

唐（618—907）

长 25.5 厘米，外径 16.5 厘米，内径 9.5 厘米

2006 年中国新疆维吾尔自治区吉木萨尔县北庭故城窑址出土

丝绸之路北庭故城遗址博物馆藏

Relief Lotus Cloud Patterned Tube Tile

Tang Dynasty (618 – 907)

Length 25.5 cm, outer diameter 16.5 cm, inner diameter 9.5 cm

Unearthed from the kiln site of Bashbaliq City in Jimsar County, Xinjiang Uygur Autonomous Region, China, in 2006

Collection of Site Museum of Bashbaliq City, Silk Road

Рельефная трубчатая черепица с узорами из лотоса и облаков

Династия Тан (между 618 – 907 гг.)

Длина 25,5 см, внешний диаметр 16,5 см, внутренний диаметр 9,5 см

Найдена в 2006 году на месте печей на руинах древнего города вассального правления Бейтин, уезд Джимсар, Синьцзян-Уйгурский автономный район, Китай

Коллекция Музея руин древнего города вассального правления Бейтин Шелкового пути

龙首形建筑构件

唐（618—907）

高 18 厘米，长 16 厘米，宽 11 厘米

2006 年中国新疆维吾尔自治区吉木萨尔县北庭故城窑址出土

丝绸之路北庭故城遗址博物馆藏

Structure in the Shape of Dragon Head

Tang Dynasty (618 – 907)

Height 18 cm, length 16 cm, width 11 cm

Unearthed from the kiln site of Bashbaliq City in Jimsar County, Xinjiang Uygur Autonomous Region, China, in 2006

Collection of Site Museum of Bashbaliq City, Silk Road

Строительный элемент в форме головы китайского луна

Династия Тан (между 618 – 907 гг.)

Высота 18 см, длина 16 см, ширина 11 см

Найден в 2006 году на месте печей на руинах древнего города вассального правления Бейтин, уезд Джимсар, Синьцзян-Уйгурский автономный район, Китай

Коллекция Музея руин древнего города вассального правления Бейтин Шелкового пути

半身佛像

唐（618—907）

高 20 厘米，宽 16 厘米，厚 10 厘米

2006 年中国新疆维吾尔自治区吉木萨尔县北庭故城窑址出土

丝绸之路北庭故城遗址博物馆藏

Half-body Buddha Statue

Tang Dynasty (618 – 907)

Height 20 cm, width 16 cm, thickness 10 cm

Unearthed from the kiln site of Bashbaliq City in Jimsar County, Xinjiang Uygur Autonomous Region, China, in 2006

Collection of Site Museum of Bashbaliq City, Silk Road

Бюст Будды

Династия Тан (между 618 – 907 гг.)

Высота 20 см, ширина 16 см, толщина 10 см

Найден в 2006 году на месте печей на руинах древнего города вассального правления Бейтин, уезд Джимсар, Синьцзян-Уйгурский автономный район, Китай

Коллекция Музея руин древнего города вассального правления Бейтин Шелкового пути

壁画残片

唐（618—907）

之一：长 20 厘米

之二：长 19.8 厘米

1981 年中国新疆维吾尔自治区吉木萨尔县北庭西寺出土

丝绸之路北庭故城遗址博物馆藏

Mural Fragments

Tang Dynasty (618 – 907)

The 1st one: length 20 cm

The 2nd one: length 19.8 cm

Unearthed from West Temple of Bashbaliq City in Jimsar County, Xinjiang Uygur Autonomous Region, China, in 1981

Collection of Site Museum of Bashbaliq City, Silk Road

Фрагменты настенной росписи

Династия Тан (между 618 – 907 гг.)

Первый: длина 20 см

Второй: длина 19,8 см

Найдены в 1981 году в западном храме Бейтин в уезде Джимсар, Синьцзян-Уйгурский автономный район, Китай

Коллекция Музея руин древнего города вассального правления Бейтин Шелкового пути

碎叶城（阿克·贝西姆遗址）遗存
Ruins of City of Suyab (Site of Ak-Beshim)
Остатки города Суяб (Ак-Бешимское городище)

八 碎叶城（阿克·贝西姆遗址）

VIII. Strategic Town in Anxi:
The City of Suyab (Site of Ak-Beshim)

VIII. Военный городок при наместничестве (духуфу) Аньси: Суяб (Ак-Бешимское городище)

◆ 碎叶城（阿克·贝西姆遗址）位于今吉尔吉斯斯坦楚河州，在托克马克市（Tokmok）西南，是丝绸之路天山廊道重镇。这里在6—12世纪是西突厥、突骑施汗国和葛逻禄汗国的首都，也是唐"安西四镇"之一。碎叶城在中亚的政治历史中发挥了重要作用，是唐朝的主要边塞之一。

◆ 阿克·贝西姆遗址出土文物丰富，尤其是祆教、景教、佛教等宗教的遗物，体现了历史上城内居民信仰的多元化特征以及丝绸之路上的思想交流盛况。

碎叶城出土唐杜怀宝碑
Huaibao Stele of Tang Dynasty Unearthed from City of Suyab
Стела с надписью Ду Хуайбао династии Тан, обнаружена в городе Суяб

巴拉沙衮城（布拉纳遗址）
City of Balasagun (Site of Burana)
Город Баласагун (Буранинский минарет)

◆ 巴拉沙衮城（布拉纳遗址）是喀喇汗国的首都之一、喀喇契丹王朝都城，遗存年代为10—14世纪，是第一个伊斯兰教化的突厥王朝都城，也是中世纪楚河流域最大的城市之一。喀喇汗王朝虽然信奉伊斯兰教，但是也表现出对其他宗教的包容。该遗址现存10世纪末建造的宣礼塔，其代表了中亚地区宣礼塔的早期建筑模式，被认为是同时期运用先进工程技术和建筑装饰技术建造出来的工艺典范。

九 包容之城
巴拉沙衮城（布拉纳遗址）

IX. City of Inclusiveness:
The City of Balasagu (Site of Burana)

IX. Город толерантности:
Баласагун (Буранинский минарет)

巴拉沙衮城出土遗物

Relics Unearthed from City of Balasagun

Обнаруженные реликвии в городе Баласагун

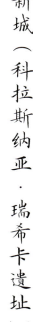

X. Red River Ancient City:
The City of Nevaket (Site of Krasnaya Rechka)

X. Древний город Красной реки:
Невакет (Развалина Краснореченского городища)

◆ 新城（科拉斯纳亚·瑞希卡遗址）位于今吉尔吉斯斯坦楚河州，是中世纪楚河山谷中最大的居民定居点，是6—12世纪喀喇汗国的首都之一，是中亚地区的伊斯兰文化中心。红河新城融合了突厥、印度、粟特和中国文化。

◆ 2018—2019年，中国陕西省考古研究院和吉尔吉斯斯坦科学院历史、考古与民族学研究所组成联合考古队，对红河古城西侧佛寺遗址等进行了详细的调查、勘探、测绘和考古发掘。

新城出土遗物

Relics Unearthed from City of Nevaket

Обнаруженные реликвии в Невакете

XI. Strategic Grassland Town: The Site of Kayalyk

XI. Степной военный город: Развалина городища Каялык

十一 草原重镇：开阿利克遗址

◆ 开阿利克遗址位于哈萨克斯坦阿拉木图州，是从中国新疆进入哈萨克斯坦的第一处遗址点，是8—14世纪卡鲁克国（Karluk）的首都，是草原上的贸易中心。该遗存包括体现城市文化、土地利用的泥墙、市场、客栈、浴室、供水系统、造币厂等遗迹，还发现有基督教、伊斯兰教、佛教、摩尼教和萨满教的多处寺庙、墓地和石刻遗迹。

铜香炉

10—12 世纪
高 15 厘米，最大径 8 厘米
哈萨克斯坦南部讹答刺绿洲出土
哈萨克斯坦国家博物馆藏

Bronze Incense Burner

The 10th to 12th century
Height 15 cm, maximum diameter 8 cm
Unearthed from Otrar Oasis in Southern Kazakhstan
Collection of National Museum of Kazakhstan

Бронзовая горелка для благовоний

X-XII вв.
Высота 15 см, максимальный диаметр 8 см
Найдена в Отрарском оазисе в Южном Казахстане
Коллекция Национального музея Республики Казахстан

这件香炉整体呈梨形，小口、细长颈，圆腹下垂，低圈足。在口沿处有长角状流，类似禽鸟的长喙。整体铜质较薄，造型独特，展示出草原文化的特征。

动物纹碗

10—12 世纪
口径 24 厘米，高 8 厘米
哈萨克斯坦阿拉木图州开阿利克遗址出土
哈萨克斯坦国家博物馆藏

Animal Patterned Bowl

The 10th to 12th century
Caliber 24 cm, height 8 cm
Unearthed from Kayalyk Site in Almaty Oblast, Kazakhstan
Collection of National Museum of Kazakhstan

Чаша с узорами животного

X-XII вв.
диаметр 24 см, Высота 8 см
Найдена на стоянке Каялык, Алматинская область, Казахстан
Коллекция Национального музея Республики Казахстан

　　此碗作为日常使用物品或者艺术品。碗内壁有1圈联珠纹。联珠纹一般认为是波斯文化经丝绸之路传播的典型纹饰。这里的联珠纹为不甚规则的方形连续。联珠纹内的动物四肢直立，为多种动物的结合，有长吻、尖牙、丰鬃、大耳、狮足、长尾，怒目圆睁，凶猛异常。这件釉陶碗出土于哈萨克斯坦南部地区，是与草原文化密切联系的器物。

祭祀用陶罐

9—10 世纪
高 30 厘米，口径 15 厘米
哈萨克斯坦阿拉木图州开阿利克遗址出土
哈萨克斯坦国家博物馆藏

Sacrificial Terracotta Jar

The 9th to 10th century
Height 30 cm, caliber 15 cm
Unearthed from Kayalyk Site in Almaty Oblast, Kazakhstan
Collection of National Museum of Kazakhstan

Глиняный горшок для жертвоприношения

IX-X вв.
Высота 30 см, диаметр 15 см
Найден на стоянке Каялык, Алматинская область, Казахстан
Коллекция Национального музея Республики Казахстан

此陶罐由红色黏土制成，有烧灼的痕迹。为平沿，束颈，平底。口沿和肩部之间有弧形抓手，位于口沿的抓手端分别有一小坛。抓手之间贴塑蛇纹等动物造型。口沿处的3个小型陶坛，表明这件陶罐应该是在祭祀等活动中使用的器物。祆教是产生于中亚地区的宗教，中古时期由粟特人沿着丝绸之路传播。祆教又被称为拜火教。根据目前的考古发现，与祆教有关的遗存多有火坛等。这件陶罐周身有烧灼痕迹，口沿处有陶坛，很有可能是丝绸之路上的祆教遗存。

第二单元
廊道上的交通及防御

◆ 历史上，丝绸之路干道周边的强大势力，都为保障这条经济价值与军事价值并存的道路发挥了作用。秦汉统一，对道路与关隘进行严格控制。从贞观十四年（640）到显庆三年（658），整个中亚、西域的宗主权逐步划归唐朝。唐朝先后设安西都护府、北庭都护府，并按中原体制建立驿馆、烽燧体系，不断完善交通管理制度与防御制度。

Unit 2
Transport and Defense Facilities on the Corridor

In history, powerful forces around the Silk Road have played a role in safeguarding this road of economic and military value. During Qin and Han Dynasties, with the unification of the country, roads and passes were strictly controlled. From the 14th year of the Zhenguan reign (640) to the 3rd year of the Xianqing reign (658), the suzerainty of the entire Central Asia and Western Regions was gradually transferred to Tang Dynasty. Tang Dynasty successively established the Anxi Protectorate and the Beiting Protectorate, and established post houses and beacon systems in compliance with the Central Plains system, continuously improving transportation management and defense systems.

Раздел II
Движение и оборона в коридоре

Исторически сложилось так, что могущественные силы, окружающие главные дороги Шелкового пути, сыграли свою роль в обеспечении безопасности пути, который имеет как экономическую, так и военную ценность. Объединение Китая империи Цинь и Хань привело к строгому контролю над дорогой и перевалами. С 14-го года правления Чжэньгуана (640 г.) по 3-й год правления Сяньцина (658 г.) сюзеренитет над всей Центральной Азией и западными регионами постепенно перешел к династии Тан. В период династии Тан последовательно создали наместничество (духуфу) Аньси и Бэйтин, установили почтовую и маяковую систему в соответствии с системой Центральных равнин, постоянно совершенствуя систему управления движением и систему обороны.

一 后方天堑
新安汉函谷关遗址

I. Rear Trench:
The Site of Han'gu Pass of Han Dynasty in Xin'an County

I. Тыловой естественный рубеж:
Руины заставы Ханьгу династии Хань в уезде Синьань

◆ 新安汉函谷关位于中国河南省洛阳市新安县城关镇,是公元前2世纪—公元3世纪汉代设立在中原地区的内部防卫都城,是东汉由丝绸之路西行必经的重要关隘。其控制洛阳盆地及关中盆地之间的交通,见证了汉帝国大型交通保障体系中的交通管理制度、防御制度及其对丝绸之路长距离交通和交流的保障。

"关"字瓦当

汉（前202—公元220）

直径16厘米，厚5.5厘米，残长13.5厘米

中国河南省黄河小浪底汉函谷关建筑遗址出土

洛阳博物馆藏

"關(Guan)" Character Eaves Tile

Han Dynasty (202 BC – 220 AD)

Diameter 16 cm, thickness 5.5 cm, fragment length 13.5 cm

Unearthed from the architectural site of Han'gu Pass of Han Dynasty in Xiaolangdi, Yellow River, Henan Province, China

Collection of Luoyang Museum

Круглая черепица с китайским иероглифом «關(Гуань)»

Династия Хань (202 г. до н. э. – 220 г. н. э.)

Диаметр 16 см, толщина 5,5 см, длина оставшейся части 13,5 см

Найдена на архитектурном памятнике заставы Ханьгу династии Хань, Сяоланьди, Желтая река, провинция Хэнань, Китай

Коллекция Лоянского Музея

莲花纹方砖

唐（618—907）

长 34.5 厘米，宽 34.5 厘米，厚 7 厘米

中国河南省洛阳市隋唐洛阳城遗址出土

洛阳博物馆藏

Lotus Patterned Square Brick

Tang Dynasty (618 – 907)

Length 34.5 cm, width 34.5 cm, thickness 7 cm

Unearthed from Site of Luoyang City of Sui and Tang Dynasties in Luoyang City, Henan Province, China

Collection of Luoyang Museum

Квадратный кирпич с узором в виде лотоса

Династия Тан (между 618 – 907 гг.)

Длина 34,5 см, ширина 34,5 см, толщина 7 см

Найден в руинах города Лоян династий Суй и Тан, город Лоян, провинция Хэнань, Китай

Коллекция Лоянского Музея

二 保障通道 崤函古道石壕段遗址

II. Security Channel:
The Site of Shihao Section of Xiaohan Ancient Route

II. Гарантийный проход:
Руины на участке поселка Шихао древней казенного тракта Сяохань

◆ 崤函古道形成于公元前2世纪前，是汉唐时期沟通长安、洛阳两大都城交通要道的组成部分，沿用至20世纪。石壕段遗址位于中原地区秦岭东段余脉丘陵地带，是丝绸之路长期长距离交通保障系统的珍贵物证。

酒神陶骆驼俑

隋开皇九年（589）或大业三年（607）

长 28.1 厘米，高 36.5 厘米

中国陕西省西安市长安区陕西师范大学长安校区二期隋张绶夫妇墓出土

西安市文物保护考古研究院藏

这件骆驼俑的陶质驼囊中间刻画的是典型的酒神狄奥尼索斯的形象。同样的驼囊在西安茅坡村隋墓中也有发现。汉文史料将继承希腊罗马文化的拜占庭帝国称为"拂菻"，因此，这件驼囊造像又被称为"醉拂菻"。它提供了希腊罗马–拜占庭艺术传入中国的确凿的新证据。

Terracotta Camel Figurine with Wine God Patterned Camel Leather Bag

The 9th year of Kaihuang (589) or the 3rd year of Daye (607) of Sui Dynasty

Length 28.1 cm, height 36.5 cm

Unearthed from the tomb of the Couple of Zhang Lin of Sui Dynasty at the Phase II, Chang'an Campus of Shaanxi Normal University, Chang'an District, Xi'an City, Shaanxi Province, China

Collection of Xi'an Institute of Cultural Relics Conservation and Archaeology

Гончарная фигурка верблюда с верблюжьим мешочком, изображающим бога вина

Девятый год императора Суй Кайхуан (589г.) или третий год Даъе (607г.) правления Суй Ян-ди

Длина 28,1 см, высота 36,5 см

Найдена в гробнице супругов Чжан Чэнь династии Суй на втором этапе кампуса Чанъань Шэньсийского педагогического университета в районе Чанъань города Сиань провинции Шэньси Китая

Коллекция Сианьского института охраны культурных реликвий и археологии

三彩骆驼俑（1组5件）

唐（618—907）

长15.5厘米，高16.5厘米

中国陕西省西安市长安区航天基地东长安街秦守一墓出土

西安市文物保护考古研究院藏

Tri-colored Camel Figurines (1 set of 5 pieces)

Tang Dynasty (618 – 907)

Length 15.5 cm, height 16.5 cm

Unearthed from the tomb of Qin Shouyi on East Chang'an Street, Aerospace Base, Chang'an District, Xi'an City, Shaanxi Province, China

Collection of Xi'an Institute of Cultural Relics Conservation and Archaeology

Трехцветные верблюжьи статуэтки (5 штуки в 1 комплекте)

Династия Тан (между 618 – 907 гг.)

Длина 15,5 см, высота 16,5 см

Найдены в гробнице Шоуи династии Цинь, Восточная улица Чанъань, Аэрокосмическая база, район Чанъань, город Сиань, провинция Шэньси, Китай

Коллекция Сианьского института охраны культурных реликвий и археологии

陶载物骆驼俑

唐咸亨元年（670）

高 73.5 厘米，长 54 厘米

中国陕西省华阴市夫水镇唐咸亨元年沙州敦煌县令宋素与夫人王氏合葬墓出土

陕西省考古研究院（陕西考古博物馆）藏

Terracotta Carrying Camel Figurine

The 1st year of Xianheng of Tang Dynasty (670)

Height 73.5 cm, length 54 cm

Unearthed from the joint burial tomb of Song Su, the magistrate of Dunhuang County in Shazhou, and his wife Wang in the 1st year of Xianheng of Tang Dynasty in Fushui Town, Huayin City, Shaanxi Province, China

Collection of Shaanxi Academy of Archaeology (Shaanxi Archaeological Museum)

Керамическая статуэтка верблюда, перевозящего грузы

Первый год правления Сяньхэна династии Тан (670г.)

Высота 73,5 см, длина 54 см

Обнаружена в гробнице Сун Су, магистрата уезда Дуньхуан Шачжоу и его жены Ван в первый год правления Сяньхэна династии Тан, в поселке Фушуй города Хуайинь провинции Шэньси Китая

Коллекция Института археологии провинции Шэньси (Археологический музей Шэньси)

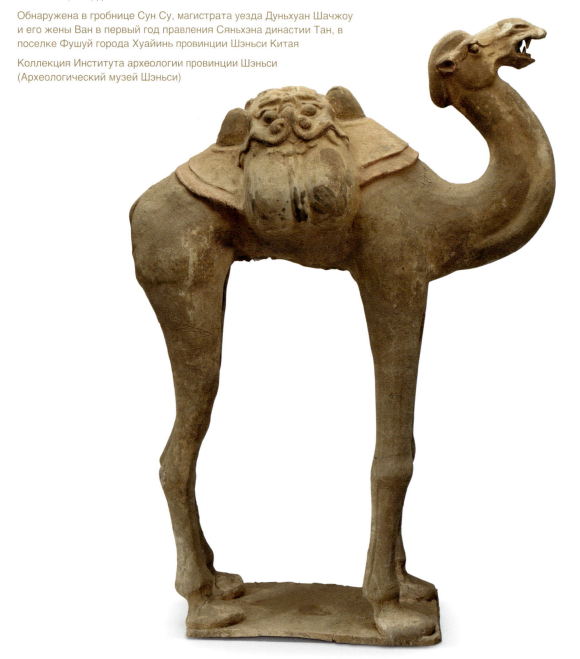

根据墓志，墓主宋素以明经及第，曾任职恭城主簿、岳州源江县丞、沙州敦煌县令，后代理东都宫苑事，获赐物一百缎，加阶一级。

陶载物骆驼俑（1组2件）

唐（618—907）

之一：高 22.5 厘米，长 22.6 厘米

之二：高 16.1 厘米，长 19.4 厘米

中国陕西省西安市郭庄唐墓出土

陕西省考古研究院（陕西考古博物馆）藏

Terracotta Carrying Camel Figurines (1 set of 2 pieces)

Tang Dynasty (618 – 907)

The 1st one: height 22.5 cm, length 22.6 cm

The 2nd one: height 16.1 cm, length 19.4 cm

Unearthed from the tomb of Tang Dynasty at Guozhuang in Xi'an City, Shaanxi Province, China

Collection of Shaanxi Provincial Institute of Archaeology (Shaanxi Archaeological Museum)

Керамические статуэтки верблюда, перевозящего грузы (2 штуки в 1 комплекте)

Династия Тан (между 618 – 907 гг.)

Одна из них: высота 22,5 см, длина 22,6 см

Вторая: высота 16,1 см, длина 19,4 см

Найдены в гробнице династии Тан в Гуочжуане, город Сиань, провинция Шэньси, Китай

Коллекция Института археологии провинции Шэньси (Археологический музей Шэньси)

III. Guazhou Legend: The Site of Suoyang City
III. Легенда Гуачжоу: Руины города Соян

瓜州传奇 锁阳城遗址

◆ 锁阳城，即唐代瓜州城，位于中国甘肃省酒泉市瓜州县。这里在历史上是扼守丝绸之路交通咽喉的要塞，也是目前我国保存最为完好的隋唐故城之一，展现了人类对荒漠戈壁自然环境的依托、利用和改造，是人类开展长距离交通和交流的保障性城址。锁阳城为丝绸之路沿线的商贸活动和宗教传播活动提供了保障。玄奘西行途中，亦曾在此地说法半月余。

陶女高髻俑

唐咸亨元年（670）
高 17.5 厘米，宽 7.4 厘米
中国陕西省华阴市夫水镇唐咸亨元年沙州敦煌县令宋素与夫人王氏合葬墓出土
陕西省考古研究院（陕西考古博物馆）藏

Female Terracotta Figurine with High Buns

The 1st year of Xianheng of Tang Dynasty (670)

Height 17.5 cm, width 7.4 cm

Unearthed from the joint burial tomb of Song Su, the magistrate of Dunhuang County in Shazhou, and his wife Wang in the 1st year of Xianheng of Tang Dynasty in Fushui Town, Huayin City, Shaanxi Province, China

Collection of Shaanxi Academy of Archaeology (Shaanxi Archaeological Museum)

Терракотовые женские статуэтки с высоким шиньоном

Первый год правления Сяньхэна династии Тан (670 г.)

Высота 17,5 см, ширина 7,4 см

Обнаружеы в гробнице Сун Су, магистрата уезда Дуньхуан Шачжоу и его жены Ван в первый год правления Сяньхэна династии Тан, в поселке Фушуй города Хуаинь провинции Шэньси Китая

Коллекция Института археологии провинции Шэньси (Археологический музей Шэньси)

陶毡帽骑马俑

唐咸亨元年（670）

高 40.5 厘米，长 32 厘米，宽 12 厘米

中国陕西省华阴市夫水镇唐咸亨元年沙州敦煌县令宋素与夫人王氏合葬墓出土

陕西省考古研究院（陕西考古博物馆）藏

Terracotta Figurine of Horse Rider with Felt Hat

The 1st year of Xianheng of Tang Dynasty (670)

Height 40.5 cm, length 32 cm, width 12 cm

Unearthed from the joint burial tomb of Song Su, the magistrate of Dunhuang County in Shazhou, and his wife Wang in the 1st year of Xianheng of Tang Dynasty in Fushui Town, Huayin City, Shaanxi Province, China

Collection of Shaanxi Academy of Archaeology (Shaanxi Archaeological Museum)

Терракотовая фигурка верхом на лошади с войлочной шляпой

Первый год правления Сяньхэна династии Тан (670 г.)

Высота 40,5 см, длина 32 см, ширина 12 см

Обнаружена в гробнице Сун Су, магистрата уезда Дуньхуан Шачжоу и его жены Ван в первый год правления Сяньхэна династии Тан, в поселке Фушуй города Хуаинь провинции Шэньси Китая

Коллекция Института археологии провинции Шэньси (Археологический музей Шэньси)

陶毡帽俑（1组3件）

唐咸亨元年（670）

之一：高21厘米，宽7厘米

之二：高21厘米，宽6厘米

之三：高42厘米，宽17.5厘米

中国陕西省华阴市夫水镇唐咸亨元年沙州敦煌县令宋素与夫人王氏合葬墓出土

陕西省考古研究院（陕西考古博物馆）藏

Terracotta Figurines with Felt Hat (1 set of 3 pieces)

The 1st year of Xianheng of Tang Dynasty (670)

The 1st one: height 21 cm, width 7 cm

The 2nd one: height 21 cm, width 6 cm

The 3rd one: height 42 cm, width 17.5 cm

Unearthed from the joint burial tomb of Song Su, the magistrate of Dunhuang County in Shazhou, and his wife Wang in the 1st year of Xianheng of Tang Dynasty in Fushui Town, Huayin City, Shaanxi Province, China

Collection of Shaanxi Academy of Archaeology (Shaanxi Archaeological Museum)

Терракотовые фигуры с войлочной шляпой (3 штуки в 1 комплекте)

Первый год правления Сяньхэна династии Тан (670 г.)

Одна из них: высота 21 см, ширина 7 см

Вторая: высота 21 см, ширина 6 см

Третья: высота 42 см, ширина 17,5 см

Обнаружены в гробнице Сун Су, магистрата уезда Дуньхуан Шачжоу и его жены Ван в первый год правления Сяньхэна династии Тан, в поселке Фушуй города Хуаинь провинции Шэньси Китая

Коллекция Института археологии провинции Шэньси (Археологический музей Шэньси)

陶靴（1双）

唐（618—907）

高 6.5 厘米，靴底长 6.5 厘米

中国甘肃省武威市高坝二队出土

武威市博物馆藏

Terracotta Boots (1 pair)

Tang Dynasty (618 – 907)

Height 6.5 cm, sole length 6.5 cm

Unearthed from Gaoba Second Team, Wuwei City, Gansu Province, China

Collection of Wuwei Museum

Гончарные сапоги (1 пара)

Династия Тан (между 618 – 907 гг.)

Высота 6,5 см, длина подошвы 6,5 см

Найдены во второй группе Гаоба, город Увэй, провинция Ганьсу, Китай

Коллекция Музея города Увэй

西汉时期，随着丝绸之路的开通，来自西域的葡萄、石榴、胡桃、胡麻、胡瓜、胡蒜、苜蓿等植物开始在中国种植。汉唐时期这类胡人抱扁壶、抱囊、抱鸭形壶俑的出现，都是在人们了解到西域盛产葡萄及葡萄酒这一基础上产生的，是通过艺术形式体现丝绸之路与东西方文化交流的情形。

彩绘胡人抱鸭形壶陶俑

唐（618—907）
通高 29 厘米，底径 14.5 厘米
中国甘肃省武威市高坝二队出土
武威市博物馆藏

Terracotta Figurine Holding Duck-shaped Teapot

Tang Dynasty (618 – 907)
Overall height 29 cm, base diameter 14.5 cm
Unearthed from Gaoba Second Team, Wuwei City, Gansu Province, China
Collection of Wuwei Museum

Терракотовая раскрашенная фигурка в форме мужчины Ху, держащего кувшин в форме утки

Династия Тан (между 618 – 907 гг.)
Общая высота 29 см, диаметр основания 14.5 см
Найдена во второй группе Гаоба, город Увэй, провинция Ганьсу, Китай
Коллекция Музея города Увэй

IV. Gobi Post Station: The Site of Xuanquan Posthouse
IV. Почтовые станции на пустыне Гоби: Руины Сюаньцюаньчжи

◆ 悬泉置遗址（公元前2世纪—公元3世纪）位于祁连山支脉火焰山北麓戈壁。作为保存至今的珍贵汉代驿站遗址，其格局完整。据考古发现，悬泉置遗址的出土文物以汉简内容最丰富，现已编号者有17900多枚、明确纪年者有2100余枚，最早有纪年的简为汉武帝元鼎六年（前111），最晚的为东汉安帝永初元年（107）。这批汉简保留了大量西域各国使者途经悬泉置的相关记录，是研究丝绸之路贸易、汉与西域关系的实时档案和原始记录。

悬泉里程简

长19厘米，宽2厘米，厚0.3厘米
1990年中国甘肃省悬泉置遗址出土
甘肃简牍博物馆藏

Bamboo Slip of Mileage of Xuanquan Posthouse

Length 19 cm, width 2 cm, thickness 0.3 cm
Unearthed from Site of Xuanquan Posthouse, Gansu Province, China in 1990
Collection of Gansu Bamboo Slips Museum

Дощечка для записи пробега Сюаньцюань

Длина 19 см, ширина 2 см, толщина 0,3 см
Обнаружена в 1990 году в руинах Сюаньцюаньчжи провинции Ганьсу Китая
Коллекция Музея планок и дощечек для письма провинции Ганьсу

释文：

倉松去鸞鳥六十五里　鸞鳥去小張掖六十里　小張掖去姑臧六十七里　姑臧去顯美七十五里
氐池去觻得五十四里　觻得去昭武六十二里府下　昭武去祁連置六十一里　祁連置去表是七十里
玉門去沙頭九十九里　沙頭去乾齊八十五里　乾齊去淵泉五十八里　右酒泉郡縣置十一六百九十四里

（Ⅱ 90DXT0214.①:130）

简文分为3栏：第一栏记述武威郡沿途各县里程，向西延及张掖郡的显美；第二栏记述张掖郡沿途各县里程，向西延及酒泉郡的表是；第三栏记述酒泉郡沿途各县驿置里程，向西延及敦煌郡的渊泉。每一栏内容连贯，相对独立。

居延里程简

长 22.9 厘米，宽 2.1 厘米，厚 0.4 厘米

1974 年中国内蒙古自治区居延甲渠候官遗址出土

甘肃简牍博物馆藏

Bamboo Slip of Mileage of Juyan Posthouse

Length 22.9 cm, width 2.1 cm, thickness 0.4 cm

Unearthed from Site of Jiaqu Houguan of Juyan Posthouse, Inner Mongolia Autonomous Region, China in 1974

Collection of Gansu Bamboo Slips Museum

Дощечка для записи пробега Цзюйянь

Длина 22,9 см, ширина 2,1 см, толщина 0,4 см

Обнаружена в 1974 году в руинах места расквартирования хоу Цзяцюй в Цзюйяне Автономного района Внутренней Монголии Китая

Коллекция Музея планок и дощечек для письма провинции Ганьсу

释文：

長安至茂陵七十里　茂陵至茯置卅五里　茯置至好止七十五里　好止至義置七十五里

月氏至烏氏五十里　烏氏至涇陽五十里　涇陽至平林置六十里　平林置至高平八十里　高平至□□□□□里

媼圍至居延置九十里　居延置至觻裏九十里　觻裏至氐池九十里　氐池至小張掖六十里

刪丹至日勒八十七里　日勒至鈞耆置五十里　鈞耆置至屋蘭五十里　屋蘭至氐池五十里

（EPT59:582）

简文分4栏，分别记述了从长安到河西张掖郡氐池县的四段路程。第一栏记述从长安出发到义置沿途各县里程；第二栏记述从月氏到高平沿途各县里程；第三栏记述从媼围到武威郡张掖县沿途各县里程；第四栏记述从删丹到张掖郡氐池县沿途各县里程。

居延里程简与悬泉里程简在内容上相衔接，形成一张比较完整的从长安出发到敦煌的里程表。虽然二者都有残缺，但其残存的简文正好联结了从长安出发向西至敦煌郡的丝绸之路东段线路。

永光五年康居王使者自言献驼直不如实册

均长 23.5 厘米
1990 年中国甘肃省悬泉置遗址出土
甘肃简牍博物馆藏

Bamboo Slips About the Fact that in the 5th Year of the Yongguang Reign, the Envoy of the Kangju King Claimed that Camels Offered were not As Good as Witnessed

Average length 23.5 cm
Unearthed from Site of Xuanquan Posthouse, Gansu Province, China in 1990
Collection of Gansu Bamboo Slips Museum

Деревянные дощечки с записью: в пятом году правления Юнгуан (39 г. до н. э.) посланник короля Кангюй, недовольный тем, что губернатор не смог честно оценить предложенных им верблюдов, написал обращение к императорскому двору, чтобы подать жалобу

Средняя длина 23,5 см
Обнаружены в 1990 году в руинах Сюаньцюаньчжи провинции Ганьсу Китая
Коллекция Музея планок и дощечек для письма провинции Ганьсу

释文：

康居王使者杨伯刀、副扁阗，苏薤王使者姑墨、副沙囷即贵人为匿等皆叩头自言：前数为王奉献橐佗入敦煌

关，县次赠食至酒泉，昆蹏官大守与杨伯刀等杂平直肥瘦。今杨伯刀等复为王奉献橐佗入关，行道不得

食至酒泉，酒泉大守独与小吏直畜，杨伯刀等不得见所献橐佗，姑墨为王献白牡橐佗一匹、牝二匹，以为黄；及杨伯刀

等献橐佗皆肥，以为瘦，不如实，冤。

永光五年六月癸酉朔癸酉，使主客谏大夫汉侍郎当移敦煌大守，书到验问言状，事当奏闻，毋留，如律令。

七月庚申，敦煌大守弘、长史章、守部候修仁行丞事，谓县：写移书到，具移康居、苏、王使者杨伯刀等献橐佗

食用谷数，会月廿五日，如律令。/掾登、属建、书佐政光。

七月壬戌，效谷守长合宗、守丞敦煌左尉忠，谓置：写移书到，具写传马止不食谷。诏书报，会月廿三日，如律令。/掾宗、啬夫辅。

　　有木质简牍 7 枚，木材为柽柳。前简后牍，简牍混编，由 2 道细麻绳编联，册书形制保存完整。其内容是康居等国使者来汉朝贡，所献骆驼被酒泉太守评估不实而上诉朝廷，而朝廷则由使主客谏大夫下文敦煌太守，敦煌太守又下文效谷县，效谷县下文悬泉置，要求将当时情况如实上报。康居是中亚大国，不属西域都护管辖。该册书的出土，为研究西汉王朝与康居等国的关系提供了重要资料。

悬泉置元康四年正月尽十二月丁卯鸡出入簿

均长 22.5 厘米

1990 年中国甘肃省悬泉置遗址出土

甘肃简牍博物馆藏

Bamboo Slips About Account Book of Chicken at Xuanquan Posthouse from January to December in the 4th Year of Yuankang

Average length 22.5 cm

Unearthed from Site of Xuanquan Posthouse, Gansu Province, China in 1990

Collection of Gansu Bamboo Slips Museum

Дощечки с записью о количествах, источниках и соответствующей информации цыплят, использованных в Сюаньцюаньчжи для угощения чиновников в 4-ом году правления Юанькана (62 г. до н.э.)

Средняя длина 22,5 см

Обнаружены в 1990 году в руинах Сюаньцюаньчжи провинции Ганьсу Китая

Коллекция Музея планок и дощечек для письма провинции Ганьсу

释文：

·縣泉置元康四年正月盡十二月丁卯雞出入簿

出雞一枚，以食長史君，一食，東

出雞一隻，以食使者王君所將客，留宿，再食，東

出雞二隻，以食大司農卒史田卿，往來四食，東

出雞一隻，以食丞相史范卿，往來再食，東

出雞二隻，以食長史君，往來四食，西

出雞一枚，以食大醫萬秋，一食，東

出雞一隻，以食刺史從事，吏一人，凡二人，一食，東

出雞一隻，以食大司農卒史馮卿，往來再食，東

出雞一枚，以食使者王君，一食，東

九月毋餘雞。今毋餘雞

入雞二隻，十月辛巳，佐長富受廷

入雞一隻，十月甲子，廚嗇夫時受毋窮亭卒□

入雞一隻，十二月壬戌，廚嗇夫時受魚離鄉佐逢時

·縣泉置元康四年十月盡十二月丁卯雞出入簿

十月盡十二月丁卯，置所自買雞三隻

直錢二百册，率隻八十，唯廷給

元康四年十二月甲寅朔戊辰，縣泉廚嗇夫時敢言之

謹移正月盡十二月丁卯雞出入簿一編敢言之

共19枚，出土时已经散乱，但内容相关、书体相同，尤其是册书标题和最后两简的总括文字与上报行文，可认定应属一个簿籍。中间的简文有遗漏，简次也无法排列，但主要内容是完整的。该简册记载了汉宣帝元康四年（前62）悬泉置招待过往官员所用鸡的数量。由账簿可知，东来西往的使者在悬泉置所食鸡肉概由政府供给。这不仅从一个侧面反映了悬泉置作为驿站给过往人员提供饮食的情况，也反映了悬泉置的后勤供给情况和当时整个社会的物价水平。该简册为研究悬泉置钱、物来源和消费情况，以及过往客人的身份构成和招待规格，提供了依据。

新莽劳边使者过界中费册

均长 23 厘米
1973 年中国甘肃省肩水金关遗址出土
甘肃简牍博物馆藏

Bamboo Slips About Cross Border Expense Register of Envoy Inspecting Border Force in Xin Dynasty

Average length 23 cm
Unearthed from Site of Jianshui Gold Pass, Gansu Province, China in 1973
Collection of Gansu Bamboo Slips Museum

Дощечки с записью о расходах на посолов, направленных императорским двором для утешения чиновников в пограничных районах

Средняя длина 23 см
Обнаружены в 1973 году в руинах заставы Цзяньшуйцзинь провинции Ганьсу Китая
Коллекция Музея планок и дощечек для письма провинции Ганьсу

释文：

·劳边使者过界中费

粱米八斗，直百六十。

即米三石，直四百五十。

羊二，直五百。

酒二石，直二百八十。

盐、豉各一斗，直卅。

荠酱蛊，直五十。

·往来过费凡直千四百七十。

·肩水见吏廿七人，率人五十五。

（73EJT21:2—10）

全册9简，编绳2道，完好无缺。其内容是朝廷派使者慰问边地吏卒途经肩水金关时的费用记录。全文276字。该册的出土为研究汉人的饮食构成、接待习俗、劳边制度及册书编联形式提供了实物依据。

"胡客"汉简

长 9 厘米，宽 0.7 厘米

1990 年中国甘肃省悬泉置遗址出土

甘肃简牍博物馆藏

Bamboo Slip of "Hu Guests" of Han Dynasty

Length 9 cm, width 0.7 cm

Unearthed from Site of Xuanquan Posthouse, Gansu Province, China in 1990

Collection of Gansu Bamboo Slips Museum

Дощечка династии Хань с записью о «людях из западных государств, приехавших в империю Хань»

Длина 9 см, ширина 0,7 см

Обнаружена в 1990 году в руинах Сюаньцюаньчжи провинции Ганьсу Китая

Коллекция Музея планок и дощечек для письма провинции Ганьсу

释文：

□诸國胡客往來過廩食傳馬如☐

"胡客"即西域诸国来到汉地的人员。简文记载了汉朝边塞对胡客的接待，即为西域诸国来到汉地的人员提供饮食车马。

"萧君所将胡客"汉简

长 23.4 厘米,宽 0.7 厘米
1990 年中国甘肃省悬泉置遗址出土
甘肃简牍博物馆藏

Bamboo Slip of "Hu Visitors Led by Xiao Jun" of Han Dynasty

Length 23.4 cm, width 0.7 cm
Unearthed from Site of Xuanquan Posthouse, Gansu Province, China in 1990
Collection of Gansu Bamboo Slips Museum

Дощечка династии Хань с записью о «том, что нужно представить зерновой корм для кормления лошадям людям из западных государств, приехавших в империю Хань»

Длина 23,4 см, ширина 0,7 см
Обнаружена в 1990 году в руинах Сюаньцюаньчжи провинции Ганьсу Китая
Коллекция Музея планок и дощечек для письма провинции Ганьсу

释文:

入麥四石以食送使客蕭君所將胡客馬十匹鴻嘉四年九月丁酉縣泉佐譚
受敦煌廄嗇夫襃

简文记载了西汉鸿嘉四年(前17)九月,悬泉置为胡客的 10 匹马提供谷物饲料。

"车师王乌孙诸国客"汉简

长 23 厘米，宽 1.9 厘米，厚 0.4 厘米
1990 年中国甘肃省悬泉置遗址出土
甘肃简牍博物馆藏

Bamboo Slip of "Guests from Countries of Cheshiwang and Wusun" of Han Dynasty

Length 23 cm, width 1.9 cm, thickness 0.4 cm

Unearthed from Site of Xuanquan Posthouse, Gansu Province, China in 1990

Collection of Gansu Bamboo Slips Museum

Дощечка династии Хань с записью о «короле из царства Чэши и гостях из таких разных государств, как Усунь»

Длина 23 см, ширина 1,9 см, толщина 0,4 см

Обнаружена в 1990 году в руинах Сюаньцюаньчжи провинции Ганьсу Китая

Коллекция Музея планок и дощечек для письма провинции Ганьсу

释文：

五凤四年六月丙寅，使主客散骑光禄大夫□扶承，制诏御史曰：使云中太守安国、故教未央仓龙屯卫司马鲜于武疆，使送车师王、乌孙诸国客，与斥候周充国载屯先俱，为驾二封轺传，二人共载。御史大夫延年下扶风，厩承书以次为驾，当舍传舍，如律令。

（A 面）

……出钱五十、出钱廿、出钱十、出钱十八、出钱卅、出钱百　□

（B 面）

　　该简由Ⅱ90DXT0113④:122与Ⅱ90DXT0113④:151两简缀合。简文记载了西汉五凤四年（前54）六月丙寅，悬泉置接待车师王、乌孙诸国来汉地人员，并记录了提供的车辆及接待规格。

"于阗贵人"汉简(封检)

长 12.2 厘米,宽 3.6 厘米,厚 2 厘米

1990 年中国甘肃省悬泉置遗址出土

甘肃简牍博物馆藏

Bamboo Slip of "Yutian Nobles" of Han Dynasty (Sealed Inspection)

Length 12.2 cm, width 3.6 cm, thickness 2 cm

Unearthed from Site of Xuanquan Posthouse, Gansu Province, China in 1990

Collection of Gansu Bamboo Slips Museum

Дощечка династии Хань с записью о «Благородном человеке из Юйтянь» (запечатанная проверка)

Длина 12,2 см, ширина 3,6 см, толщина 2 см

Обнаружена в 1990 году в руинах Сюаньцюаньчжи провинции Ганьсу Китая

Коллекция Музея планок и дощечек для письма провинции Ганьсу

释文:

于阗贵人宾且塞献驢一匹

驢牡两挞廿歲封頸

  该简在形制上属于封检,上部为封泥槽,下部有 2 行文字。简文记载了于阗使者来汉贡献驴 1 匹,毛色青灰,雄性,烙 2 处标记,齿龄 20 岁,封检系在颈上。

"大昆弥诸国客"汉简

长 4.8 厘米,宽 1.1 厘米,厚 0.25 厘米
1990 年中国甘肃省悬泉置遗址出土
甘肃简牍博物馆藏

Bamboo Slip of "Guests from Countries like Dakunmi" of Han Dynasty

Length 4.8 cm, width 1.1 cm, thickness 0.25 cm
Unearthed from Site of Xuanquan Posthouse, Gansu Province, China in 1990
Collection of Gansu Bamboo Slips Museum

Дощечка династии Хань с записью о «гостях из разных государств Усунь»

Длина 4,8 см, ширина 1,1 см, толщина 0,25 см
Обнаружена в 1990 году в руинах Сюаньцюаньчжи провинции Ганьсу Китая
Коллекция Музея планок и дощечек для письма провинции Ганьсу

释文:
■右大昆彌貴人卅☑

简下端残缺,简文记载的应该是与大昆弥使者往来的情况。

"莎车贵人"汉简

长 11.4 厘米,宽 0.95 厘米,厚 0.3 厘米
1990 年中国甘肃省悬泉置遗址出土
甘肃简牍博物馆藏

Bamboo Slip of "Shache Nobles" of Han Dynasty

Length 11.4 cm, width 0.95 cm, thickness 0.3 cm
Unearthed from Site of Xuanquan Posthouse, Gansu Province, China in 1990
Collection of Gansu Bamboo Slips Museum

Дощечка династии Хань с записью о «Благородном человеке из Шачэ»

Длина 11,4 см, ширина 0,95 см, толщина 0,3 см
Обнаружена в 1990 году в руинах Сюаньцюаньчжи провинции Ганьсу Китая
Коллекция Музея планок и дощечек для письма провинции Ганьсу

释文:
莎車貴人失淺□,自言去年十一月中奉獻到廣置廐驢一匹,求不可得

简文记载了莎车使者口述前往广置厩献驴的相关情况。

"姑墨"汉简

长 9 厘米，宽 0.7 厘米，厚 0.2 厘米
1990 年中国甘肃省悬泉置遗址出土
甘肃简牍博物馆藏

Bamboo Slip of "Gumo" of Han Dynasty

Length 9 cm, width 0.7 cm, thickness 0.2 cm

Unearthed from Site of Xuanquan Posthouse, Gansu Province, China in 1990

Collection of Gansu Bamboo Slips Museum

Дощечка династии Хань с записью о «Гумо»

Длина 9 см, ширина 0,7 см, толщина 0,2 см

Обнаружена в 1990 году в руинах Сюаньцюаньчжи провинции Ганьсу Китая

Коллекция Музея планок и дощечек для письма провинции Ганьсу

释文：

姑墨王遣使者休靡奉献橐驼马　橐驼　马

　　简文是姑墨王派遣使者休靡来汉贡献骆驼和马的记录。

"西域都护"汉简

长 8 厘米，宽 0.8 厘米，厚 0.25 厘米
1990 年中国甘肃省悬泉置遗址出土
甘肃简牍博物馆藏

Bamboo Slip of "Protector of the Western Regions" of Han Dynasty

Length 8 cm, width 0.8 cm, thickness 0.25 cm

Unearthed from Site of Xuanquan Posthouse, Gansu Province, China in 1990

Gansu Bamboo Slips Museum Collection

Дощечка династии Хань с записью о «Наместничестве (духуфу) Сиюй»

Длина 8 см, ширина 0,8 см, толщина 0,25 см

Обнаружена в 1990 году в руинах Сюаньцюаньчжи провинции Ганьсу Кита

Коллекция Музея планок и дощечек для письма провинции Ганьсу

释文：

出東緣章書一封西域都護印詣公車司

简文是由西域都护府发往长安的邮书记录。

V. East-West Divide: The Site of Yumen Pass

V. Граница между востоком и западом: Руины заставы Юймэньгуань

五 东西分界 玉门关遗址

◆ 玉门关遗址是公元前2世纪—公元3世纪汉帝国设立在河西走廊地区西端重要的关隘遗存,位于祁连山西端、疏勒河南岸戈壁,在地理区域上具有东西交通分界的标志地位。玉门关在汉代是一处军事关塞。通西域的丝绸之路,实际上是在亭障遍地、烽墩林立和烟火相接的严密保护下才畅通无阻的。该遗址地处戈壁荒漠,周边地势平坦,北面为草湖滩,南面以一段南北走向的长城直接与"阳关"相连。目前考古发现主要包括小方盘城遗址、大方盘城遗址、汉长城边墙及烽燧遗址等。

"双驼图"画像砖

魏晋（220—420）
长35厘米,宽17.3厘米
中国甘肃省嘉峪关魏晋墓出土
甘肃省博物馆藏

"Double Camel Painting" Portrait Brick

Wei and Jin Dynasties (220 – 420)
Length 35 cm, width 17.3 cm
Unearthed from the tomb of Wei and Jin Dynasties in Jiayuguan, Gansu Province, China
Collection of Gansu Provincial Museum

Кирпич с изображением «Двух верблюдов»

Династии Вэй и Цзинь (между 220 – 420 гг.)
Длина 35 см, ширина 17,3 см
Найден из гробницы династий Вэй и Цзинь в городе Цзяюйгуань провинции Ганьсу Китая
Коллекция Музея провинции Ганьсу

"驿使图"画像砖

魏晋（220—420）
长 35 厘米，宽 17.3 厘米
中国甘肃省嘉峪关魏晋墓出土
甘肃省博物馆藏

Portrait Brick of "Courier"

Wei and Jin Dynasties (220 – 420)
Length 35 cm, width 17.3 cm
Unearthed from the tomb of Wei and Jin Dynasties in Jiayuguan, Gansu Province, China
Collection of Gansu Provincial Museum

Кирпич с картинкой «Почтальон»

Династии Вэй и Цзинь (между 220 – 420 гг.)
Длина 35 см, ширина 17,3 см
Найден из гробницы династий Вэй и Цзинь в городе Цзяюйгуань провинции Ганьсу Китая
Коллекция Музея провинции Ганьсу

VI. Beacon in Tianshan Mountains: Kizilgaha Beacon Tower
VI. Сигнальный огонь на горах Тянь-шань: Сторожевая башня Кызыл-Кала

六 烽火天山 克孜尔尕哈烽燧

◆ 克孜尔尕哈烽燧位于中国新疆维吾尔自治区库车市西北，是公元前2世纪—公元3世纪汉帝国设立在天山南麓交通沿线的军事警戒保障设施，是汉代玉门关西行通往古龟兹、疏勒及天山北麓乌孙的交通要道。唐代归安西都护府管辖，并在汉代烽燧的基础上进行修复并修建部分烽燧驿站。克孜尔尕哈烽燧沿用至清代，是丝绸之路上沿用时间长、保存完整的防御性设施，见证了中央王朝对丝绸之路的交通保障。

克孜尔尕哈烽燧
Kizilgaha Beacon Tower
Сторожевой башни Кызыл-Кала

大苣

汉（前202—公元220）
长245厘米，径20厘米
中国甘肃省敦煌市出土
甘肃省博物馆藏

Torch Made of Reed Poles

Han Dynasty (202 BC – 220 AD)
Length 245 cm, diameter 20 cm
Unearthed in Dunhuang City, Gansu Province, China
Collection of Gansu Provincial Museum

Большой факел

Династия Хань (202 г. до н. э. – 220 г. н. э.)
Длина 245 см, диаметр 20 см
Найден в городе Дуньхуан провинции Ганьсу Китая
Коллекция Музея провинции Ганьсу

苣是用干透了的芦苇秆一层层地扎成捆，然后用草编的绳索捆绑结实而成。苣的使用方法与烽相似，夜间如遇敌情，烽火台上的士兵就把一把把的苣点燃，然后用辘轳升到三五丈的高杆上。因此，苣是传递军情的"火炬"，是2000多年前用于燃放烽烟的最原始的材料。

铜执矛、持戟骑士俑（1组）

东汉（25—220）
高 54 厘米，长 33 厘米
中国甘肃省武威市雷台汉墓出土
甘肃省博物馆藏

Bronze Spear, Halberd Wielding Knight Figurines (1 set)

Eastern Han Dynasty (25 – 220)
Height 54 cm, length 33 cm
Unearthed from the tomb of Han Dynasty at Leitai in Wuwei City, Gansu Province, China
Collection of Gansu Provincial Museum

Бронзовая статуэтка рыцаря с копьем и алебардой (1 комплекте)

Династия Восточная Хань (между 25 – 220 гг.)
Высота 54 см, длина 33 см
Найдена в гробнице Лэйтай династии Хань, город Увэй, провинция Ганьсу, Китай
Коллекция Музея провинции Ганьсу

铜轺车

东汉（25—220）

高 44 厘米，长 52 厘米，宽 39.5 厘米

中国甘肃省武威市雷台汉墓出土

甘肃省博物馆藏

Bronze Chariot

Eastern Han Dynasty (25 – 220)

Height 44 cm, length 52 cm, width 39.5 cm

Unearthed from the tomb of Han Dynasty at Leitai in Wuwei City, Gansu Province, China

Gansu Provincial Museum Collection

Медная лёгкая военная колесница

Династия Восточная Хань (между 25 – 220 гг.)

Высота 44 см, длина 52 см, ширина 39,5 см

Найдена в гробнице Лэйтай династии Хань, город Увэй, провинция Ганьсу, Китай

Коллекция Музея провинции Ганьсу

七 交通枢纽
卡拉摩尔根遗址

VII. Transportation Hub:
The Site of Karamergen

VII. Транспортный узел:
Развалина городища Карамерген

◆ 卡拉摩尔根是伊犁河三角洲地区的保障性城址，也是9—12世纪伊犁河三角洲地区中世纪农耕文明最北端与最大的城市。该城兴起于古伊犁河三角洲下游地区肥沃的河段上，是丝绸之路巴尔喀什部分的重要中转站。丝绸之路自此向西通往哈萨克斯坦中心地区，最终到达东欧。

- 中心城镇遗址
  Sites of Central Towns
  Памятник центральных городов и поселок
- 商贸聚落遗址
  Sites of Trading Settlements
  Руины оживленной торговой зоны
- 城市
  City
  Город
- 廊道路线
  Nominated Routes
  Стандартный маршрут
- 国界
  National Boundaries
  Государственная граница

"丝绸之路：长安—天山廊道的路网"（哈萨克斯坦、吉尔吉斯斯坦段）遗址分布与类型图

Map of Site Distribution and Types of the "Silk Roads: the Routes Network of Chang'an-Tianshan Corridor" (Sections of Kazakhstan and Kyrgyzstan)

Карта распределения и типов объектов руин «Шелкового пути: сеть маршрутов Чанъань-Тянь-Шаньского коридора» (участок Казахстана и Кыргызстана)

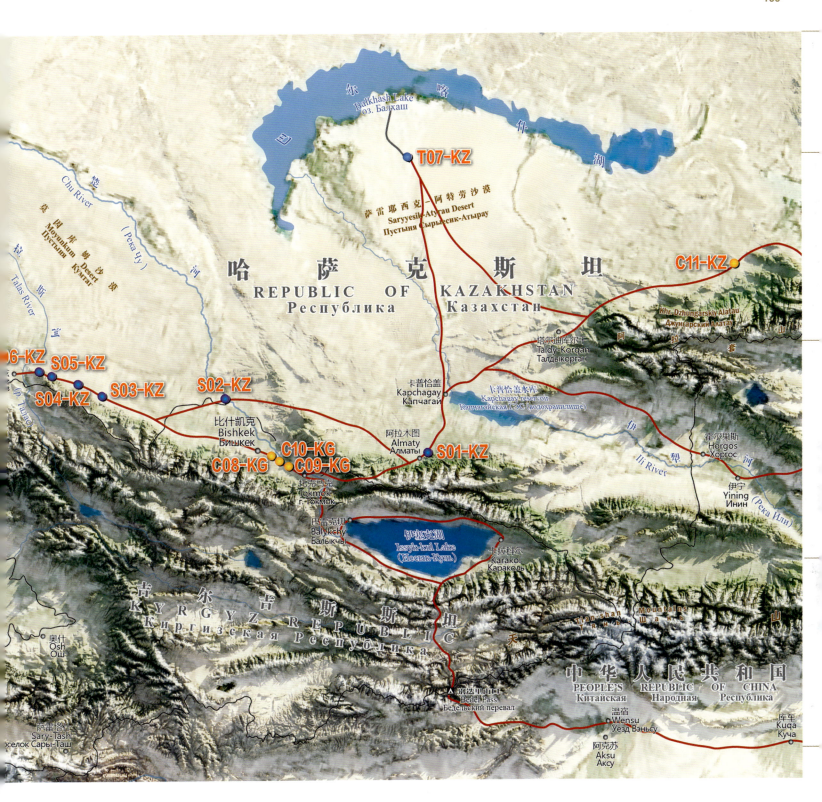

编号 No. № п/п	遗址名称 Name of Site Наименование развалины
S01-KZ	塔尔加尔遗址 Site of Talgar Развалина городища Талгар
S02-KZ	阿克托贝遗址 Site of Aktobe Развалина городища Актобе
S03-KZ	库兰遗址 Site of Kulan Развалина городища Кулан
S04-KZ	奥尔内克遗址 Site of Ornek Развалина городища Орнек
S05-KZ	阿克亚塔斯遗址 Site of Akyrtas Археологический памятник «Акыртас»
S06-KZ	科斯托比遗址 Site of Kastobe Развалина городища Костобе

编号 No. № п/п	遗址名称 Name of Site Наименование развалины
C08-KG	碎叶城（阿克·贝希姆遗址） City of Suyab (Site of Ak-Beshim) Город Суяб (Ак-Бешимское городище)
C09-KG	巴拉沙衮城（布拉纳遗址） City of Balasagun (Site of Burana) Город Баласагун (Буранинский минарет)
C10-KG	新城（科拉斯纳亚·瑞希卡遗址） City of Nevaket (Site of Krasnaya Rechka) Невакет (развалина Красноречкенского городища)
C11-KZ	开阿利克遗址 Site of Kayalyk Развалина городища Каялык
T07-KZ	卡拉摩尔根遗址 Site of Karamergen Развалина городища Карамерген

Начиная с Чанъаня: Тематическая выставка о праздновании 10-летия успешного включения Шелкового пути в список Всемирного культурного наследия

第三单元
廊道上的商贸聚落

◆ "丝绸之路:长安—天山廊道的路网"从长安出发到达中亚七河地区。文献和考古资料证实,来自亚欧大陆的不同物品和文化在当地汇聚,逐渐形成多个贸易中心。廊道上的商贸聚落,犹如丝绸之路上的耀眼明珠。直至目前,除"丝绸之路"之外,这条亚欧陆路通道还被人们命名为"香料之路""玉石之路""琉璃之路""皮毛之路""陶瓷之路""黄金之路""青铜之路"等。这从侧面体现了丝绸之路上丰富的商贸交往。

Unit 3
Commercial Settlements on the Corridor

"Silk Roads: the Routes Network of Chang'an-Tianshan Corridor" departs from Chang'an and reaches the Zhetysu region of Central Asia. Literature and archaeological data have confirmed that different items and cultures from the Eurasian continent converged there and gradually forming multiple trading centers. The commercial settlements on the corridor are like shining pearls on the Silk Road. Until now, in addition to "the Silk Road", this Eurasian overland route has also been named the "Spice Road", "Jade Road", "Glass Road", "Fur Road", "Ceramic Road", "Gold Road", "Bronze Road", etc., which indirectly reflects the extensive commercial exchanges on the Silk Road.

Раздел III
Торговые поселения в коридоре

«Шелковый путь: сеть маршрутов Чанъань-Тянь-Шаньского коридора» начинался с Чанъаня и тянулся до Историко-географического района «Семиречье» в Центральной Азии. Литературные и археологические данные подтверждают, что здесь сходились различные товары и культуры из Азии и Европы, постепенно формируя несколько торговых центров. Торговые поселения в этом коридоре были подобны ослепительным жемчужинам на Шелковом пути. До сих пор, помимо «Шелкового пути», этот сухопутный евразийский маршрут также называют «Путем специй», «Нефритовым путем», «Глазурным путем», «Меховым путем», «Керамическим путем», «Золотым путем», «Бронзовым путем» и т.д. Это косвенно отражает массовые торговые обмены на Шелковом пути.

一 贸易之都 塔尔加尔遗址

I. Trade Capital: The Site of Talgar

I. Столица торговли: Развалина городища Талгар

◆ 塔尔加尔遗址位于哈萨克斯坦阿拉木图州，是8—13世纪伊犁河流域的重要贸易城市。塔尔加尔遗址发现来自中国、伊朗、印度、日本等国家的文物，证实了该地区在中世纪与其他国家的贸易联系。

塔尔加尔遗址
Site of Talgar
Развалины городища Талгар

Начиная с Чанъаня: Тематическая выставка о праздновании 10-летия успешного включения Шелкового пути в список Всемирного культурного наследия

绳索纹碗

13—14 世纪

口径 28 厘米，高 7 厘米

哈萨克斯坦阿拉木图州塔尔加尔遗址出土

哈萨克斯坦国家博物馆藏

Rope Patterned Bowl

The 13th to 14th century

Caliber 28 cm, height 7 cm

Unearthed from Site of Talgar in Almaty Oblast, Kazakhstan

Collection of National Museum of Kazakhstan

Чаша с веревочным узором

XIII – XIV вв.

Диаметр 28 см, высота 7 см

Найдена на городище Талгар, Алматинская область, Казахстан

Коллекция Национального музея Республики Казахстан

陶灯

7—8 世纪
最大径 16.5 厘米，高 3.5 厘米
哈萨克斯坦南部出土
哈萨克斯坦国家博物馆藏

Ceramic Lamp

The 7th to 8th century
Maximum diameter 16.5 cm, height 3.5 cm
Unearthed in Southern Kazakhstan
Collection of National Museum of Kazakhstan

Керамическая лампа

VII – VIII вв.
Максимальный диаметр 16,5 см, высота 3,5 см
Найдена в Южном Казахстане
Коллекция Национального музея Республики Казахстан

不同于中国境内常见的陶灯，这件灯最大的特征是操作便利、比较耐用——通过中间的圆孔注入灯油，四角点灯，可以较长时间使用。中国汉代的高等级贵族墓葬开始出现青铜灯，以长信宫灯最具代表性，还有陕西历史博物馆藏的雁鱼铜灯，集环保与美观于一体。在属于草原文化的丝绸之路廊道上的哈萨克斯坦南部地区，人们也发挥聪明才智，丰富日常生活和劳作。因此，这件陶灯反映了哈萨克斯坦南部地区人们的聪明才智和独特审美。

二 酿酒重镇 阿克托贝遗址

II. Brewing Town:
The Site of Aktobe

II. Винокуренный город:
Развалина городища Актобе

◆ 阿克托贝遗址位于哈萨克斯坦江布尔州，即楚河和塔拉斯山谷的游牧与农耕文明交汇地，既是7—13世纪丝绸之路沿线上的大型贸易和手工业重镇，也是七河文化中心。这里的考古发现有城堡、宫殿、造币厂、酿酒遗迹等体现城市文化和土地利用的遗迹，还有基督教和伊斯兰教的墓地等遗迹。

三 粟特聚落 库兰遗址

III. Sogdian Settlement:
The Site of Kulan

III. Поселение Согдианы:
Развалина городища Кулан

◆ 库兰城是楚河流域的贸易城市，位于哈萨克斯坦江布尔州。该遗址由一系列不同时期的村庄和城市组成，是由天山山脉进入塔拉斯河谷的游牧文明与农耕文明的交汇地。这里的考古发现主要有粟特拜火教神殿和器具，表明库兰城曾经是粟特商人活动的重要场所。汉代张骞西行记载、唐代史书及阿拉伯文献中，都有对库兰城的记录。

四 互通之城 奥尔内克遗址

IV. The City of Interconnection:
The Site of Ornek

IV. Взаимосвязанный город:
Развалина городища Орнек

◆ 奥尔内克遗址位于哈萨克斯坦阿拉木图州，是8—12世纪初期塔拉斯河流域的重要贸易城市。奥尔内克城（也作Kulshub）作为突厥部落兴起，后来发展为城市，成为游牧民族和定居者交流的桥梁。

◆ 这里的考古发现包括泥墙、瞭望塔、营房、陶器作坊、房屋建筑基址、水磨遗存等体现城市文化的遗迹。这里的宗教遗迹也很丰富，有琐罗亚斯德教、萨满教、伊斯兰教的墓地以及清真寺等遗存。

V. Unfinished City: The Site of Akyrtas

V. Незавершенный город: Археологический памятник «Акыртас»

五、未完之城 阿克亚塔斯遗址

◆ 阿克亚塔斯遗址位于哈萨克斯坦阿拉木图州，距怛逻斯之战古战场约40千米，是8—14世纪塔拉斯河流域的重要贸易城市。这里原是葛逻禄人的居住地，未完成就被废弃了。考古学者对阿克亚塔斯古城的研究工作很早就开始了，但是至今仍不能断定古城的建设者和使用者，这成为未解之谜。

◆ 该遗址的宫殿布局独特，带有中东的建筑传统，推测在建造时应该有阿拉伯建筑师参与。目前这里发现的建筑遗存包括宫殿、水工设施网络、花园及公园、防御工事和信号设施等体现城市文化、土地利用的遗迹。

阿克亚塔斯遗址
Site of Akyrtas
Археологического памятника «Акыртас»

Начиная с Чанъаня: Тематическая выставка о праздновании 10-летия успешного включения Шелкового пути в список Всемирного культурного наследия

六 文化之城 科斯托比遗址

VI. The City of Culture:
The Site of Kostobe

VI. Город культуры:
Развалина городища Костобе

◆ 科斯托比遗址位于"长安—天山廊道的路网"的最西端,在哈萨克斯坦阿拉木图州,也是距离唐天宝十载(751)唐军与大食的怛逻斯之战战场最近的丝绸之路遗迹。怛逻斯战役后,大量唐代工匠被俘,许多能工巧匠(包括造纸匠、纺织匠和画匠)留在大食,他们客观上成为中国文化的传播者。科斯托比遗址是6—12世纪塔拉斯河流域的重要贸易城市,是七河地区西南部的文化、商业和制造业中心。

翼马长角神兽饰件（复制品）

前5—前4世纪
高9.7厘米，宽16.5厘米
哈萨克斯坦伊塞克库尔干出土
哈萨克斯坦国家博物馆藏

Horned Winged Horse Divine Beast Ornament (replica)

The 5th to 4th century BC
Height 9.7 cm, width 16.5 cm
Unearthed in Issyk Kulgan, Kazakhstan
Collection of National Museum of Kazakhstan

Орнамент мифического животного «Крылатый лошадь с длинными рогами» (копия)

V – IV вв. до н.э.
Высота 9,7 см, ширина 16,5 см
Обнаружен в Кургане Иссык Казахстана
Коллекция Национального музея Республики Казахстан

  马的头部高耸，前腿弯曲在躯干下。嘴巴、鼻孔、眼睛和眉头上的弧线轮廓狭窄，富有表现力。头上装饰有大山羊角，耳朵向前倾斜。身体为翼马造型。这座雕塑为木质骨架，外包有一层金箔。

山羊形饰件（1组2件）（复制品）

前5—前4世纪

宽2.8厘米，高4.5厘米

哈萨克斯坦伊塞克库尔干出土

哈萨克斯坦国家博物馆藏

Goat-shaped Ornaments (1 set of 2 pieces) (replica)

The 5th to 4th century BC

Width 2.8 cm, height 4.5 cm

Unearthed in Issyk Kulgan, Kazakhstan

Collection of National Museum of Kazakhstan

Орнаменты в форме козы (2 штуки в 1 комплекте) (копия)

V – IV вв. до н.э.

Ширина 2,8 см, высота 4,5 см

Обнаружены в Кургане Иссык Казахстана

Коллекция Национального музея Республики Казахстан

这是一组山羊形状的小金属饰件。以山羊外形为轮廓，呈现出山羊跳跃前的姿势，充满动感。

兽形饰件（复制品）

前5—前4世纪
高7厘米，宽9.5厘米
哈萨克斯坦伊塞克库尔干出土
哈萨克斯坦国家博物馆藏

Beast-shaped Ornament (replica)

The 5th to 4th century BC
Height 7 cm, width 9.5 cm
Unearthed in Issyk Kulgan, Kazakhstan
Collection of National Museum of Kazakhstan

Орнамент в форме зверя (копия)

V – IV вв. до н.э.
Высота 7 см, ширина 9,5 см
Обнаружен в Кургане Иссык Казахстана
Коллекция Национального музея Республики Казахстан

该饰件整体由金属豹和山峰的示意图组成。豹后腿支撑，躯干在中间扭曲，并自然向后翻转，前腿不自然地向上抬起。脖子长伸，嘴巴张开。尾巴下垂，末端弯曲成一个环。这是一件装饰品。

豹头饰品（复制品）

前4—前3世纪
高14.2厘米，宽7.7厘米
哈萨克斯坦东部贝雷尔墓地11号土墩出土
哈萨克斯坦国家博物馆藏

Leopard Head Ornament (replica)

The 4th to 3rd century BC
Height 14.2 cm, width 7.7 cm
Unearthed from Mound 11 of the Berer Cemetery in Eastern Kazakhstan
Collection of National Museum of Kazakhstan

Украшение в виде головы леопарда (копия)

IV – III вв. до н.э.
Высота 14,2 см, ширина 7,7 см
Раскопано из кургана №11 могильника Берель в Восточном Казахстане
Коллекция Национального музея Республики Казахстан

狮身人面像雕塑（复制品）

前5—前4世纪
高2.5厘米，宽4.6厘米
哈萨克斯坦伊塞克土墩遗址出土
哈萨克斯坦国家博物馆藏

Sphinx Sculpture (replica)

The 5th to 4th century BC
Height 2.5 cm, width 4.6 cm
Unearthed from Issyk Kul Mound Site, Kazakhstan
Collection of National Museum of Kazakhstan

Скульптура сфинкса (копии)

V – IV вв. до н.э.
Высота 2,5 см, ширина 4,6 см
Обнаружена в развалине Кургана Иссык Казахстана
Коллекция Национального музея Республики Казахстан

  该雕塑的狮身人面像是卧姿，前腿连在一起，向前伸展，后腿紧靠身体。头大，脸呈椭圆形，眼睛小，鼻子直，嘴巴大且直。耳朵很大，其顶部呈圆形。在耳朵的上方是一个加厚的角，有圆形的轮廓。身体很窄，呈扁平状。

铜礼灯（复制品）

前 2—前 1 世纪
高 12 厘米，最大径 12 厘米
哈萨克斯坦阿拉木图州出土
哈萨克斯坦国家博物馆藏

Bronze Ceremonial Lamp (replica)

The 2nd to 1st century BC
Height 12 cm, maximum diameter 12 cm
Unearthed in Almaty Oblast, Kazakhstan
Collection of National Museum of Kazakhstan

Медная церемониальная лампа (копия)

II – I вв. до н.э.
Высота 12 см, максимальный диаметр 12 см
Найдена в Алматинской области, Казахстан
Коллекция Национального музея Республики Казахстан

这是一件礼仪用铜灯，由灯盘、底座和灯管组成。灯盘装饰有骑士和动物形象，其中边缘一圈为走兽，中间有骑士射猎形象。灯盘中心为突出的灯管，圆形镂空底座。

木质饰品（复制品）

前4—前3世纪

高6厘米，宽6.7厘米

哈萨克斯坦东部贝雷尔墓地11号土墩出土

哈萨克斯坦国家博物馆藏

Wooden Ornament (replica)

The 4th to 3rd century BC

Height 6 cm, width 6.7 cm

Unearthed from Mound 11 of Berer Cemetery in Eastern Kazakhstan

Collection of National Museum of Kazakhstan

Деревянное украшение (копия)

IV – III вв. до н.э.

Высота 6 см, ширина 6,7см

Раскопано из кургана №11 могильника Берель в Восточном Казахстане

Коллекция Национального музея Республики Казахстан

木质狮鹫饰品（复制品）

前4—前3世纪

高6.5厘米，宽7厘米

哈萨克斯坦东部贝雷尔墓地11号土墩出土

哈萨克斯坦国家博物馆藏

Wooden Griffin Ornament (replica)

The 4th to 3rd century BC

Height 6.5 cm, width 7 cm

Unearthed from Mound 11 of Berer Cemetery in Eastern Kazakhstan

Collection of National Museum of Kazakhstan

Деревянное украшение с грифонами (копии)

IV – III вв. до н.э.

Высота 6,5 см, ширина 7 см

Раскопано из кургана №11 могильника Берель в Восточном Казахстане

Коллекция Национального музея Республики Казахстан

该饰品的形象是风格化的狮鹫位于一圆筒底座上。

第四单元
廊道上的宗教

◆ 丝绸之路上的物质文化和精神文化的传播，并没有因为政权的分立、民族的冲突而断绝。魏晋南北朝到隋唐前期，是中国佛教西行求法运动的高潮时期，大量汉地僧侣不顾性命，一批批通过丝绸之路西行朝圣。从某种意义上来说，在僧侣的脚下，丝绸之路就是求法之路，是永远畅通的。

Unit 4
Religions on the Corridor

The dissemination of material and spiritual culture on the Silk Road was not interrupted by the separation of political power and ethnic conflicts. From Wei, Jin, Southern and Northern Dynasties to the early Sui and Tang Dynasties, it was the peak period of the Chinese Buddhist movement to seek the Dharma in the west. A large number of Han monks in batches risked their lives for the westward pilgrimage through the Silk Road. In a sense, under the feet of the monks, the Silk Road was a path of seeking Dharma, always unobstructed.

Раздел IV
Религия в коридоре

Распространение материальной и духовной культуры по Шелковому пути не прерывалось из-за разделения режимов или этнических конфликтов. Период от династий Вэй, Цзинь, Северных и Южных династий до династий Суй-Тан стал кульминацией движения китайского буддизма на запад в поисках Дхармы. Большое количество ханьских монахов отправлялись на запад в паломничество по Шелковому пути партиями, не считаясь со своей жизнью. В каком-то смысле под ногами монахов Шелковый путь - это путь поиска Дхармы, и всегда свободен.

一 龟兹风格 克孜尔石窟

I. Qiuci Style:
Kizil Cave-Temple Complex

I. Стиль Цюцы:
Кэцзыэрские монашеские пещеры

◆ 克孜尔石窟位于中国新疆维吾尔自治区拜城县克孜尔乡，是3—9世纪开凿于天山南麓古龟兹地区的佛教石窟寺。它既可以称作西域地区佛教石窟寺的典范，又由于受到印度、中亚乃至中原北方佛教艺术的多重影响，揭示出佛教经西域地区由西向东的传播轨迹，以及在传播过程中所形成的本土化过程，所以成为丝绸之路上最重要的佛教遗迹之一。

彩绘奏琴和听琴俑（1组 4 件）

东汉（25—220）

高 18 厘米，长 12 厘米

中国河南省洛阳市郊区房屋开发公司苗南新村出土

洛阳博物馆藏

Painted Figurines of Qin Player and Listener (1 set of 4 pieces)

Eastern Han Dynasty (25 – 220)

Height 18 cm, length 12 cm

Unearthed in Miaonan New Village, Suburban Housing Development Company, Luoyang City, Henan Province, China

Collection of Luoyang Museum

Раскрашенные фигурки, играющие и слушающие музыкальный инструмент цинь (4 штуки в 1 комплекте)

Династия Восточная Хань (между 25 – 220 гг.)

Высота 18 см, длина 12 см

Найдены на селе Мяонань Синьцунь, компания по развитию пригородного жилищного строительства, город Лоян, провинция Хэнань, Китай

Коллекция Лоянского Музея

仿东罗马金币

北周大象三年（581）

直径 1.75 厘米，厚 0.05 厘米，重 1.75 克

中国陕西省西安市北郊史君墓出土

西安市文物保护考古研究院藏

Eastern Roman Gold Coin Replica

The 3rd year of Daxiang of Northern Zhou Dynasty (581)

Diameter 1.75 cm, thickness 0.05 cm, weight 1.75 g

Unearthed from the tomb of Shijun in the northern suburbs of Xi'an City, Shaanxi Province, China

Collection of Xi'an Institute of Cultural Relics Conservation and Archaeology

Имитация ромейской золотой монеты

Третий год Дасян Династии Северный Чжоу (581г.)

Диаметр 1,75 см, толщина 0,05 см, вес 1,75 г

Найдена в гробнице Шицзюнь в северном пригороде Сианя, провинция Шэньси, Китай

Коллекция Сианьского института охраны культурных реликвий и археологии

史君墓位于陕西省西安市未央区大明宫街道井上村。史君是入华粟特贵族的代表。史君墓出土的丰富的文献和图像材料，对研究东西方文化交流具有重要意义。

铜带扣

北周大象三年（581）

通长 5 厘米，宽 3.2 厘米

中国陕西省西安市北郊史君墓出土

西安市文物保护考古研究院藏

Bronze Buckle

The 3rd year of Daxiang of Northern Zhou Dynasty (581)

Overall length 5 cm, width 3.2 cm

Unearthed from the tomb of Shijun in the northern suburbs of Xi'an City, Shaanxi Province, China

Collection of Xi'an Institute of Cultural Relics Conservation and Archaeology

Медная пряжка для ремня

Третий год Дасян Династии Северный Чжоу (581г.)

Длина 5 см, ширина 3,2 см

Найдена в гробнице Шицзюнь в северном пригороде Сианя, провинция Шэньси, Китай

Коллекция Сианьского института охраны культурных реликвий и археологии

金戒指

北周大象三年（581）
外径 2.45 厘米，内径 1.9 厘米，重 13.37 克
中国陕西省西安市北郊史君墓出土
西安市文物保护考古研究院藏

Gold Ring

The 3rd year of Daxiang of Northern Zhou Dynasty (581)

Outer diameter 2.45 cm, inner diameter 1.9 cm, weight 13.37 g

Unearthed from the tomb of Shijun in the northern suburbs of Xi'an City, Shaanxi Province, China

Collection of Xi'an Institute of Cultural Relics Conservation and Archaeology

Золотое кольцо

Третий год Дасян Династии Северный Чжоу, (581г.)

Внешний диаметр 2,45 см, внутренний диаметр 1,9 см, вес 13,37 г

Найдено в гробнице Шицзюнь в северном пригороде Сианя, провинция Шэньси, Китай

Коллекция Сианьского института охраны культурных реликвий и археологии

金耳环

北周大象三年（581）
通高 3 厘米，重 11.02 克，珍珠直径 0.85 厘米
中国陕西省西安市北郊史君墓出土
西安市文物保护考古研究院藏

Gold Earring

The 3rd year of Daxiang of Northern Zhou Dynasty (581)

Overall height 3 cm, weight 11.02 g, pearl diameter 0.85 cm

Unearthed from the tomb of Shijun in the northern suburbs of Xi'an City, Shaanxi Province, China

Collection of Xi'an Institute of Cultural Relics Conservation and Archaeology

Золотая серьга

Третий год Дасян Династии Северный Чжоу (581г.)

Общая высота 3 см, вес 11,02 г., в том числе диаметр жемчужины 0,85 см

Найдена в гробнице Шицзюнь в северном пригороде Сианя, провинция Шэньси, Китай

Коллекция Сианьского института охраны культурных реликвий и археологии

胡人伎乐纹骨雕带版（1组2件）

唐（618—907）

边长 3.3 厘米

2000 年中国陕西历史博物馆征集

陕西历史博物馆藏

Hu Music Player Patterned Bone Carving Ornament (1 set of 2 pieces)

Tang Dynasty (618 – 907)

Side length 3.3 cm

Contributed by the public to China's Shaanxi History Museum in 2000

Collection of Shaanxi History Museum

Костяная резная пластина для украшения пояса с изображением танцора Ху (этнические группы на севере и западе Китая в древние времена) (2 штуки в 1 комплекте)

Династия Тан (между 618 – 907 гг.)

Длина края 3,3 см

Коллекционирована в 2000 году Историческим Музеем провинции Шэньси Китая

Коллекция Исторического Музея провинции Шэньси

唐木琴

唐（618—907）
长 28 厘米，宽 26 厘米，厚 1.8 厘米
中国甘肃省武威市南营乡青嘴湾武氏墓出土
武威市博物馆藏

Wooden Qin of Tang Dynasty

Tang Dynasty (618 – 907)

Length 28 cm, width 26 cm, thickness 1.8 cm

Unearthed from the tomb of Wu Family in Qingzuiwan, Nanying Township, Wuwei City, Gansu Province, China

Collection of Wuwei Museum

Деревяный музыкальный инструмент династии Тан

Династия Тан (между 618 – 907 гг.)

Длина 28 см, ширина 26 см, толщина 1,8 см

Обнаружен в гробнице семьи У, Цинцзуйвань, поселок Наньин, город Увэй, провинция Ганьсу, Китай

Коллекция Музея города Увэй

　　该木琴由硬木削制。琴柄呈四棱亚腰形，正面削挖弦槽。琴颈为半圆柱形。琴把通体镶嵌骨质六瓣梅花，共22枚，有大小两种。四琴柱呈圆锥状，上刻螺旋纹9道。音箱缺失。该木琴是研究唐代乐器及镶嵌工艺的重要实物资料。

二 传播中心 苏巴什佛寺遗址

II. Communication Center: Subash Buddhist Ruins

II. Центр распространения: Руины буддийского храма Субаши

◆ 苏巴什佛寺遗址位于中国新疆维吾尔自治区库车市西北,主要包括库车河东、西岸的2处佛寺遗址,存在于3—10世纪,是西域地区保留至今的规模大、保存完整、历史悠久的佛教建筑群遗址,反映了丝绸之路上的古龟兹地区长期作为西域佛教传播中心的历史。从20世纪初开始,日本的大谷光瑞、法国的伯希和、俄罗斯的贝勒佐夫斯和中国的黄文弼等学者相继对苏巴什佛寺遗址进行调查发掘,发现了丝织品、古钱币、器物和文书等遗存,佐证了丝绸之路古龟兹地区发生的多种文化和商贸交流。

苏巴什佛寺遗存
Subash Buddhist Ruins
Руины буддийского храма Субаши

菩萨泥塑头像

唐（618—907）

高 9.4 厘米，宽 6.1 厘米

中国新疆维吾尔自治区焉耆回族自治县沟南大殿右侧出土

新疆维吾尔自治区博物馆藏

Clay Sculpture of Bodhisattva Head

Tang Dynasty (618 – 907)

Height 9.4 cm, width 6.1 cm

Unearthed on the right side of Gounan Hall in Yanqi Hui Autonomous County, Xinjiang Uygur Autonomous Region, China

Collection of Xinjiang Uygur Autonomous Region Museum

Глиняная скульптура Бодхисаттвы

Династия Тан (между 618 – 907 гг.)

Высота 9,4 см, ширина 6,1 см

Найдена на правой стороне главного зала Гоунань, Яньци-Хуэйский автономный уезд, Синьцзян-Уйгурский автономный район, Китай

Коллекция Музея Синьцзян-Уйгурского автономного района

化佛石膏贴塑

唐（618—907）

通高 17 厘米，最宽 13.5 厘米

1995 年新疆维吾尔自治区墨玉县库木拉巴特佛寺遗址采集

和田地区博物馆藏

Statue of Buddha Plaster

Tang Dynasty (618 – 907)

Overall height 17 cm, max width 13.5 cm

Collected at Kumulabate Buddhist Temple Site in Moyu County, Xinjiang Uygur Autonomous Region, in 1995

Collection of Hotan Museum

Форма из гончарной пасты Будды

Династия Тан (между 618 – 907 гг.)

Общая высота 17 см, наибольшая ширина 13,5 см

Собрана в 1995 году на руинах буддийского храма Кумулабат, уезд Моюй, Синьцзян-Уйгурский автономный район, Китай

Коллекция Музея округа Хотан

　　这件贴塑一面为带彩绘的贴塑化佛，另一面为彩绘千佛，佛像均为坐姿。千佛是大乘佛教艺术的常见题材。根据残存痕迹判断，这件贴塑佛像上方应当还有类似的贴塑，它们均为化佛，在佛教艺术中通常表现为在佛像背光或莲花座等佛教圣物中显出的小佛像。利用佛寺主尊背光绘塑化佛的做法是5—8世纪于阗十分常见的佛教艺术形式。

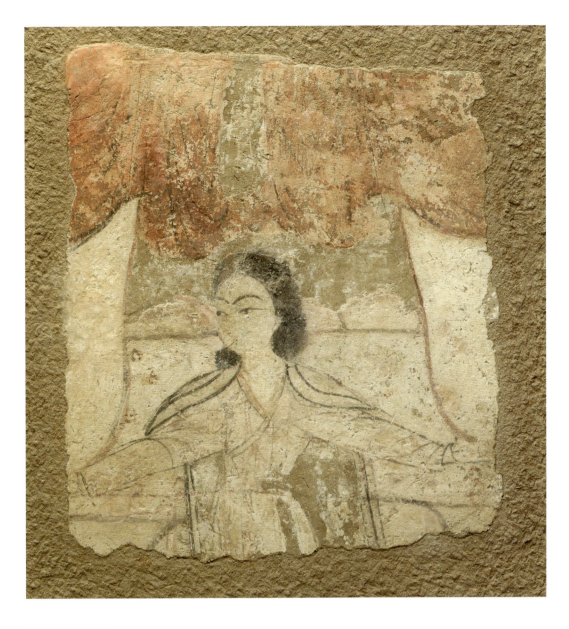

坚牢地神壁画

唐（618—907）
高 37.8 厘米，宽 36.2 厘米
中国新疆维吾尔自治区策勒县达玛沟以北出土
和田地区博物馆藏

Mural of Prthivi

Tang Dynasty (618 – 907)

Height 37.8 cm, width 36.2 cm

Unearthed at the north of Damagou in Qira County, Xinjiang Uygur Autonomous Region, China

Collection of Hotan Museum

Фреска Бога Крепкого (Prthivi)

Династия Тан (между 618 – 907 гг.)

Высота 37,8 см, ширина 36,2 см

Найдена к северу от Дамагоу, уезд Цэлэ, Синьцзян-Уйгурский автономный район, Китай

Коллекция Музея округа Хотан

这幅壁画描绘的是坚牢地神像。坚牢地神黑发披肩，双臂伸展托着佛的双足，着右衽窄袖长袍，腰部略收束，外披氅，搭覆双肩。达玛沟附近的佛塔中现存6尊立佛像，其中5尊脚下清晰可见这样的地神形象。于阗坚牢地神像主要见于5个遗址点：热瓦克佛塔、布盖乌于来克遗址、托普鲁克墩遗址、巴拉瓦斯特遗址、丹丹乌里克遗址。这些遗址中的坚牢地神均位于佛双脚之间，或跪或站，或侧平举双手或双手合十。这说明当时于阗地区坚牢地神崇拜较为兴盛。《金光明经》指出："此大地神女，名曰坚牢。"

石膏佛头范

南北朝（420—589）

高 14.5 厘米，宽 13.4 厘米

中国新疆维吾尔自治区皮山县杜瓦煤矿采集

和田地区博物馆藏

Gypsum Buddha Head Mould

Southern and Northern Dynasties (420 – 589)

Height 14.5 cm, width 13.4 cm

Collected from Duwa Coal Mine in Pishan County, Xinjiang Uygur Autonomous Region, China

Collection of Hotan Museum

Гипсовый шаблон с головы Будды

Южные и Северные династии (420 – 589 гг.)

Высота 14,5 см, ширина 13,4 см

Собран в угольной шахте Дува, уезд Пишань, Синьцзян-Уйгурский автономный район, Китай

Коллекция Музея округа Хотан

    这件以石膏制作的佛头范，即用调好的石膏糊浇在做好的佛头之上，待石膏凝固后取出的外范。成品的石膏范可多次用于制作佛头像，这提升了效率。可用于翻制精品雕塑，或是大批量制作同类雕塑。从石膏范的细部来看，这是一件表现佛像正面的模范。

这件石膏范是和田地区博物馆收藏的一组为大型佛造像的各部位而单独制作的模范之一。同组包括不同主题和部位的范。与佛造像相关的石膏范有佛耳范、佛足范，菩萨装饰物的石膏范包括花卉纹冠饰范、衣纹范，其他附属装饰的石膏范包括草叶纹（冠饰）范、柱饰范、火焰纹范、卧鹿纹范、联珠纹范。推测以此范制的造像可能是包括佛、菩萨在内的造像组合。同类石膏范在喀达里克遗址和明屋遗址等佛教遗存中均有大量发现，可见范制是当时于阗常见的佛教艺术制作方式。

联珠莲瓣纹石膏范

唐（618—907）

长 28.5 厘米，宽 7.3 厘米

中国新疆维吾尔自治区皮山县杜瓦煤矿采集

和田地区博物馆藏

Gypsum Mould of String Bead Lotus Petal Pattern

Tang Dynasty (618 – 907)

Length 28.5 cm, width 7.3 cm

Collected from Duwa Coal Mine in Pishan County, Xinjiang Uygur Autonomous Region, China

Collection of Hotan Museum

Гипсовый шаблон с узором непрерывных лепестков лотоса

Династия Тан (между 618 – 907 гг.)

Длина 28,5 см, ширина 7,3 см

Собран в угольной шахте Дува, уезд Пишань, Синьцзян-Уйгурский автономный район, Китай

Коллекция Музея округа Хотан

彩绘石膏天人像

南北朝（420—589）
高 14.5 厘米，宽 12 厘米
中国新疆维吾尔自治区墨玉县库木拉巴特佛寺遗址采集
和田地区博物馆藏

该人像为莲花化生天人，上身赤裸，下身隐藏在莲花之下，表现为从花心而出的情景，双臂上举，手持璎珞。这类贴塑的石膏像通常模制。

Painted Gypsum Statue of Immortal

Southern and Northern Dynasties (420 – 589)
Height 14.5 cm, width 12 cm
Collected from Kumulabate Buddhist Temple Site in Moyu County, Xinjiang Uygur Autonomous Region, China
Collection of Hotan Museum

Расписная гипсовая статуя небожителя

Южные и Северные династии (420 – 589 гг.)
Высота 14,5 см, ширина 12 см
Собрана на руинах буддийского храма Кумулабат, уезд Моюй, Синьцзян-Уйгурский автономный район, Китай
Коллекция Музея округа Хотан

汉龟二体钱

4—7 世纪

直径 2 厘米

中国新疆维吾尔自治区克孜尔尕哈出土

库车市龟兹博物馆藏

Qiuci Wuzhu Coin of Han Dynasty

The 4th to 7th century

Diameter 2 cm

Unearthed from Kizilgaha, Xinjiang Uygur Autonomous Region, China

Collection of Kuqa Qiuci State Museum

Монета весом в пять чжу государства Цюцы династии Хань

IV – VII вв.

Диаметр 2 см

Найдена в Кызыл-Кала, Синьцзян-Уйгурский автономный район, Китай

Коллекция Музея Цюцы город Куча

莲花纹石柱础

唐（618—907）

直径 14 厘米，高 3.45 厘米

中国新疆维吾尔自治区苏巴什佛寺遗址出土

库车市龟兹博物馆藏

Lotus Patterned Peristele Seat

Tang Dynasty (618 – 907)

Diameter 14 cm, height 3.45 cm

Unearthed from Subash Buddhist Ruins in Xinjiang Uyghur Autonomous Region, China

Collection of Kuqa Qiuci State Museum

Каменное основание для столбов с узором лотоса

Династия Тан (между 618 – 907 гг.)

Диаметр 14 см, высота 3,45 см

Найдено на руинах буддийского храма Субаши, Синьцзян-Уйгурский автономный район, Китай

Коллекция Музея Цюцы город Куча

三彩胡人俑

唐（618—907）

高 61 厘米

中国陕西省西安市郊区唐墓出土

陕西历史博物馆藏

Tri-colored Figurine of Hu People

Tang Dynasty (618 – 907)

Height 61 cm

Unearthed from the tomb of Tang Dynasty in the suburbs of Xi'an City, Shaanxi Province, China

Collection of Shaanxi History Museum

Трехцветная терракотовая фигурка людей Ху (этнические группы на севере и западе Китая в древние времена)

Династия Тан (между 618 – 907 гг.)

Высота 61 см

Найдена в гробнице династии Тан в пригороде Сианя, провинция Шэньси, Китай

Коллекция Исторического Музея провинции Шэньси

III. Western Qin Charm:
Bingling Cave-Temple Complex

III. Божественный ритм Западной Цинь:
Гроты храма Бинлин

三 西秦神韵
炳灵寺石窟

◆ 炳灵寺石窟位于中国甘肃省永靖县小积石山大寺沟,地处丝绸之路的交通枢纽。现存第169窟有西秦建弘元年(420)墨书题记,它是中国石窟中保留最早的纪年题记。东晋隆安三年(399)高僧法显赴印度途中经过炳灵寺石窟,又带来中原因素的影响。炳灵寺石窟自4世纪延续至19世纪,开窟造像等佛事活动不断,是民族融合、丝绸之路文化繁荣的见证。

5世纪末，在北魏拓跋氏政权的推动下，西来造像逐渐中国化，云冈石窟出现了"褒衣博带""秀骨清像"的汉式新样造像。这种样式成为后来引领中国佛教造像的样板。494年，北魏孝文帝迁都洛阳，汉式新样造像风靡中原大地。炳灵寺是丝绸之路古道上的重要驿站。500年前后，正值第二次开窟造像的高峰期，受云冈、龙门造像影响，流行雕凿汉式新样造像。

该佛头像为红砂岩石雕，是一尊大佛像的头部。佛面略长，额际广阔，双眉细长，眉间阴刻白毫，眼微睁、下视，具有"秀骨清像"的样式特征。

石雕佛头像

北魏（386—534）
横28厘米，高44厘米
甘肃炳灵寺文物保护研究所藏

Stone Carved Buddha Head

Northern Wei Dynasty (386 – 534)

28 cm horizontally, height 44 cm

Collection of Gansu Bingling Temple Cultural Relics Conservation Research Institute

Каменная статуя головы Будды

Династия Северная Вэй (между 386 – 534 гг.)

28 см в горизонтальном направлении, высота 44 см

Коллекция Института защиты культурных реликвий храма Бинлин провинции Ганьсу

石雕弟子像

唐（618—907）

高 83.3 厘米

甘肃炳灵寺文物保护研究所藏

Stone Carved Disciple Statue

Tang Dynasty (618 – 907)

Height 83.3 cm

Collection of Gansu Bingling Temple Cultural Relics Conservation Research Institute

Каменная статуя ученика

Династия Тан (между 618 – 907 гг.)

Высота 83,3 см

Коллекция Института защиты культурных реликвий храма Бинлин провинции Ганьсу

  炳灵寺开窟造像的规模和水平在唐代达到了鼎盛，窟龛数量占总数的2/3以上，造像面貌呈现出长安地区流行的丰满圆润特征。该像为炳灵寺石窟第10窟主佛右侧弟子像，为红砂岩圆雕。弟子像头微侧，眉骨隆起，双目下视，鼻翼略宽，嘴唇微启，下颌饱满，喉结凸起，内着交领大袖衫，大衣做右袒式披覆，双阴刻衣纹，右手抚肘，跣足立于圆台上。弟子像面含微笑，表情恬静自然，姿态端庄，呈现出一个灵动鲜活、举止优雅的青年形象。弟子像大衣彩绘层脱落，衣袖边缘残存绿色彩绘。

IV. Sculpture and Painting of East and West:
Maijishan Cave-Temple Complex

IV. Скульптурные и живописные Восток и Запад:
Гроты Майцзишань

四 塑绘东西 麦积山石窟

◆ 麦积山石窟开凿于群山环抱的麦积山红砂岩独峰峭壁上，在西、南、东崖面上分层而建，洞窟间以错落的栈道相连。该石窟是河西走廊及其周边地区仅次于敦煌莫高窟的大型石窟寺，也是中国石窟遗产中西魏、北周石窟的代表窟群之一。现存有5—13世纪建造的佛教窟龛、泥塑造像、壁画遗存等。

◆ 麦积山石窟以其明显反映中国佛殿建筑形象的石窟形式、最早期的经变画等遗迹，影响广泛，成为丝绸之路佛教艺术自东向西影响的转折性阶段的重要遗迹。

该造像碑部分缺失。画面分上下两部分，上半部分中间雕交脚弥勒菩萨在兜率天宫说法，左侧为龙华树下成佛，右侧为对天人说法；下半部分中间造弥勒三尊，左右两侧为护法天王造像。整个造像碑将兜率天宫、弥勒三尊、对天人说法、龙华树下的成佛弥勒等场面组合在一起，表现了《弥勒下生成佛经》的内容。该造像用高浮雕完成人物及背光雕刻，合理地运用了阴刻线和阳刻线，布局严谨，构思巧妙。

影塑菩萨

北魏（386—534）

高 14.5 厘米，宽 8.7 厘米，厚 3.5 厘米

原位于麦积山石窟第 142 窟

麦积山石窟艺术研究所藏

Clay-Molding Sculpture of Bodhisattva

Northern Wei Dynasty (386 – 534)

Height 14.5 cm, width 8.7 cm, thickness 3.5 cm

Originally located in Cave 142 of Maijishan Cave-Temple Complex

Collection of Maijishan Grottoes Art Research Institute

Скульптура Бодхиматтвы, сделанная из глиняной формы

Династия Северная Вэй (между 386 – 534 гг.)

Высота 14,5 см, ширина 8,7 см, толщина 3,5 см

Первоначально находился в пещере № 142 грот Майцзишань

Коллекция Института пещерного искусства Майцзишань

　　该造像呈跪拜状，束高髻，面形长方，长眉细目，嘴内敛，脸颊内收，下颌上翘，长颈溜肩，左手屈肘贴胸，右手缺失。头部略前倾，眉清目秀，面部露出温和的笑容，含胸躬身，屈膝而跪。厚重宽边交领宽袖服紧紧裹于纤细的躯体上，衣纹布满疏密有致的阴刻线，线条流畅，如行云流水。该造像清新自然，宛若一虔诚的少女模样，有北朝"秀骨清像"之风。20世纪60年代麦积山石窟加固工程期间，因洞窟潮湿，该造像从第142窟壁面脱落，移入库房保存。

石雕造像碑

北魏（386—534）

高 47 厘米，宽 37.5 厘米，厚 10 厘米

原位于麦积山石窟第 164 窟

麦积山石窟艺术研究所藏

Stone Carving Statue

Northern Wei Dynasty (386 – 534)

Height 47 cm, width 37.5 cm, thickness 10 cm

Originally located in Cave 164 of Maijishan Cave-Temple Complex

Collection of Maijishan Grottoes Art Research Institute

Каменный монумент с резными статуями

Династия Северная Вэй (между 386 – 534 гг.)

Высота 47 см, ширина 37,5 см, толщина 10 см

Первоначально находилась в пещере № 164 грот Майцзишань

Коллекция Института пещерного искусства Майцзишань

该造像头戴花冠,面形长圆,长眉细目,双耳平直紧贴于后颊,短颈端肩,平胸鼓腹,身躯浑圆饱满,左手提披帛,右手屈肘持莲蕾置于胸。着交领宽袖服饰,下穿覆脚宽裙,腰裙束带。轻薄的羊肠大裙紧贴于身,显露出丰腴的躯体,似"轻纱裹体"质感。服饰线条运用流畅自如,衣裾曲线有灵动之感。该造像体态端庄秀美,有北朝"曹衣出水"之风,是典型的北周造像风格。20世纪60年代麦积山石窟加固工程期间,该造像由第100窟移入库房保存。

泥塑菩萨立像

北周(557—581)
高73厘米,宽24.2厘米,厚11.3厘米
原位于麦积山石窟第100窟
麦积山石窟艺术研究所藏

Statue of Bodhisattva in Clay Sculpture

Northern Zhou Dynasty (557 – 581)
Height 73 cm, width 24.2 cm, thickness 11.3 cm
Originally located in Cave 100 of Maijishan Cave-Temple Complex
Collection of Maijishan Grottoes Art Research Institute

Глиняная стоящая статуя Бодхисаттвы

Династия Северная Чжоу (между 557 – 581 гг.)
Высота 73 см, ширина 24,2 см, толщина 11,3 см
Первоначально находилась в пещере №100 грот Майцзишань
Коллекция Института пещерного искусства Майцзишань

该造像呈胡跪状于圆形莲台之上。面形方圆饱满，小口，嘴角平直，双下颌，两耳平贴后颊，短颈端肩，身躯饱满。外裹偏右袒袈裟，袈裟衣角自右臂处缠绕搭于左肩，袈裟衣褶表现厚重。双手合十置于胸前，左腿屈膝而蹲，右腿膝盖跪地压于右臀下。该造像敦厚、虔诚，是典型的北周弟子造像风格。其原为麦积山石窟第26窟佛座两侧胁侍弟子造像，于麦积山石窟加固工程期间从洞窟移下。

泥塑胡跪弟子像

北周（557—581）
高 58.2 厘米，宽 19.7 厘米，厚 14.5 厘米
原位于麦积山石窟第 26 窟
麦积山石窟艺术研究所藏

Clay Sculpture of Kneeling Hu Disciple

Northern Zhou Dynasty (557 – 581)

Height 58.2 cm, width 19.7 cm, thickness 14.5 cm

Originally located in Cave 26 of Maijishan Cave-Temple Complex

Collection of Maijishan Grottoes Art Research Institute

Глиняная фигурка ученика северного инородца, стоящего на коленях

Династия Северная Чжоу (между 557 – 581 гг.)

Высота 58,2 см, ширина 19,7 см, толщина 14,5 см

Первоначально находилась в пещере №26 грот Майцзишань

Коллекция Института пещерного искусства Майцзишань

泥塑坐佛

隋（581—618）
高 39.5 厘米，宽 29.5 厘米，厚 18 厘米
原位于麦积山石窟第 166 窟
麦积山石窟艺术研究所藏

Clay Sculpture of Sitting Buddha

Sui Dynasty (581 – 618)
Height 39.5 cm, width 29.5 cm, thickness 18 cm
Originally located in Cave 166 of Maijishan Cave-Temple Complex
Collection of Maijishan Grottoes Art Research Institute

Глиняная скульптура сидящего Будды

Династия Суй (между 581 – 618 гг.)
Высота 39,5 см, ширина 29,5 см, толщина 18 см
Первоначально находилась в пещере №166 грот Майцзишань
Коллекция Института пещерного искусства Майцзишань

该佛像低平发髻，面形方圆，弯眉细目，直鼻宽额，平直小口，双耳紧贴后颊。短颈圆肩，身躯饱满。内着僧祇支，腰间系带，外穿通肩袈裟，双领下垂。双手结禅定印，结跏趺坐。简洁的服饰裹于身上，线条流畅，使造像端庄而不失典雅，整体有北周"曹衣出水"之遗风，为隋代典型之作。20世纪60年代麦积山石窟加固工程期间，该佛像由第166窟移下保存。

该佛头像磨光高肉髻，宽额，发际线平整，面形长方，弯眉细目，鼻高且直，鼻翼宽厚，鼻梁直通额际，薄唇内敛且微微上翘，略呈倒三角状，两耳平贴于后颊，下颌微微上翘，长颈。眉清目秀，露出微微之笑容，不失清新儒雅之感，是典型的北朝"秀骨清像"之风。20世纪60年代麦积山石窟加固工程期间，该头像由第17窟移下保存。

泥塑佛头像

北魏（386—534）
高 31.7 厘米，宽 11.9 厘米，厚 10.3 厘米
原位于麦积山石窟第 17 窟
麦积山石窟艺术研究所藏

Clay Sculpture of Buddha Head

Northern Wei Dynasty (386 – 534)
Height 31.7 cm, width 11.9 cm, thickness 10.3 cm
Originally located in Cave 17 of Maijishan Cave-Temple Complex
Collection of Maijishan Grottoes Art Research Institute

Глиняная скульптура головы Будды

Династия Северная Вэй (между 386 – 534 гг.)
Высота 31,7 см, ширина 11,9 см, толщина 10,3 см
Первоначально находилась в пещере №17 грот Майцзишань
Коллекция Института пещерного искусства Майцзишань

该头像束高发髻，戴莲花状华冠，发丝均分到两侧，有清晰的发际线，装饰性较强。面形长圆，眉间有白毫，提眉吊眼，悬胆鼻，四瓣小嘴且内敛。面颊丰润，下颌阴刻线明晰可见，颈部多条纹络，体现出唐代丰满圆润之遗风。20世纪90年代原135窟内存有北魏石雕一佛二菩萨造像，两侧菩萨头部缺失，重加宋代菩萨头像。后由于与原作北魏造像不协调，取下保存于麦积山石窟艺术研究所文物库房。

泥塑菩萨头像

宋（960—1279）

高 39.5 厘米，宽 16 厘米，厚 18.1 厘米

原位于麦积山石窟第135窟

麦积山石窟艺术研究所藏

Clay Sculpture of Bodhisattva Head

Song Dynasty (960 – 1279)

Height 39.5 cm, width 16 cm, thickness 18.1 cm

Originally located in Cave 135 of Maijishan Cave-Temple Complex

Collection of Maijishan Grottoes Art Research Institute

Глиняная скульптура головы Бодхисаттвы

Династия Сун (между 960 – 1279 гг.)

Высота 39,5 см, ширина 16 см, толщина 18,1 см

Первоначально находилась в пещере №135 грот Майцзишань

Коллекция Института пещерного искусства Майцзишань

泥塑弟子立像

北魏（386—534）
高 70 厘米，宽 21.3 厘米，厚 13.5 厘米
原位于麦积山石窟第 139 窟
麦积山石窟艺术研究所藏

Clay Sculpture of Standing Disciple

Northern Wei Dynasty (386 – 534)
Height 70 cm, width 21.3 cm, thickness 13.5 cm
Originally located in Cave 139 of Maijishan Cave-Temple Complex
Collection of Maijishan Grottoes Art Research Institute

Глиняная стоящая статуя ученика

Династия Северная Вэй (между 386 – 534 гг.)
Высота 70 см, ширина 21,3 см, толщина 13,5 см
Первоначально находилась в пещере №139 пещер Майцзишань
Коллекция Института пещерного искусства Майцзишань

　　该造像面目清瘦，前额明显有 3 条皱纹，眼眶及颧骨突出，双眼及脸颊内陷，显现眼球凸，下颌上翘。薄唇，嘴角内敛，长颈圆肩，颈部可见凸起的筋骨。内着僧祇支，外着偏右袒袈裟，衣裾绕右肘外翻，双手隐于腹前外翻衣裾的袈裟内。服饰厚重，造像形体瘦削，筋骨明晰可见，是典型的苦行僧之形象。20 世纪 60 年代麦积山石窟加固工程期间，该造像由第 139 窟移下保存。

该佛像低平发髻，面形方圆丰满，颧骨略高，弯眉细目，眼角略长，双目微微下视，短颈圆肩，内着僧祇支，外穿通肩袈裟，双臂屈肘，双手抚于胸前。袈裟线条简洁明快，少了繁复的刻画。该佛像塑造手法洗练概括，是麦积山石窟由北朝向隋代过渡时期具有代表性的泥塑造像。

泥塑坐佛

北魏（386—534）

高 84 厘米，宽 32 厘米，厚 26 厘米

原位于麦积山石窟第 135 窟

麦积山石窟艺术研究所藏

Clay Sculpture of Sitting Buddha

Northern Wei Dynasty (386 – 534)

Height 84 cm, width 32 cm, thickness 26 cm

Originally located in Cave 135 of Maijishan Cave-Temple Complex

Collection of Maijishan Grottoes Art Research Institute

Глиняная скульптура сидящего Будды

Династия Северная Вэй (между 386 – 534 гг.)

Высота 84 см, ширина 32 см, толщина 26 см

Первоначально находилась в пещере №135 грот Майцзишань

Коллекция Института пещерного искусства Майцзишань

该佛像高肉髻，面形长方，弯眉细目，双目平视，鼻隆且直，与眉骨相连，两颊略瘦，下颌稍短，小嘴内敛且微微上翘，双耳紧贴后颊，面部流露出微笑。细颈削肩，躯体扁平。左臂屈肘，左手抚于腹部，右手掌心向外贴于胸前。内着僧祇支，腰间束带，外披偏右袒袈裟，衣摆外搭于左臂，分两瓣垂于佛座之下。衣褶反转自如，体现了娴熟的工艺。其为麦积山石窟北魏影塑代表作品之一。20世纪60年代麦积山石窟加固工程期间，该佛像由第139窟脱落后移下保存。

影塑坐佛

北魏（386—534）
高18.9厘米，宽10.5厘米，厚4.6厘米
原位于麦积山石窟第162窟
麦积山石窟艺术研究所藏

Clay-Molding Sculpture of Sitting Buddha

Northern Wei Dynasty (386 – 534)
Height 18.9 cm, width 10.5 cm, thickness 4.6 cm
Originally located in Cave 162 of Maijishan Cave-Temple Complex
Collection of Maijishan Grottoes Art Research Institute

Скульптура сидящего Будды, сделанная из глиняной формы

Династия Северная Вэй (между 386 – 534 гг.)
Высота 18,9 см, ширина 10,5 см, толщина 4,6 см
Первоначально находилась в пещере № 162 грот Майцзишань
Коллекция Института пещерного искусства Майцзишань

影塑坐佛

北魏（386—534）
高 26.2 厘米，宽 14.7 厘米，厚 5.7 厘米
原位于麦积山石窟第 164 窟
麦积山石窟艺术研究所藏

Clay-Molding Sculpture of Sitting Buddha

Northern Wei Dynasty (386 – 534)
Height 26.2 cm, width 14.7 cm, thickness 5.7 cm
Originally located in Cave 164 of Maijishan Cave-Temple Complex
Collection of Maijishan Grottoes Art Research Institute

Скульптура сидящего Будды, сделанная из глиняной формы

Династия Северная Вэй (между 386 – 534 гг.)
Высота 26,2 см, ширина 14,7 см, толщина 5,7 см
Первоначально находилась в пещере № 164 грот Майцзишань
Коллекция Института пещерного искусства Майцзишань

  该佛像磨光高肉髻，面形平圆，弯眉细目，鼻隆耳大，嘴阔，嘴角内敛，下颌微微上翘，短颈端肩，胸部扁平。内着僧祇支，外披偏右袒袈裟，结跏趺坐，双手结禅定印置于腹前。通体施彩，宽边服饰采用石青色，袈裟施朱红色。20世纪60年代因麦积山洞窟潮湿，该佛像从第164窟壁面脱落，后于加固工程期间移入库房保存。其为麦积山石窟北魏早期代表作之一。

该佛像高发髻，面形长方，长眉细目，嘴角内敛。内着僧祇支，外披通肩低领袈裟。右手贴于胸，左手抚于腹。身躯前倾，善跏趺坐于"工"字形佛座之上。袈裟下部呈三瓣，自然垂于佛座前，呈悬裳座。衣纹线条多做转折曲线，彰显华丽服饰。体态端庄秀美，有超凡脱俗之感。20世纪60年代麦积山石窟加固工程期间，因洞窟潮湿，该佛像从第142窟壁面脱落，移入库房保存。

影塑坐佛

北魏（386—534）

高14.5厘米，宽8.7厘米，厚3.5厘米

原位于麦积山石窟第142窟

麦积山石窟艺术研究所藏

Clay-Molding Sculpture of Sitting Buddha

Northern Wei Dynasty (386 – 534)

Height 14.5 cm, width 8.7 cm, thickness 3.5 cm

Originally located in Cave 142 of Maijishan Cave-Temple Complex

Collection of Maijishan Grottoes Art Research Institute

Скульптура сидящего Будды, сделанная из глиняной формы

Династия Северная Вэй (между 386 – 534 гг.)

Высота 14,5 см, ширина 8,7 см, толщина 3,5 см

Первоначально находилась в пещере № 142 грот Майцзишань

Коллекция Института пещерного искусства Майцзишань

影塑弟子

北魏（386—534）
高 23.6 厘米，宽 8.1 厘米，厚 4.6 厘米
原位于麦积山石窟第 20 窟
麦积山石窟艺术研究所藏

Clay-Molding Sculpture of Disciple

Northern Wei Dynasty (386 – 534)
Height 23.6 cm, width 8.1 cm, thickness 4.6 cm
Originally located in Cave 20 of Maijishan Cave-Temple Complex
Collection of Maijishan Grottoes Art Research Institute

Скульптура ученика, сделанная из глиняной формы

Династия Северная Вэй (между 386 – 534 гг.)
Высота 23,6 см, ширина 8,1 см, толщина 4,6 см
Первоначально находилась в пещере № 20 грот Майцзишань
Коллекция Института пещерного искусства Майцзишань

　　该造像面形长圆，弯眉细目，眼角微挑，高鼻小口，嘴角内敛，下颌短且微翘。长颈且细，削肩，身姿向右扭动呈弯月状，平胸鼓腹。左手下垂且隐于衣内，右手轻抚于胸前。内穿短襦交领衫，下系长裙，外着厚重的宽博大袍，呈三瓣分片。衣纹线条的阴刻线与圆弧曲线娴熟运用，使服饰更显装饰性。该造像清俊秀丽，温文尔雅，体态纤纤，似迎风而动，缓步前行，冲淡了佛国世界庄重肃穆的气氛。其为北魏典型的造像作品之一。

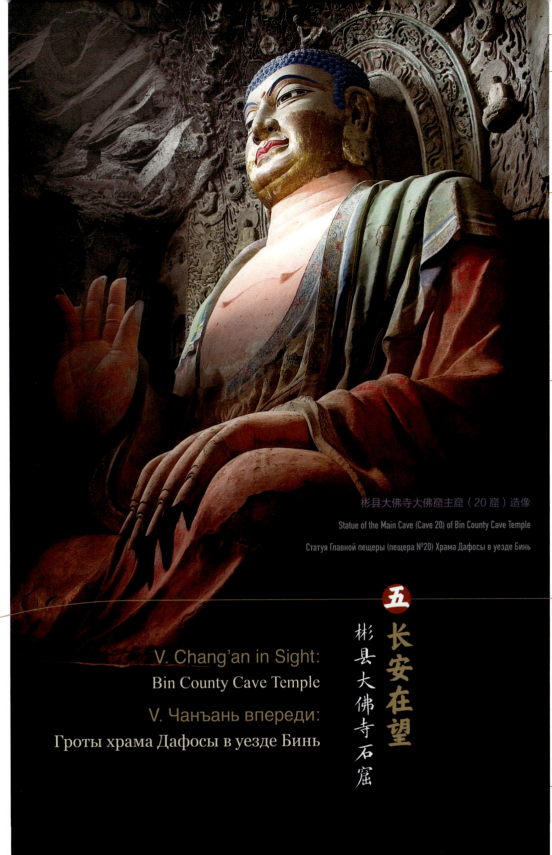

彬县大佛寺大佛窟主窟（20窟）造像

Statue of the Main Cave (Cave 20) of Bin County Cave Temple

Статуя Главной пещеры (пещера №20) Храма Дафосы в уезде Бинь

五 长安在望
彬县大佛寺石窟

V. Chang'an in Sight:
Bin County Cave Temple

V. Чанъань впереди:
Гроты храма Дафосы в уезде Бинь

◆ 彬县大佛寺石窟位于中国陕西省彬州市城关镇，地处泾河谷地，位于丝绸之路长安至河西走廊的交通要道。该石窟建于7—10世纪，是中原文化鼎盛时期唐代都城长安附近的重要佛教石窟寺。其唐代泥塑大佛为长安及周边地区规模最大者，体现了大佛艺术自西域的东传及在关中地区的流行。

青石立佛

北朝（439—581）

高 104 厘米

中国陕西省西安市汉长安城遗址出土

西安博物院藏

Green Stone Standing Buddha

Northern Dynasties (439 – 581)

Height 104 cm

Unearthed from Site of Chang'an City of Han Dynasty in Xi'an City, Shaanxi Province, China

Collection of Xi'an Museum

Стоящий Будда из камня

Северные династии (между 439 – 581 гг.)

Высота 104 см

Найден на руинах города Чанъань династии Хань, город Сиань, провинция Шэньси, Китай

Коллекция Музея Сианя

VI. Tang Dynasty Place of Interest:
Great Wild Goose Pagoda

VI. Достопримечательность династии Тан:
Пагода Даяньта

◆ 大雁塔是8世纪为保存玄奘由天竺经丝绸之路带回长安的经卷佛像而建。大雁塔作为现存最早、规模最大的唐代四方楼阁式砖塔，是佛塔这一印度佛教的建筑形式随着佛教东传入中原地区并中国化的典型物证，在佛教传播史上具有重要地位。大雁塔为大慈恩寺内的重要建筑，也是唐长安城的名胜之地、标志性建筑。

大雁塔
Great Wild Goose Pagoda
Пагода Даяньта

Начиная с Чанъаня: Тематическая выставка о праздновании 10-летия успешного включения Шелкового пути в список Всемирного культурного наследия

大雁塔一层南面外壁两侧镶嵌有唐代石碑2通,分别为唐太宗撰《大唐三藏圣教序》碑和唐高宗撰《大唐三藏圣教序记》碑。二碑左右对称,是玄奘在652年建塔时所立,均由褚遂良书写,其字体瘦劲秀丽。

《大唐三藏圣教序》碑

Inscription of "An Introduction to the Sacred Teachings of Monk Tripitaka of the Great Tang Dynasty"

Стела Да Тан Саньцзан Шэнцзяо сюй (Стела Предисловия Святого учения в честь буддийского монаха Сюаньцзан в династии Тан)

《大唐三藏圣教序》碑拓片

Rubbing of the Inscription of "An Introduction to the Sacred Teachings of Monk Tripitaka of the Great Tang Dynasty"

Эстамп со стелы Предисловия Святого учения в честь буддийского монаха Сюаньцзан в династии Тан

《大唐三藏圣教序记》碑

Inscription of "Notes on 'An Introduction to the Sacred Teachings of Monk Tripitaka of the Great Tang Dynasty'"

Стела Записи о Предисловии Святого учения в честь буддийского монаха Сюаньцзан в династии Тан

《大唐三藏圣教序记》碑拓片

Rubbing of the Inscription of "Notes on 'An Introduction to the Sacred Teachings of Monk Tripitaka of the Great Tang Dynasty'"

Эстамп со стелы Записи о Предисловии Святого учения в честь буддийского монаха Сюаньцзан в династии Тан

Начиная с Чанъаня: Тематическая выставка о праздновании 10-летия успешного включения Шелкового пути в список Всемирного культурного наследия

大雁塔东、南、北门楣上有唐代四方佛线刻画，镌刻有精美的花纹、人物和佛殿图。

大雁塔西门楣上为阿弥陀佛说法图，据传为唐代著名画家阎立本手作，活灵活现地展示了佛陀讲经说法的场景。

图中佛殿堂真实地呈现了唐代建筑风格，清晰地展示了唐代宫殿结构。木结构的殿堂建于高高的台基之上，堂宇有回廊，用圆柱组成斗拱，在云形栏之间为四注屋脊，屋顶为青瓦覆盖，并有鸱吻宝珠等装饰。殿堂内中央为阿弥陀佛，其身披袈裟，结跏趺坐于殿内高大莲座，头顶有佛光，右手施无畏印，身边众菩萨簇拥环坐听法。

这幅佛陀说法图，不仅使我们清晰地看到唐代殿宇建筑的整体结构，而且通过精妙绝伦的雕刻，让人仿佛置身于现场，感受到佛法的美好和神圣。

大雁塔西门楣阿弥陀佛说法图拓片

Rubbing of the Scene of Amitabha Buddha in Preaching on the West Gate Lintel of Great Wild Goose Pagoda

Эстамп Иллюстрации толкования учения Будда Амитабха из западной притолоки в пагоде Даяньта

大雁塔东门楣拓片

Rubbing of the East Gate Lintel of Great Wild Goose Pagoda

Эстамп из восточной притолоки в пагоде Даяньта

大雁塔南门楣拓片

Rubbing of the South Gate Lintel of Great Wild Goose Pagoda

Эстамп из южной притолоки в пагоде Даяньта

大雁塔北门楣拓片

Rubbing of the North Gate Lintel of Great Wild Goose Pagoda

Эстамп из северной притолоки в пагоде Даяньта

佛经

唐（618—907）

通长 25.1 厘米，通宽 70 厘米

1965 年中国新疆维吾尔自治区吐鲁番县英沙古城外佛塔内出土

新疆维吾尔自治区博物馆藏

Buddhist Scripture

Tang Dynasty (618 – 907)

Overall length 25.1 cm, overall width 70 cm

Unearthed from a pagoda outside Yingsha Ancient City in Turpan County, Xinjiang Uygur Autonomous Region, China, in 1965

Collection of Xinjiang Uygur Autonomous Region Museum

Буддийский канон

Династия Тан (между 618 – 907 гг.)

Общая длина 25,1 см, ширина 70 см

Найден в 1965 году в пагоде за пределами древнего города Инша, уезд Турфан, Синьцзян-Уйгурский автономный район, Китай

Коллекция Музея Синьцзян-Уйгурского автономного района

佛经

南北朝（420—589）

通长 42.8 厘米，通宽 25.1 厘米

1965 年中国新疆维吾尔自治区吐鲁番县英沙古城外佛塔内出土

新疆维吾尔自治区博物馆藏

Buddhist Scripture

Southern and Northern Dynasties (420 – 589)

Overall length 42.8 cm, overall width 25.1 cm

Unearthed from a pagoda outside Yingsha Ancient City in Turpan County, Xinjiang Uygur Autonomous Region, China, in 1965

Collection of Xinjiang Uygur Autonomous Region Museum

Буддийский канон

Южные и Северные династии (420 – 589 гг.)

Общая длина 42,8 см, ширина 25,1 см

Найден в 1965 году в пагоде за пределами древнего города Инша, уезд Турфан, Синьцзян-Уйгурский автономный район, Китай

Коллекция Музея Синьцзян-Уйгурского автономного района

《大集经》卷六

唐（618—907）
高 39.7 厘米，长 1869.2 厘米
中国甘肃省敦煌莫高窟藏经洞出土
甘肃省博物馆藏

Volume 6 of *Mahavaipulya Mahasamghata Sutra*

Tang Dynasty (618 – 907)
Height 39.7 cm, length 1869.2 cm
Unearthed from Sutra Cave in Mogao Grottoes of Dunhuang, Gansu Province, China
Collection of Gansu Provincial Museum

«Махавайпулья-махасаннипата-сутра», том VI

Династия Тан (между 618 – 907 гг.)
Высота 39,7 см, длина 1869,2 см
Раскопан в пещере Цанцзиндун пещер Могао в Дуньхуане провинции Ганьсу Китая
Коллекция Музея провинции Ганьсу

　　卷轴装写本。黄麻纸，细横纹，字迹清晰，首尾俱全。《大集经》为大乘汉传佛教的重要佛经，为大乘佛教五部经之一。因为由诸位翻译师所集，故称"大集经"。主要讲述了佛陀的教导、佛法的本质、佛陀的生平事迹和一些佛教故事。这部经典涵盖了佛教的主要思想和实践，对佛教信仰和佛教文化的发展有深远影响。

《大般若波罗蜜经》卷十三

唐（618—907）
高 26.2 厘米，长 785 厘米
中国甘肃省敦煌莫高窟藏经洞出土
甘肃省博物馆藏

Volume 13 of *Great Prajnaparamita Sutra*

Tang Dynasty (618 – 907)
Height 26.2 cm, length 785 cm
Unearthed from Sutra Cave in Mogao Grottoes of Dunhuang, Gansu Province, China
Collection of Gansu Provincial Museum

«Праджня-парамита-хридая-сутра», том XIII

Династия Тан (между 618 – 907 гг.)
Высота 26,2 см, длина 785 см
Раскопан в пещере Цанцзиндун пещер Могао в Дуньхуане провинции Ганьсу Китая
Коллекция Музея провинции Ганьсу

梵文彩绘陶塔

唐（618—907）
高 66 厘米，底径 35.7 厘米
中国甘肃省武威市出土
甘肃省博物馆藏

Sanskrit Painted Terracotta Tower

Tang Dynasty (618 – 907)
Height 66 cm, base diameter 35.7 cm
Unearthed in Wuwei City, Gansu Province, China
Collection of Gansu Provincial Museum

Расписная терракотовая пагода с санскритской вязью

Династия Тан (между 618 – 907 гг.)
Высота 66 см, диаметр основания 35,7 см
Найдена в городе Увэй, провинция Ганьсу, Китай
Коллекция Музея провинции Ганьсу

　　陶塔呈八角亭阁式，由塔刹、塔顶、塔身及基座组成。塔顶呈圆盔形，其上以朱红色双线分成6格，每格画1组三角形唐草图案。塔檐上翘。在塔顶及塔刹交界处为1圈重瓣莲花，其上安装葫芦形塔刹，装饰成莲蕾。塔身呈八角形，每个转角处及上下端用朱红色画出倚柱、地栿和木枋，做成仿木结构。塔身遍涂白粉。在相隔的4个面上各写4个梵文。塔身中空，掀开塔顶可盛放舍利、骨灰之类。基座呈圆形，其上用朱红色和白色绘3层仰莲。此塔造型独特，写有梵文则更为罕见。

白陶塔式罐

唐（618—907）

高 43 厘米

陕西历史博物馆藏

White Terracotta Tower Jar

Tang Dynasty (618 – 907)

Height 43 cm

Collection of Shaanxi History Museum

Белый глиняный кувшин башенного типа

Династия Тан (между 618 – 907 гг.)

Высота 43 см

Коллекция Исторического Музея провинции Шэньси

彩绘塔式罐

唐（618—907）

高 70 厘米

中国陕西省西安市唐墓出土

陕西历史博物馆藏

Painted Tower Jar

Tang Dynasty (618 – 907)

Height 70 cm

Unearthed from the tomb of Tang Dynasty in Xi'an City, Shaanxi Province, China

Collection of Shaanxi History Museum

Расписной кувшин башенного типа

Династия Тан (между 618 – 907 гг.)

Высота 70 см

Найден в гробнице династии Тан в Сиане провинции Шэньси Китая

Коллекция Исторического Музея провинции Шэньси

彩绘塔式罐（1组2件）

唐（618—907）
之一：高65厘米
之二：高62厘米
1985年中国陕西省户县甘亭镇南河头村出土
陕西历史博物馆藏

Painted Tower Jars (1 set of 2 pieces)

Tang Dynasty (618 – 907)

The 1st one: height 65 cm

The 2nd one: height 62 cm

Unearthed in Nanhetou Village, Ganting Town, Huxian County, Shaanxi Province, China, in 1985

Collection of Shaanxi History Museum

Расписные кувшины башенного типа (2 штуки в 1 комплекте)

Династия Тан (между 618 – 907 гг.)

Первый: высота 65 см

Второй: высота 62 см

Найдены в 1985 году в Наньхэтоу, поселок Ганьтин, уезд Хусянь, провинция Шэньси, Китай

Коллекция Исторического Музея провинции Шэньси

顾名思义，塔式罐是仿照佛塔造型的器物，在唐墓中作为随葬明器。陕西历史博物馆藏有陕西唐墓出土的数组塔式罐。它们多成对出现，造型、纹饰、形制大体一致，只是尺寸和图案细节略有差别。

这组彩绘塔式罐通体由凸棱将罐身横向分区，以团花纹和几何纹装饰，其中团花是唐代器物常见的装饰题材。这里的团花纹以墨勾边，中间填以白色和彩色花心；几何纹同样以墨勾边，罐身的几何纹呈锯齿形，底座部位的为竖长方形排列。丰富的纹饰结合器身和底座的多层圆形和花瓣形凸起，使整个塔式罐呈现出雍容华贵、优雅独特的气象。

东汉时期，佛教开始经中亚地区沿着丝绸之路传入中国。在佛教的发源地印度，常见覆钵塔形的舍利容器。目前最早的罐形舍利容器是现藏于印度巴特那博物馆的一件滑石罐。随着佛教在汉代、魏晋和唐代的演变，不断与中国文化相结合，在唐墓产生了类似于彩绘陶罐的独具特色的塔式罐。根据目前的考古发现，唐代塔式罐在长安城地区集中发现，并具有典型的时代特征。这些塔式罐既保持了佛教传入时的传统造型，又与中国古代丧葬文化结合，形成独特的风格，是中原文化与佛教文化碰撞和融合的代表性器物。

Начиная с Чанъаня: Тематическая выставка о праздновании 10-летия успешного включения Шелкового пути в список Всемирного культурного наследия

这件塔式罐通体施绿釉,由两部分组成,其中罐体和底座连接成一体。罐腹部堆塑人物图。人物图中间刻有四孝故事,分别为曾子汲水济母、曾子抚琴悦父、郭巨埋儿养母、董永卖身葬父。将四孝故事与塔式罐结合,是文化融合碰撞的产物。

三彩四孝塔式罐

唐(618—907)

高 56 厘米

1970 年中国陕西省咸阳地区契苾明墓出土

陕西历史博物馆藏

Tri-colored Four Filial Stories Tower Jar

Tang Dynasty (618 – 907)

Height 56 cm

Unearthed from the tomb of Qibi Ming in Xianyang, Shaanxi Province, China, in 1970

Collection of Shaanxi Hbistory Museum

Трехцветный кувшин башенного типа с четырем китайской истории Сысяо

Династия Тан (между 618 – 907 гг.)

Высота 56 см

Обнаружен в 1970 году в гробнице Цибимин, район Сяньян, провинция Шэньси, Китай

Коллекция Исторического Музея провинции Шэньси

Начиная с Чанъаня: Тематическая выставка о праздновании 10-летия успешного включения Шелкового пути в список Всемирного культурного наследия

高善穆石佛塔

北凉（397—460）

高 44.6 厘米，底径 15.2 厘米

中国甘肃省酒泉市石佛湾子出土

甘肃省博物馆藏

Gao Shanmu Stone Pagoda

Northern Liang Dynasty (397 – 460)

Height 44.6 cm, base diameter 15.2 cm

Unearthed from Shifowanzi, Jiuquan City, Gansu Province, China

Collection of Gansu Provincial Museum

Каменная ступа Гао Шаньму

Династия Северная Лян (между 397 – 460 гг.)

Высота ступы 44,6 см, диаметр основания 15,2 см

Обнаружена в Шифованьцзы, город Цзюцюань, провинция Ганьсу, Китай

Коллекция Музея провинции Ганьсу

　　该造像塔为黑色砂页岩雕凿而成。塔由宝盖、相轮、塔颈、塔肩、塔基组成。宝盖上刻北斗七星。塔顶有7重相轮。塔颈浮雕8个方形柱。覆钵式塔肩周围并列凿8个圆拱形浅龛，其中七龛内为禅定坐佛，另一龛内为弥勒菩萨像。圆柱形塔腹上阴刻《增一阿含经·结禁品》中的部分经文和发愿文。八面形塔基上每面阴刻一神王像。该造像塔为我国有纪年的早期佛塔的珍贵实物资料。

彩绘塔式罐（1组2件）

唐（618—907）
之一：高40厘米
之二：高44厘米
陕西历史博物馆藏

Painted Tower Jars (1 set of 2 pieces)

Tang Dynasty (618 – 907)

Height 56 cm

The 1st one: height 40 cm

The 2nd one: height 44 cm

Unearthed in Baichengzi Village, Jingbian County, Shaanxi Province, China, in 1975

Collection of Shaanxi History Museum

Расписные кувшины башенного типа (2 штуки в 1 комплекте)

Династия Тан (между 618 – 907 гг.)

Первый: высота 40 см

Второй: высота 44 см

Найдены в 1975 году в Байчэнцзы, уезд Цзинбянь, провинция Шэньси, Китай

Коллекция Исторического Музея провинции Шэньси

七 晨钟祈福 小雁塔

VII. Morning Bell Prayer:
Small Wild Goose Pagoda

VII. Утренняя колокольная
молитва:
Пагода Сяояньта

◆ 小雁塔始建于8世纪初，即唐中宗景龙年间（707—710），用于存放唐代高僧义净从天竺带回的佛教经卷、佛图等。小雁塔所在的荐福寺，是唐长安城中著名的寺院，是睿宗文明元年（684）皇室族戚为高宗荐福而建。塔、寺结合，体现了中国古代的孝道文化和印度佛教的完美融合。小雁塔密檐砖塔的建筑形式是佛塔这一佛教建筑传入中原地区的早期珍贵例证。

莲花纹瓦当

唐（618—907）
长14.8厘米，面径12.6厘米
中国陕西省西安市小雁塔遗址出土
西安博物院藏

Lotus Patterned Eaves Tile

Tang Dynasty (618 – 907)

Length 14.8 cm, face diameter 12.6 cm

Unearthed from Small Wild Goose Pagoda Site in Xi'an City, Shaanxi Province, China

Collection of Xi'an Museum

Круглая черепица с рисунком лотоса

Династия Тан (между 618 – 907 гг.)

Длина 14,8 см, диаметр лицевой стороны 12,6 см

Обнаружена на руинах пагоды Сяояньта в городе Сиань, провинция Шэньси, Китай

Коллекция Музея Сианя

"风"字形陶砚

唐（618—907）

长 16.8 厘米，宽 11.6 厘米

中国陕西省西安市小雁塔遗址出土

西安博物院藏

Ceramic Inkstone in the Shape of Character "风(feng)"

Tang Dynasty (618 – 907)

Length 16.8 cm, width 11.6 cm

Unearthed from Small Wild Goose Pagoda Site in Xi'an City, Shaanxi Province, China

Collection of Xi'an Museum

Керамический чернильный камень в форме иероглифа "风 (ветер)"

Династия Тан (между 618 – 907 гг.)

Длина 16,8 см, ширина 11,6 см

Обнаружен на руинах пагоды Сяояньта в городе Сиань, провинция Шэньси, Китай

Коллекция Музея Сианя

兽面砖

唐（618—907）

长 16.9 厘米，宽 18.8 厘米

中国陕西省西安市小雁塔遗址出土

西安博物院藏

Beast Face Brick

Tang Dynasty (618 – 907)

Length 16.9 cm, width 18.8 cm

Unearthed from Small Wild Goose Pagoda Site in Xi'an City, Shaanxi Province, China

Collection of Xi'an Museum

Кирпич со звериным лицом

Династия Тан (между 618 – 907 гг.)

Длина 16,9 см, ширина 18,8 см

Обнаружен на руинах пагоды Сяояньта в городе Сиань, провинция Шэньси, Китай

Коллекция Музея Сианя

筒瓦

唐（618—907）

长 25 厘米，宽 4.8 厘米

中国陕西省西安市小雁塔遗址出土

西安博物院藏

Tube Tile

Tang Dynasty (618 – 907)

Length 25 cm, width 4.8 cm

Unearthed from Small Wild Goose Pagoda Site in Xi'an City, Shaanxi Province, China

Collection of Xi'an Museum

Полукруглая кровельная черепица

Династия Тан (между 618 – 907 гг.)

Длина 25 см, ширина 4,8 см

Обнаружена на руинах пагоды Сяояньта в городе Сиань, провинция Шэньси, Китай

Коллекция Музея Сианя

骨盒

唐（618—907）

口径 3.8~4.8 厘米，高 1.5 厘米

中国陕西省西安市小雁塔遗址出土

西安博物院藏

Bone Box

Tang Dynasty (618 – 907)

Caliber 3.8~4.8 cm, height 1.5 cm

Unearthed from Small Wild Goose Pagoda Site in Xi'an City, Shaanxi Province, China

Collection of Xi'an Museum

Костяная шкатулка

Династия Тан (между 618 – 907 гг.)

Диаметр 3,8~4,8 см, высота 1,5 см

Обнаружена на руинах пагоды Сяояньта в городе Сиань, провинция Шэньси, Китай

Коллекция Музея Сианя

白釉瓷注壶

唐（618—907）

腹径 12.2 厘米，高 16 厘米

中国陕西省西安市小雁塔遗址出土

西安博物院藏

White Glazed Porcelain Ewer

Tang Dynasty (618 – 907)

Belly diameter 12.2 cm, height 16 cm

Unearthed from Small Wild Goose Pagoda Site in Xi'an City, Shaanxi Province, China

Collection of Xi'an Museum

Кувшин из белого глазурованного фарфора

Династия Тан (между 618 – 907 гг.)

Диаметр тулова 12,2 см , высота 16 см

Обнаружен на руинах пагоды Сяояньта в городе Сиань, провинция Шэньси, Китай

Коллекция Музея Сианя

陶净瓶

唐（618—907）

腹径 10 厘米，高 19.5 厘米

中国陕西省西安市小雁塔遗址出土

西安博物院藏

Ceramic Ater Vase

Tang Dynasty (618 – 907)

Belly diameter 10 cm, height 19.5 cm

Unearthed from Small Wild Goose Pagoda Site in Xi'an City, Shaanxi Province, China

Collection of Xi'an Museum

Керамическая кундика, буддийский ритуальный кувшин для омовения рук

Династия Тан (между 618 – 907 гг.)

Диаметр тулова 10 см, высота 19,5 см

Обнаружена на руинах пагоды Сяояньта в городе Сиань, провинция Шэньси, Китай

Коллекция Музея Сианя

瓷盏

唐（618—907）

口径 15.5 厘米，圈足径 8.1 厘米，高 7.3 厘米

中国陕西省西安市小雁塔遗址出土

西安博物院藏

Porcelain Cup

Tang Dynasty (618 – 907)

Caliber 15.5 cm, ring-foot diameter 8.1 cm, height 7.3 cm

Unearthed from Small Wild Goose Pagoda Site in Xi'an City, Shaanxi Province, China

Collection of Xi'an Museum

Фарфоровая плошка

Династия Тан (между 618 – 907 гг.)

Диаметр 15,5 см, диаметр основания 8,1 см, высота 7,3 см

Обнаружена на руинах пагоды Сяояньта в городе Сиань, провинция Шэньси, Китай

Коллекция Музея Сианя

陶钵

唐（618—907）

口径 8.8 厘米，底径 5 厘米，高 3.6 厘米

中国陕西省西安市小雁塔遗址出土

西安博物院藏

Terracotta Bowl

Tang Dynasty (618 – 907)

Caliber 8.8 cm, base diameter 5 cm, height 3.6 cm

Unearthed from Small Wild Goose Pagoda Site in Xi'an City, Shaanxi Province, China

Collection of Xi'an Museum

Керамическая чаша

Династия Тан (между 618 – 907 гг.)

Диаметр 8,8 см, диаметр основания 5 см, высота 3,6 см

Обнаружена на руинах пагоды Сяояньта в городе Сиань, провинция Шэньси, Китай

Коллекция Музея Сианя

绞胎瓷枕

唐（618—907）

长 14.6 厘米，宽 10.2 厘米，高 8.1 厘米

中国陕西省西安市小雁塔遗址出土

西安博物院藏

Porcelain Pillow of Twisted Body

Tang Dynasty (618 – 907)

Length 14.6 cm, width 10.2 cm, height 8.1 cm

Unearthed from Small Wild Goose Pagoda Site in Xi'an City, Shaanxi Province, China

Collection of Xi'an Museum

Фарфоровая подушка, изготовленная методом замешивания глины

Династия Тан (между 618 – 907 гг.)

Длина 14,6 см, ширина 10,2 см, высота 8,1 см

Обнаружена на руинах пагоды Сяояньта в городе Сиань, провинция Шэньси, Китай

Коллекция Музея Сианя

青釉瓷枕

唐（618—907）

长 16.8 厘米，高 12 厘米，宽 8 厘米

中国陕西省西安市小雁塔遗址出土

西安博物院藏

Blue Glazed Porcelain Pillow

Tang Dynasty (618 – 907)

Length 16.8 cm, height 12 cm, width 8 cm

Unearthed from Small Wild Goose Pagoda Site in Xi'an City, Shaanxi Province, China

Collection of Xi'an Museum

Фарфоровая подушка с зеленой глазурью

Династия Тан (между 618 – 907 гг.)

Длина 16,8 см, высота 12 см, ширина 8 см

Обнаружена на руинах пагоды Сяояньта в городе Сиань, провинция Шэньси, Китай

Коллекция Музея Сианя

VIII. Xuanzang's Destination: Xingjiaosi Pagodas

VIII. Пристанище после гибели Сюаньцзана: Пагода храма Синцзяосы

◆ 兴教寺塔是唐代高僧玄奘法师及其弟子窥基、新罗弟子圆测的舍利墓塔，展现了佛教沿丝绸之路传至长安后的发展及其对朝鲜半岛的影响。其所在的兴教寺为佛教唯识宗重镇。兴教寺三塔即为唯识宗的三位祖师墓塔，在佛教传播史和中印文化交流史上具有重要地位。

舍利塔碑

唐（618—907）
宽 2.4 厘米，高 5.2 厘米
西安博物院藏

Stupa Stele

Tang Dynasty (618 – 907)
Width 2.4 cm, height 5.2 cm
Collection of Xi'an Museum

Стела ступы

Династия Тан (между 618 – 907 гг.)
Ширина 2,4 см, высота 5,2 см
Коллекция Музея Сианя

石质舍利棺

五代（907—979）
高 28.2 厘米，长 47.8 厘米
中国甘肃省灵台县出土
甘肃省博物馆藏

Stone Coffin for Buddhist Relics

Five Dynasties (907 – 979)
Height 28.2 cm, length 47.8 cm
Unearthed from Lingtai County, Gansu Province, China
Collection of Gansu Provincial Museum

Каменный гроб для Шариры

Эпоха Пяти династий (907 – 979 гг.)
Высота 28,2 см, длина 47,8 см
Найден в уезде Линтай, провинция Ганьсу, Китай
Коллекция Музея провинции Ганьсу

该石棺用质地细密的灰白砂岩制成，敷以红、绿、蓝、白、金等色。棺身两侧浮雕佛传故事，右侧为涅槃变，左侧为迎佛图，前后两端各有线刻双扇门，两旁各有一天王守护。表现了涅槃的场景，天人哀绝。此舍利棺图像构思独特新颖、制作精美，体现出唐以后佛教文化在中国的传播和演变特征。

第五单元
廊道上的墓葬

◆ "路网"上唯一的墓葬遗址，是公元前2世纪汉帝国的杰出外交家、探险家、丝绸之路开辟者张骞的墓葬，与丝绸之路开辟这一东西方文化交流的重大世界性历史事件密切关联。

Unit 5
Tombs on the Corridor

The only burial site on the "Silk Roads: the Routes Network of Chang'an-Tianshan Corridor" is the Zhang Qian Tomb, an outstanding diplomat, explorer, and pioneer of the Silk Road of the Han Empire in the 2nd century BC. It is closely related to the opening of the Silk Road, a major global historical event of cultural exchange between the East and the West.

Раздел V
Гробницы в коридоре

Единственная развалина гробницы на «сети маршрутов» - гробница Чжан Цяня, выдающегося дипломата, исследователя и первопроходца Шелкового пути в империи Хань во II веке до н. э., что тесно связано с открытием Шелкового пути, крупным всемирно-историческим событием культурного обмена между Востоком и Западом.

◆ 公元前138年和公元前119年，张骞奉汉武帝之命两次离开长安城，以通西域，从此"条枝西入，天马内向。葱岭无尘，盐池息浪"，中国开始了解世界，世界开始发现中国。汉武帝元鼎三年（前114），西汉时期杰出的外交家、探险家、丝绸之路开辟者张骞病卒，归葬故里。张骞墓位于陕西省汉中市城固县博望镇饶家营村。

Witness of Interconnection: The Tomb of Zhang Qian

张骞墓 凿空见证

Свидетель первого путешествия на запад: Гробница Чжан Цяня

铜狗

战国至西汉（前476—公元8）
高7.4厘米，长6.6厘米
1982年中国陕西省神木县中沟出土
陕西历史博物馆藏

Bronze Dog

Warring States Period to Western Han Dynasty (476 BC – 8 AD)

Height 7.4 cm, length 6.6 cm

Unearthed in Zhonggou Village, Shenmu County, Shaanxi Province, China, in 1982

Collection of Shaanxi History Museum

战国至西汉时期，匈奴常在陕北地区等地活动。20世纪80年代，在神木地区纳林高兔和中沟等地发现匈奴墓。其中出土的具有丰富草原文化元素的匈奴文物，是陕北地区胡汉文化交流的重要物证。

Бронзовая собака

Период Сражающихся царств – династия Западная Хань (476 г. до н. э. – 8 г. н. э.)

Высота 7,4 см, длина 6,6 см

Найдена в 1982 году в Чжунгоу, уезд Шэньму, провинция Шэньси, Китай

Коллекция Исторического Музея провинции Шэньси

Начиная с Чанъаня: Тематическая выставка о праздновании 10-летия успешного включения Шелкового пути в список Всемирного культурного наследия

该器物为人工玻璃制品，呈圆球形，中空，一大一小2颗，球面镶嵌多层琉璃圈。一珠部分"眼圈"内镶黄色"眼珠"，另一珠"眼圈"内镶琉璃"眼珠"，与琉璃珠色相同。因其形如蜻蜓复眼，故名蜻蜓眼。

在世界范围内，蜻蜓眼式玻璃珠最早在埃及出现，与"恶眼意识"的信仰有关。中国境内发现的蜻蜓眼式玻璃珠，分布广泛，时代从西周跨越至两汉。其最早是丝绸之路贸易的产物，后来逐渐成为彰显身份地位的珍奇之物，或者其他器物的装饰，并进入传统礼制的范畴，在棺饰、组玉佩等中都能找到它的踪影。

蜻蜓眼玻璃珠（1组2件）

战国（前476—前221）
孔径0.4厘米，珠径1.2~1.4厘米
甘肃省博物馆藏

Dragonfly Eye Glass Beads (1 set of 2 pieces)

Warring States Period (476 – 221 BC)
Aperture 0.4 cm, bead diameter 1.2~1.4 cm
Collection of Gansu Provincial Museum

Стеклянные бусины в форме глаз стрекозы (2 штуки в 1 комплекте)

Период Сражающихся царств (476 – 221 гг. до н.э.)
Диаметр отверстия 0,4 см, диаметр бусины 1,2~1,4 см
Коллекция Музея провинции Ганьсу

铜卧鹿

战国至西汉（前476—公元8）
高9.5厘米，长14厘米
中国陕西省神木市废铜公司拣选
陕西历史博物馆藏

Bronze Prostrate Deer

Warring States Period to Western Han Dynasty (476 BC – 8 AD)
Height 9.5 cm, length 14 cm
Selected from Scrap Copper Company in Shenmu City, Shaanxi Province, China
Collection of Shaanxi History Museum

Бронзовый лежащий олень

Период Сражающихся царств – династия Западная Хань (476 г. до н. э. – 8 г. н. э.)
Высота 9,5 см, длина 14 см
Отобран компанией медного лома в городе Шэньму провинции Шэньси Китая
Коллекция Исторического Музея провинции Шэньси

镂空金马饰（1组2件）

战国至西汉（前476—公元8）

长6厘米，宽3.5~4厘米

中国陕西省榆林市横山区出土

陕西历史博物馆藏

Hollow-out Golden Horse Ornaments (1 set of 2 pieces)

Warring States Period to Western Han Dynasty (476 BC – 8 AD)

Length 6 cm, width 3.5~4 cm

Unearthed in Hengshan District, Yulin City, Shaanxi Province, China

Collection of Shaanxi History Museum

Ажурные золотые украшения в виде лошади (2 штуки в 1 комплекте)

Период Сражающихся царств – династия Западная Хань

Длина 6 см, ширина 3,5~4 см

Найдены в районе Хэншань, город Юйлинь, провинция Шэньси, Китай

Коллекция Исторического Музея провинции Шэньси

鎏金怪兽纹铜牌饰（1组2件）

西汉（前202—公元8）
长11厘米，宽5厘米，厚1.5厘米
1982年中国陕西省西安市三店村汉墓出土
陕西历史博物馆藏

Gilded Monster Patterned Bronze Medal Ornaments (1 set of 2 pieces)

Western Han Dynasty (202 BC – 8 AD)
Length 11 cm, width 5 cm, thickness 1.5 cm
Unearthed from the tomb of Han Dynasty in Sandian Village, Xi'an City, Shaanxi Province, China, in 1982
Collection of Shaanxi History Museum

Бронзовые украшения позолоченного монстра (2 штуки в 1 комплекте)

Династия Западная Хань (202 г. до н. э. – 8 г. н. э.)
Длина 11 см, ширина 5 см, толщина 1,5 см
Найдены в 1982 году в гробнице династии Хань в деревне Саньдянь, город Сиань, провинция Шэньси, Китай
Коллекция Исторического Музея провинции Шэньси

　　该牌饰1组2件，矩形，铜鎏金，无边框。主体纹饰为一俯卧马，两虎头分别位于马的头部和后背部进行噬咬，马躯干较为抽象，在头部还有类似卷曲的角状装饰。在画面边缘有连续的"格里芬"头部装饰。为穿戴方便，牌饰背面四角各有1个桥形钮，同时其中一件靠近边缘处有一圆孔。

　　与鎏金铜牌饰同出的还有汉代半两钱和五铁钱，时代为西汉早期。徐州狮子山西汉楚王墓出土与该牌饰图案完全一致的金质牌饰，也是西汉早期。

编号 No. № п/п	遗址名称 Name of Site Наименование развалины
R03-CN	炳灵寺石窟 Bingling Cave-Temple Complex Гроты храма Бинлин
R04-CN	麦积山石窟 Maijishan Cave-Temple Complex Гроты Майцзишань
R05-CN	彬县大佛寺石窟 Bin County Cave Temple Гроты храма Дафосы в уезде Бин
R06-CN	大雁塔 Great Wild Goose Pagoda Пагода Даяньта
R07-CN	小雁塔 Small Wild Goose Pagoda Пагода Сяояньта
R08-CN	兴教寺塔 Xingjiaosi Pagodas Пагода храма Синцзяосы
A01-CN	张骞墓 Tomb of Zhang Qian Гробница Чжан Цяня

编号 No. № п/п	遗址名称 Name of Site Наименование развалины
C01-CN	汉长安城未央宫遗址 Site of Weiyang Palace in Chang'an City of Han Dynasty Руины дворцов Вэйян в городе Чанъань династии Западная Хань
C02-CN	汉魏洛阳城遗址 Site of Luoyang City of Han and Wei Dynasties Руины города Лоян в провинции династий Хань и Вэй
C03-CN	唐长安城大明宫遗址 Site of Daming Palace in Chang'an City of Tang Dynasty Руины дворцов Дамин в городе Чанъань династии Тан
C04-CN	隋唐洛阳城定鼎门遗址 Site of Dingding Gate, Luoyang City of Sui and Tang Dynasties Руины Диндинмэнь в городе Лоян династий Суй и Тан
C05-CN	高昌故城遗址 Site of Qocho City Руины древнего города Царства Гаочан
C06-CN	交河故城遗址 Site of Yar City Руины древнего города Цзяохэ
C07-CN	北庭故城遗址 Site of Bashbaliq City Руины древнего города вассального правления Бэйтин

编号 No. № п/п	遗址名称 Name of Site Наименование развалины
T01-CN	新安汉函谷关遗址 Site of Han'gu Pass of Han Dynasty in Xin'an County Руины заставы долины Ханьгу династии Хань на уезде Синьань
T02-CN	崤函古道石壕段遗址 Site of Shihao Section of Xiaohan Ancient Route Руины на участке поселка Шихао древнего казенного тракта Сяохань (с г. Лоян до уезда Тунгуань)
T03-CN	锁阳城遗址 Site of Suoyang City Руины древнего города Соян
T04-CN	悬泉置遗址 Site of Xuanquan Posthouse Руины Сюаньцюаньчжи
T05-CN	玉门关遗址 Site of Yumen Pass Руины заставы Юймэньгуань
T06-CN	克孜尔尕哈烽燧 Kizilgaha Beacon Tower Достопримечательность «Сторожевая башня Кызыл-Кала»
R01-CN	克孜尔石窟 Kizil Cave-Temple Complex Кэцзыэрские монашеские пещеры
R02-CN	苏巴什佛寺遗址 Subash Buddhist Ruins Руины буддийского храма Субаши

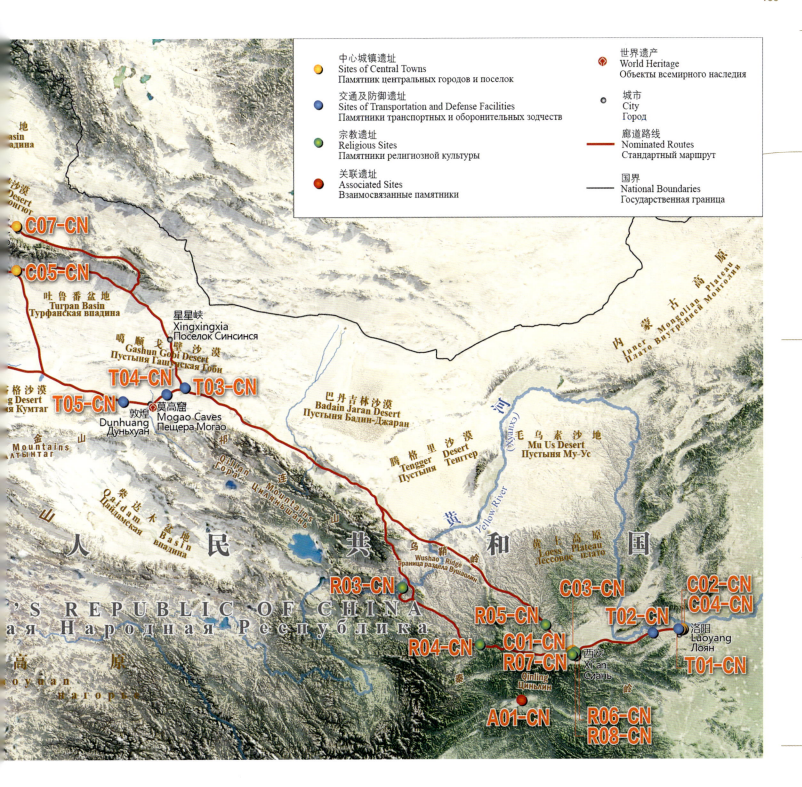

"丝绸之路：长安—天山廊道的路网"（中国段）遗址分布与类型图

Map of Site Distribution and Types of "Silk Roads: the Routes Network of Chang'an-Tianshan Corridor" (Section of China)

Карта распределения и типов объектов руин «Шелкового пути: сеть маршрутов Чанъань-Тянь-Шаньского коридора» (участок Китая)

Part 3
Conservation and Inhertitance
Sharing of Asian and World Cultures

After the inscription of the Silk Roads on the World Heritage List, strictly following UNESCO's conservation and management plan for heritage. The countries along the route have continuously deepened the research efforts on this basis to enhance the scientific and comprehensive nature of conservation. On July 24, 2019, on the occasion of the fifth anniversary of the successful application for World Heritage status of the Silk Road, a coordination meeting was held in Xi'an, China on jointly preparing a report on the conservation and management status of the "Silk Roads: the Routes Network of Chang'an-Tianshan Corridor" by China, Kazakhstan, and Kyrgyzstan. It was pointed out in the meeting that the joint efforts of the three countries have enhanced our confidence in further protecting the world heritage of the "Silk Roads: the Routes Network of Chang'an-Tianshan Corridor ".

Третья часть
Сохранение и наследование
Совместное использование культур Азии и мира

После успешного включения в список Всемирного Наследия Шелкового пути, страны, входящие в сеть маршрутов, строго следуют плану ЮНЕСКО по сохранению и управлению наследием и продолжают углублять свои исследования на этой основе, чтобы повысить научный и комплексный уровень сохранения. 24 июля 2019 года по случаю пятой годовщины успешного включения в список Всемирного наследия Шелкового пути в Сиане Китая состоялось «Координационное рабочее совещание по совместному составлению отчета о состоянии охраны и управления „Шелковым путем: сеть маршрутов Чанъань-Тянь-Шаньского коридора" между Китаем, Казахстаном и Кыргызстаном», на котором было отмечено, что совместные усилия трех стран укрепили нашу уверенность в дальнейшей охране всемирного наследия «Шелкового пути: сеть маршрутов Чанъань-Тянь-Шаньского коридора».

第三部分 保护传承

亚洲—世界文化的共享

丝路申遗成功之后，"路网"沿线的国家严格按照联合国教科文组织的要求对遗产进行保护、管理、规划，并在此基础上不断深化研究，提升保护的科学性和全面性。2019年7月24日，丝路申遗成功5周年之际，"中国、哈萨克斯坦、吉尔吉斯斯坦三国联合编制'丝绸之路：长安—天山廊道的路网'保护管理状况报告协调工作会议"在中国西安召开，会议指出：三国的携手努力提升了进一步保护"丝绸之路：长安—天山廊道的路网"世界遗产的信心。

第一单元
对话——达成共识

◆ "丝绸之路：长安—天山廊道的路网"申遗成功，是中国不断深化与中亚五国在世界遗产方面务实合作的体现。2019年5月，"亚洲文明对话大会"在中国北京举行，会议形成了一批推动文明交流互鉴的务实举措和合作成果。2023年4月，"亚洲文化遗产保护联盟大会"在中国西安召开，联盟获得中亚国家的广泛响应，大会体现出文化遗产弥合分歧、凝聚人心的独特作用。

Unit 1
Dialogue — Reaching Consensus

The successful application for World Heritage status of the "Silk Roads: the Routes Network of Chang'an-Tianshan Corridor" is a reflection of China's continuous deepening of practical cooperation with the five Central Asian countries on World Heritage sites. In May 2019, the "Conference on Dialogue of Asian Civilizations" was held in Beijing, China, which resulted in a series of practical measures and cooperation achievements to promote cultural exchange and mutual learning. In April 2023, the "General Assembly of the alliance for Cultural Heritage in Asia" was held in Xi'an, China, whereby the alliance received widespread response from Central Asian countries. The conference demonstrated the unique role of cultural heritage in bridging differences and uniting people's hearts.

Раздел I
Диалог — достижение консенсуса

Успешное включение в список Всемирного наследия «Шелкового пути: сеть маршрутов Чанъань-Тянь-Шаньского коридора» является отражением углубления сотрудничества Китая с пятью странами Центральной Азии в области всемирного наследия. В мае 2019 года в Пекине (Китай) состоялась конференция «Диалог азиатских цивилизаций», в ходе которой был выдвинут ряд практических инициатив и достигнуты результаты сотрудничества, направленные на развитие цивилизационных обменов и взаимопонимания. В апреле 2023 года в Сиане (Китай) состоялась «Генеральная ассамблея Азиатского альянса по сохранению культурного наследия», которая получила широкий отклик в странах Центральной Азии, что отражает уникальную роль культурного наследия в преодолении различий и сближении людей.

2019 年 5 月 "亚洲文明对话大会" 在中国北京举行

In May 2019, the "Conference on Dialogue of Asian Civilization" was held in Beijing, China

В мае 2019 года Конференция «Диалог азиатских цивилизаций» состоялась в Пекине Китая

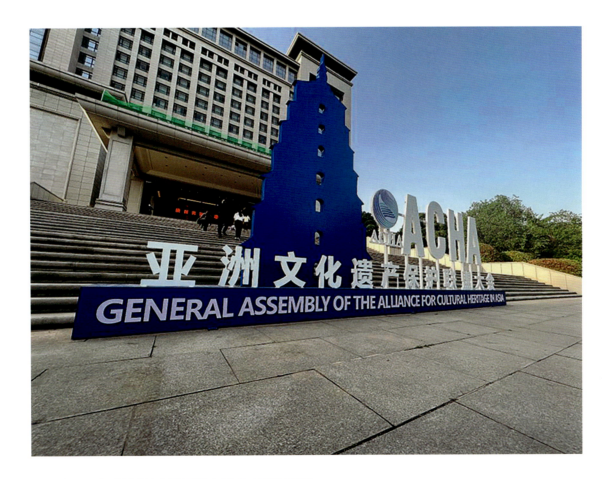

2023 年 4 月 "亚洲文化遗产保护联盟大会" 在中国西安召开

In April 2023, the "General Assmebly of the Alliance for Cultural Heritage in Asia" was held in Xi'an, China

В апреле 2023 года в Сиане (Китай) прошла «Генеральная ассамблея Азиатского альянса по сохранению культурного наследия»

Начиная с Чанъаня: Тематическая выставка о праздновании 10-летия успешного включения Шелкового пути в список Всемирного культурного наследия

第二单元
行动——
践行承诺

◆ 世界文化遗产体系的核心是价值阐释，而申遗过程是对遗产普遍价值的提炼，也是对遗产价值的重塑。申遗成功之后，"丝绸之路：长安—天山廊道的路网"上的33个遗址点，采纳国际标准，按照世界文化遗产的评定标准和保护理念，将人们对遗产的认知、保护、管理和诠释推进到一个全新的高度。

Unit 2
Action — Fulfilling Commitments

The core of the world cultural heritage system is value interpretation, and the process of applying for World Heritage is the extraction of the universal value of the heritage and the reshaping of its value. After the successful application for World Heritage, the 33 sites on the "Silk Roads: the Routes Network of Chang'an-Tianshan Corridor" have adopted international standards and promoted people's understanding, conservation, management, and interpretation of heritage to a new level in accordance with the evaluation criteria and conservation concepts of World Cultural Heritage.

Раздел II
Акция — Выполнение обещания

Ядром системы всемирного наследия является интерпретация ценностей, а процесс подачи заявки на включение объекта в список Всемирного наследия - это процесс уточнения и переосмысления универсальных ценностей наследия. После успешного включения в список Всемирного наследия 33 объекта, расположенные вдоль « Шелкового пути: сеть маршрутов Чанъань-Тянь-Шаньского коридора», приняли международные стандарты и в соответствии с критериями оценки и концепциями сохранения всемирного наследия подняли на совершенно новый уровень признание, защиту, управление и интерпретацию наследия.

◆ 中外联合考古是"一带一路"人文交流合作的重要组成部分。近年来，中外联合考古乘势发展。中国考古工作者的足迹遍布五洲四海，与哈萨克斯坦、吉尔吉斯斯坦、阿拉伯联合酋长国、乌兹别克斯坦等20余个国家的考古工作者开展联合考古项目，诠释古今，问道西东，共同探究人类文明起源和发展的历史脉络，共同续写文明交流互鉴的古今篇章。

I. Archaeological Partnership
I. Совместная археология

一 联合考古

Sino-foreign archaeological partnership is an important part of the "Belt and Road Initiative" cultural exchanges and cooperation. In recent years, archaeological partnership between China and foreign countries has taken advantage of the trend and made achievements. Chinese archaeologists have conducted joint archaeological projects with archaeologists from more than 20 countries including Kazakhstan, Kyrgyzstan, the United Arab Emirates, Uzbekistan, etc., interpreting the past and present, inquiring about the east and west, exploring the historical context of the origin and development of human civilization, and jointly continuing the ancient and modern chapters of civilization exchange and mutual learning.

Китайско-иностранная совместная археология является важной частью гуманитарного обмена и сотрудничества в рамках «Пояса и пути». В последние годы китайско-иностранная совместная археология развивается, воспользуясь удобным случаем. Китайские археологи путешествуют по всему миру, осуществляют совместные археологические проекты с археологами из более чем 20 стран, в том числе Казахстан, Кыргызстан, Объединенные Арабские Эмираты и Узбекистан. Они интерпретируют прошлое и настоящее, задают вопросы о Западе и Востоке, совместно исследуют историческую линию зарождения и развития человеческой цивилизации, а также совместно пишут древние и современные главы цивилизационных обменов и взаимопонимания.

2011年以来中外重要联合考古项目一览表
List of Important Sino-Foreign Joint Archaeological Projects Since 2011
Список важных совместных китайских и зарубежных археологических проектов с 2011 года

地区	项目名称	工作年份	承担单位
中国-中亚联合考古	西天山地区古代游牧遗存调查与研究	2011年至今	中国西北大学、国家博物馆、陕西省考古研究院
	乌兹别克斯坦撒马尔罕撒扎干遗址发掘	2015—2016年	中国西北大学，乌兹别克斯坦科学院考古研究所
	乌兹别克斯坦拉巴特墓地发掘与研究	2017—2018年、2023年	中国西北大学，乌兹别克斯坦科学院考古研究所，中国洛阳市文物考古研究院
	塔吉克斯坦卡什卡尔墓地发掘	2018年	中国西北大学，塔吉克斯坦科学院历史、考古与民族学研究所考古部
	乌兹别克斯坦乌尊谢尔哈拉卡特和德尔康墓地发掘	2019年	中国西北大学，乌兹别克斯坦科学院考古研究所，中国洛阳市文物考古研究院
	乌兹别克斯坦撒马尔罕撒扎干M11-2发掘	2019年	中国西北大学，乌兹别克斯坦科学院考古研究所，中国洛阳市文物考古研究院
	乌兹别克斯坦泰尔梅兹地区佛教遗存调查	2019—2020年	中国西北大学，乌兹别克斯坦泰尔梅兹大学、泰尔梅兹考古博物馆
	哈萨克斯坦拉哈特古城考古发掘与研究	2017—2019年、2023年	中国陕西省考古研究院，哈萨克斯坦伊塞克国家历史文化博物馆
	科拉斯纳亚·瑞希卡城址西侧佛寺遗址发掘	2018—2019年	中国陕西省考古研究院，吉尔吉斯斯坦科学院历史、考古与民族学研究所
	塔吉克斯坦彭吉肯特萨拉兹姆遗址考古勘探	2019年	中国西北大学，塔吉克斯坦科学院历史、考古与民族学研究所考古部，中国洛阳市文物考古研究院

续表

地区	项目名称	工作年份	承担单位
中国−中亚联合考古	中吉费尔干纳盆地联合考古及四国（中、吉、塔、乌）考古合作交流活动	2019年、2023年	中国西北大学、故宫博物院、陕西省考古研究院、洛阳市文物考古研究院、西安市文物考古研究院，吉尔吉斯斯坦科学院历史、考古与民族学研究所，乌兹别克斯坦科学院考古研究所，塔吉克斯坦科学院历史、考古与民族学研究所考古部
	土库曼斯坦古代文化遗产调查	2023年	中国西北大学，土库曼斯坦科学院历史、考古与民族学研究所
中国−西亚联合考古	伊朗东部史前文化与社会——拉扎维呼罗珊省宝吉（Borj）遗址联合发掘与研究	2018—2022年	中国科学技术大学，伊朗内沙布尔大学考古系
	伊朗东北部丝绸之路文化遗产廊道调查	2023年	中国西北大学，伊朗德黑兰大学
中国−南亚联合考古	巴基斯坦阿托克市巴哈塔尔（Jhang Bahatar）遗址考古发掘	2018—2020年	中国南京大学
	尼泊尔木斯塘地区佛教遗存调查	2019年	中国西北大学
	中国政府援柬埔寨吴哥古迹王宫遗址考古项目	2019年至今	中国文化遗产研究院
中国−北亚联合考古	蒙古国西南部铁器时代考古遗存调查	2023年	中国西北大学

2019年乌兹别克斯坦谢尔哈拉卡特墓地发掘区（图片由中国西北大学丝绸之路考古合作中心唐云鹏提供）

Excavation Area of Serkharakat Cemetery, Uzbekistan in 2019 (Image Courtesy of Tang Yunpeng from Collaborative Research Center for Archaeology of the Silk Roads of Northwestern University, China)

Район раскопок кладбища Шерхаракат в Узбекистане в 2019 году (Фото предоставлено Тан Юньпэном из Центра археологического сотрудничества Шелкового пути Северо-Западного университета Китая)

1. 重点考古项目

（1）中乌联合考古成果——月氏与康居的考古发现

2009年起，中国西北大学王建新教授率领西北大学中亚考古队以寻找大月氏为学术目标，多次前往乌兹别克斯坦开展考古调查与发掘工作。

2013年12月，中国西北大学与乌兹别克斯坦科学院考古研究所签署合作协议，组建中乌联合考古队。

2015年9月起，考古队在乌兹别克斯坦撒马尔罕市撒扎干遗址开展考古发掘工作。

2017年5月至2018年6月，考古队在乌兹别克斯坦拜松市拉巴特1号墓地进行发掘。

2018年春至今，考古队继续在乌兹别克斯坦苏尔汉达里亚州、撒马尔罕市等地开展工作，为探讨古代贵霜、月氏、康居等文化研究持续提供重要资料。

2019年2月，"中乌联合考古成果展——月氏与康居的考古发现"在乌兹别克斯坦国家历史博物馆开幕，并先后在泰尔梅兹、塔什干、西安、北京举办国际会议和展览，向国际社会展示中乌联合考古、合作研究的阶段性新成果，得到考古界和公众的广泛好评。

乌兹别克斯坦谢尔哈拉卡特墓地 M19 出土遗物（图片由中国西北大学丝绸之路考古合作中心唐云鹏提供）

Relics Unearthed from M19 in Serkharakat Cemetery, Uzbekistan (Image Courtesy of Tang Yunpeng from Collaborative Research Center for Archaeology of the Silk Roads of Northwest University, China)

Найденные реликвии из M19 могильника Шерхаракат в Узбекистане (Фото предоставлено Тан Юньпэном из Центра археологического сотрудничества Шелкового пути Северо-Западного университета Китая)

（2）中哈联合考古成果——拉哈特古城遗址

中哈联合考古发掘的拉哈特古城遗址位于哈萨克斯坦天山北麓的一处台地上，总面积约25万平方米，处于丝绸之路草原线路上。该处遗址传说是古代塞人王族的居住遗址，著名的伊塞克金人墓葬就在这附近。2017—2019年，陕西省考古研究院与哈萨克斯坦伊塞克国家历史文化博物馆联合对该遗址进行考古发掘。工作以中方模式为主，将传统发掘、普通记录与RTK测绘、三维摄影、高空航测等多种现代技术相结合。这种方法在该区域具有示范性和引领性。

2019年拉哈特古城遗址地理位置图
（图片由陕西省考古研究院丁岩提供）

Geographic Location Map of Rahat Ancient City Site in 2019
(Image Courtesy of Tian Youqian from Shaanxi Provincial Institute of Archaeology)

Географическая карта руин древнего города Рахат в 2019 году (фото предоставлено Дин Янь из Института археологии провинции Шэньси)

(3)中吉联合考古成果——科拉斯纳亚·瑞希卡城址西侧佛寺遗址

2017年,陕西省考古研究院对吉尔吉斯斯坦科学院历史、考古与民族学研究所进行访问,还初步勘察了楚河流域的古代遗址,双方确定对科拉斯纳亚·瑞希卡城址西侧佛寺遗址开展联合考古工作。2018年、2019年,双方在科拉斯纳亚·瑞希卡城址西侧佛寺遗址先后开展了两次联合考古工作,取得了较大的成果。

科拉斯纳亚·瑞希卡城址西侧佛寺遗址联合考古现场发掘情况(图片由陕西省考古研究院田有前提供)

Joint Archaeological Site Excavation of Buddhist Temple Site on the West Side of Site of Krasnaya Rechka (Image Courtesy of Tian Youqian from Shaanxi Academy of Archaeology)

Совместные археологические раскопки руин буддийского храма на западной стороне городища Красная Речка (фото предоставлено Тянь Юцянь из Института археологии провинции Шэньси)

2. 丝绸之路考古合作中心成立

"丝绸之路考古合作中心"是2021年"中国+中亚五国"外长第二次会晤成果之一,由中国倡议建立,中亚五国合作共建。2021年7月,丝绸之路考古合作中心在中国西北大学成立。该中心以陕西省文物局为牵头单位、西北大学为实施单位,统筹陕西省考古研究院、西安市文物保护考古研究院、国际古迹遗址理事会西安国际保护中心(IICC-X)等优势资源,与丝绸之路沿线国家共同建设。

该中心面向中亚、西亚、南亚等地区开展丝绸之路考古合作、遗产保护、文化交流、人才培养等工作,为中国与丝绸之路沿线国家搭建开放、共享的考古合作研究与人文交流平台。

阿克亚塔斯遗址

阿克亚塔斯遗址入口

阿克亚塔斯遗址保护区

库兰遗址

库兰遗址中心区

克孜尔尕哈烽燧

克孜尔尕哈烽燧世界文化遗产标志

北庭故城遗址

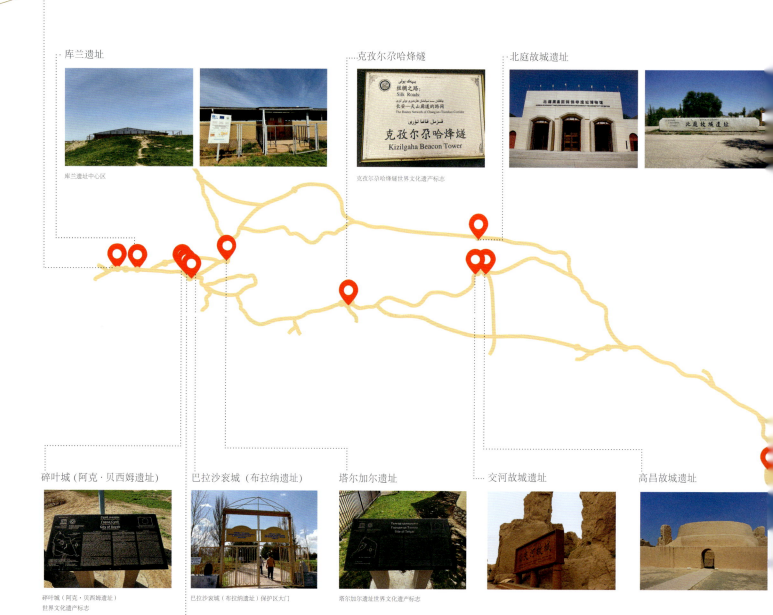

碎叶城（阿克·贝西姆遗址）

碎叶城（阿克·贝西姆遗址）
世界文化遗产标志

巴拉沙衮城（布拉纳遗址）

巴拉沙衮城（布拉纳遗址）保护区大门

塔尔加尔遗址

塔尔加尔遗址世界文化遗产标志

交河故城遗址

高昌故城遗址

新城（科拉斯纳亚·瑞希卡遗址）

新城（科拉斯纳亚·瑞希卡遗址）
世界文化遗产标志

新城（科拉斯那亚 瑞希卡遗址）佛寺遗存

◆ 随着丝路申遗成功，越来越多的学者和文化遗产工作者投入到相关遗产认知、研究和保护工作中，深化遗产的价值特征研究工作，推动遗产保护管理水平不断提升。

II. Joint Conservation
II. Совместная охрана

共同保护

炳灵寺石窟

With the successful application of the Silk Roads for World Heritage status, more and more scholars and cultural heritage workers are engaged in related work of heritage awareness, research, and conservation, deepening the study of the value characteristics of heritage, and promoting the continuous improvement of heritage conservation and management level.

После успешного включения Шелкового пути в список Всемирного наследия все больше ученых и работников в сфере культурного наследия принимают участие в деятельности осознания, исследования и охраны наследия, углубляют исследовательскую работу по изучению ценности и характеристик наследия, а также способствуют постоянному повышению уровня охраны и управления наследием.

长安

"丝绸之路：长安—天山廊道的路网"遗址点保护管理
Conservation and Management of the "Silk Roads: the Routes Network of Chang'an-Tianshan Corridor" Heritage Sites
Защита и управление объектами развалины «Шелкового пути: сеть маршрутов Чанъань-Тянь-Шаньского коридора»

中外联合重点保护项目介绍——缅甸他冰瑜寺保护工程

他冰瑜寺佛塔位于缅甸蒲甘古城东南部，1144年阿隆悉都王兴建，是蒲甘最高的佛塔。2016年缅甸发生6.8级地震，他冰瑜寺佛塔遭到严重损坏。

2017年5月"'一带一路'国际合作高峰论坛"期间，中国国家文物局与缅甸联邦共和国宗教与文化部签署了《中华人民共和国国家文物局和缅甸联邦共和国宗教与文化部关于开展缅甸蒲甘古迹震后修复保护合作的谅解备忘录》。

2020年3月3日，中国陕西省文物保护研究院和陕西省文物保护工程有限公司联合体开始实施缅甸他冰瑜寺修复项目。2023年以来，"联合体"工作组已开展考古发掘、壁画保护、佛塔价值评估、文物保护基地建设工程等多项工作。

缅甸他冰瑜寺佛塔全貌（图片由陕西省文物保护研究院张炜提供）

Complete View of the That-byin-nyu Pahto Pagoda Myanmar (Image Courtesy of Zhang Wei from Shaanxi Institute for the Preservation of Cultural Heritage)

Полная картина пагоды храма Табингю в Мьянме (фото предоставлено Чжан Взем из Института защиты культурных реликвий провинции Шэньси)

◆ 近年来，我国坚持"走出去"与"请进来"相结合，与中亚各国家合作举办多个文物进出境展览。透过多个文物交流展，讲述了丝绸之路文明等故事，呈现文明之美，为相互交流、展示、沟通、了解搭建重要平台，谱写美美与共的文明互鉴新乐章。

III. Exhibition for Mutual Learning
III. Взаимное обучение на выставках

In recent years, adhering to the combination of "going out" and "inviting in", China has conducted in partnership with Central Asian countries multiple exhibitions of cultural relics in and outside the country. Through multiple cultural relics exchange exhibitions, stories such as the Silk Road civilization are told, presenting the beauty of civilization and building an important platform for mutual exchange, display, communication, and understanding, composing a new chapter of civilization mutual learning and sharing.

В последние годы Китай настаивает на сочетании «выход за границу» и «приглашение в страну», и сотрудничает с Центральной Азией и другими странами в организации нескольких выставок культурных реликвий, въезжающих в страну и выезжающих за границу. С помощью несколько выставок обмена культурными реликвиями, рассказываются история цивилизации Шелкового пути и другие истории, демонстрируется красота цивилизации, создается важная платформа для взаимного обмена, демонстрации, общения и понимания, чтобы составить новую главу взаимного признания цивилизаций, где соединяют красоту своей цивилизации с красотой других цивилизаций.

Начиная с Чанъаня: Тематическая выставка о праздновании 10-летия успешного включения Шелкового пути в список Всемирного культурного наследия

2014年以来重点文物交流展览一览表
List of Key Cultural Relics Exchange Exhibitions Since 2014
Список ключевых выставок по обмену культурными реликвиями с 2014 Года

序号	展览名称	展期	国家	地点
1	"华夏瑰宝"展	2014年8月7日—11月9日	捷克	捷克布拉格城堡
2	七宝瑞光——中国南方佛教艺术展	2014年9月23日—12月7日	中国	中国高雄佛光山佛陀纪念馆
2	七宝瑞光——中国南方佛教艺术展	2014年12月20日—2015年3月24日	中国	中国台湾史前文化博物馆
2	七宝瑞光——中国南方佛教艺术展	2015年4月2日—5月24日	中国	中国台湾历史博物馆
3	汉风——中国汉代文物展	2014年10月21日—2015年3月1日	法国	法国国立吉美亚洲艺术博物馆
4	牵星过洋——中非海上丝绸之路历史文化展	2014年12月15日—2015年1月15日	坦桑尼亚	坦桑尼亚达累斯萨拉姆国家博物馆
5	天地之中——中华文明之源图片展	2015年5月23日	秘鲁	秘鲁国立人类考古历史博物馆
6	"汉武盛世"展	2015年6月23日—10月5日	中国	中国香港历史博物馆
7	中国古代都城文物展——汉魏晋南北朝	2015年9月8日—12月6日	韩国	韩国汉城百济博物馆
8	古代佛教艺术展	2015年9月24日—11月15日	韩国	韩国国立中央博物馆
9	中塞文化对话展	2015年9月28日—12月14日	塞浦路斯	塞浦路斯利马索尔区考古博物馆
10	罗马尼亚珍宝展	2016年1月28日—5月8日	中国	中国国家博物馆
11	丝路之都——陕西省文物精华图片展	2016年6月3日—6月30日	哈萨克斯坦	哈萨克斯坦国家博物馆
12	中国秦始皇兵马俑文物展	2017年6月9日—9月10日	哈萨克斯坦	哈萨克斯坦国家博物馆

续表

序号	展览名称	展期	国家	地点
13	天涯若比邻——华夏瑰宝秘鲁行展	2016年10月7日—12月8日	秘鲁	秘鲁国家考古人类学历史博物馆
14	"丝路瑰宝"展览	2016年10月21日—2017年1月8日	拉脱维亚	拉脱维亚国家艺术博物馆之里加美术馆
15	跨越海洋——中国海上丝绸之路文化遗产精品联展	2016年10月26日—12月27日	中国	中国香港历史博物馆
16	阿拉伯之路——沙特出土文物展	2016年12月20日—2017年3月19日	中国	中国国家博物馆
17	"秦汉文明"展	2017年3月—7月	美国	美国纽约大都会艺术博物馆
18	绵亘万里——世界遗产丝绸之路	2017年11月28日—2018年2月28日	中国	中国香港历史博物馆
19	长风破浪——中斯海上丝路历史文化展	2017年12月20日—2018年1月20日	斯里兰卡	斯里兰卡国家博物馆
20	殊方共享——丝绸之路国家博物馆文物精品展	2019年4月11日—7月11日	中国	中国国家博物馆
21	尘封璀璨——阿富汗古文物展	2019年11月6日—2020年2月10日	中国	中国香港历史博物馆
22	中乌联合考古成果展——月氏与康居的考古发现	2019年2月22日—6月10日	乌兹别克斯坦	乌兹别克斯坦国家历史博物馆
23	绝域苍茫万里行——丝绸之路（乌兹别克斯坦段）考古成果展	2020年12月15日—2021年2月14日	中国	中国故宫博物院
24	五洲四海——"一带一路"文物考古合作展	2023年9月29日—2024年1月5日	中国	中国故宫博物院

Начиная с Чанъаня: Тематическая выставка о праздновании 10-летия успешного включения Шелкового пути в список Всемирного культурного наследия

结语

19世纪末李希霍芬赋予汉代中国与中亚、印度等地交通路网以"丝绸之路"的称号，无疑具有里程碑意义；21世纪中国联合中亚有关国家开展丝绸之路跨国系列申报世界遗产工作，2014年"丝绸之路：长安—天山廊道的路网"申遗成功，是新时代世界对丝绸之路的贡献。"丝绸之路：长安—天山廊道的路网"立足汉唐城址、佛教寺院、防御门户和道路交通，囊括了东西方交流的核心载体。"丝绸之路：长安—天山廊道的路网"与2023年申遗成功的"丝绸之路：泽拉夫善—卡拉库姆的廊道"连接，贯通亚欧大陆，东西方在城市文化、道路交通和宗教思想等方面得以联通。丝绸之路的路网也是对人类跨越时空交流互鉴丝路精神的充分阐释。

丝绸之路跨越数千年，从长安出发，走出天山廊道，在时空中延续。人文自然，绚烂依旧，未来可期！

Epilogue

At the end of the 19th century, Richthofen bestowed the title of "the Silk Road" on the transportation routes between China and Central Asia, India, and other regions during Han Dynasty, which undoubtedly had a milestone significance; In the 21st century, China has joined forces with relevant Central Asian countries to carry out a series of cross-border applications for World Heritage status of the Silk Roads. The successful application of "Silk Roads: the Routes Network of Chang'an-Tianshan Corridor" in 2014 is a contribution of the world to the Silk Road in the new era. The "Silk Roads: the Routes Network of Chang'an-Tianshan Corridor "is based on Han and Tang city sites, Buddhist temples, defense gateways, and road transportation, covering the core carrier of East-West communication. The "Silk Roads: the Routes Network of Chang'an-Tianshan Corridor "is connected with the "Silk Roads: Zeravshan-Karakum Corridor" that was successfully adopted for World Heritage in 2023, running through the Eurasian continent, and enabling the communication between the East and the West in urban culture, road transportation, and religious thought. The routes network of the Silk Road is also a full interpretation of the Silk Road spirit of human communication and mutual learning across time and space.

Spanning thousands of years, the Silk Road started from Chang'an and goes across the Tianshan Corridor, continuing in time and space. With the legacy of humanity and nature remaining splendid, a promising future lies ahead!

Заключение

В конце XIX века Рихтгофен дал название «Шелковый путь» транспортным маршрутам между Китаем и Центральной Азией и Индией во времена династии Хань, что, несомненно, имеет эпохальное значение; в XXI веке Китай вместе с соответствующими странами Центральной Азии провел ряд транснациональных номинаций Шелкового пути в *Список Всемирного наследия,* а успешное включение в *Список Всемирного наследия,* в 2014 году «Шелкового пути: сеть маршрутов Чанъань-Тянь-Шаньского коридора» - это вклад всего мира в развитие Шелкового пути в новую эпоху. «Шелковый путь: сеть маршрутов Чанъань-Тянь-Шаньского коридора» охватывает основные носители обмена между востоком и западом, основанные на городских объектах династий Хань и Тан, буддийских монастырях, укрепленных воротах и дорогах с движением транспорта. Коридор «Шелкового пути: сеть маршрутов Чанъань-Тянь-Шаньского коридора» соединяется с коридором «Шелковый путь: Зарафшан-Каракумский коридор», который будет успешно вписан в 2023 году, связывая Азию и Европу, а также соединяя Восток и Запад с точки зрения городской культуры, дорог с движением транспорта и религиозной мысли. Сеть маршрутов Шелкового пути также является полной иллюстрацией духа Шелкового пути, который позволил человечеству общаться и учиться друг у друга, преодолевая время и пространство.

Шелковый путь охватывает тысячи лет, начинаясь от Чанъани и выходя за пределы Тянь-Шаньского коридора, продолжаясь сквозь время и пространство. Человечество и природа великолепно остаются как первоначально, и имеют многообещающее будущее.

丝路申遗成功
十周年主题展

THEMED EXHIBITION COMMEMORATING
THE TENTH ANNIVERSARY OF
THE SUCCESSFUL APPLICATION FOR WORLD
HERITAGE STATUS OF THE SILK ROAD

ТЕМАТИЧЕСКАЯ ВЫСТАВКА,
ПОСВЯЩЕННАЯ 10-ЛЕТИЮ УСПЕШНОГО
ПРОВЕДЕНИЯ ПОДАВАТЬ ЗАЯВКУ НА
ВКЛЮЧЕНИЕ В СПИСОК ВСЕМИРНОГО
НАСЛЕДИЯ ПО ШЕЛКОВОМУ ПУТИ

展览时间：2024年5月18日 ～ 2024年11月18日
展览地点：陕西历史博物馆秦汉馆 临展厅
主办单位：陕西省文物局
承办单位：陕西历史博物馆

协办单位：

新疆维吾尔自治区文物考古研究所
新疆维吾尔自治区博物馆
阿克苏地区文博院（博物馆）
吉木萨尔县文化体育广播电视和旅游局（文物局）
和田地区博物馆
吐鲁番博物馆
库车市龟兹博物馆
麦积山石窟艺术研究所
甘肃炳灵寺文物保护研究所
武威市博物馆
甘肃简牍博物馆
甘肃省博物馆
榆林市博物馆

西安市文物保护考古研究院
西安博物院
陕西省考古研究院（陕西考古博物馆）
洛阳博物馆
陕西省文化遗产研究院
陕西省文物保护研究院
西北大学丝绸之路考古合作研究中心
西北大学博物馆
西安市大雁塔保管所
克孜尔石窟
城固县张骞纪念馆
彬州大佛寺石窟博物馆
哈萨克斯坦国家博物馆

特别鸣谢：
中国驻哈萨克斯坦大使馆
陕西卫视
中国农业出版社

從長安出發

SETTING OFF
FROM
CHANG'AN

ДОРОГА ИЗ ЧАНЪАНИ

从长安出发——丝路申遗成功十周年主题展 Starting from Chang'an—Theme Exhibition of the 10th Anniversary of Inscription of the Silk Roads on World Heritage List

研究论文

Research Papers

Исследовательские работы

丝绸之路上的胡人俑
——唐代胡人抱囊或抱鸭形壶俑及其相关问题探讨

冉万里
（中国西北大学文化遗产学院）

摘要：丝绸之路上的胡人俑的数量和种类众多，其中以唐代胡人抱囊或抱鸭形壶俑最有特色。本文通过对其进行分类，探讨了胡人抱囊或抱鸭形壶俑的发展演变过程和流行年代，并对胡人身份进行了推测，认为它们表现的是胡人宴会中的斟酒侍者。在这一基础上，本文还对鸭形壶、西安月登阁唐墓出土三彩来通形杯以及胡人抱囊或抱鸭形壶俑形象的扩展等问题进行了论述。通过以上论述，笔者认为，唐代胡人抱囊或抱鸭形壶俑等，通过一个瞬间艺术形象反映了胡人的生活习惯、生活特点、职业特点等，是胡人在中国生活情形的形象再现，也是丝绸之路的缩影和真实写照，还是唐代社会和文化开放、包容的形象表现。

前言

西汉时期，随着丝绸之路的开通，来自西域的葡萄、石榴、胡桃、胡麻、胡瓜、胡蒜、苜蓿等植物开始在我国种植。如《西京杂记》卷一记载："乐游苑自生玫瑰树，树下多苜蓿。苜蓿一名怀风，时人或谓之光风。风在其间，常萧萧然，日照其花有光彩，故名苜蓿为怀风，茂陵人谓之连枝草。"[1]与此同时，西域诸国的使节也纷纷来到长安和洛阳。西汉晚期及东汉墓葬中的胡人抱囊或抱扁壶俑，正是在这一历史背景下出现的。唐代之时，胡人抱囊或抱壶俑也有不少发现。历史地看，汉唐时期的胡人抱囊、抱扁壶、抱鸭形壶俑，都是在人们了解到西域盛产葡萄及葡萄酒、胡人善饮葡萄酒这一基础上制作的，是以俑表现丝绸之路与东西方文化交流，而且汉唐时期的同类俑之间还表现出内在的承袭关系。葛承雍先生曾以"'胡人岁献葡萄酒'的艺术考古与文物印证"为题，对胡人抱囊或抱鸭形壶俑进行了深入探讨，认为这些胡人抱囊或抱鸭形壶俑反映的是"胡人岁献葡萄酒"[2]。本文在前人论述的基础上，对汉唐时期尤其是唐代胡人抱囊或抱鸭形壶俑的出现及其反映的问题谈一些自己的看法。

一、丝绸之路的开通与胡人抱扁壶俑的出现

汉武帝意欲联合大月氏断匈奴右臂，张骞以郎应募，于建元三年（前138）率众出使西域。一般意义上的"丝绸之路"就是以张骞出使西域作为开通标志，司马迁称之为"凿空"。汉武帝元朔二年（前127），张骞返回长安，带回了西域的相关信息。汉武帝元狩二年（前121）春，"遣骠骑将军霍去病出陇西，至皋兰，斩首八千余级"，同年"秋，匈奴昆邪王杀休屠王，并将其众合四万余人来降，置五属国以处之。以其地为武威、酒泉郡"[3]。又据《汉书·西域传》记载："汉兴至于孝武，事征四夷，广威德，而张骞始开西域之迹。其后骠骑将军击破匈奴右地，降浑邪、休屠王，遂空其地，始筑令居以西，初置酒泉郡，后稍发徙民充实之，分置武威、张掖、敦煌，列四郡，据两关焉。自贰师将军伐大宛之后，西域震惧，多遣使来贡献，汉使西域者益得职。于是自敦煌西至盐泽，往往起亭，而轮台、渠犁皆有田卒数百人，置使者校尉领护，以给使外国者。""自玉门、阳关出西域有两道。从鄯善傍南山北，波河西至莎车，为南道；南道西逾葱岭则出大月氏、安息。自车师前王廷随北山，波河西行至疏勒，为北道；北道西逾葱岭则出大宛、康居、奄蔡焉。"[4]

据《资治通鉴》卷二十六汉宣帝神爵二年（前60）记载："（郑）吉既破车师，降日逐，威震西域，遂并护车师以西北道，故号都护。都护之置，自吉始焉。"[5]《汉书·西域传》云："都护督察乌孙、康居诸外国动静，有变以闻。可安辑，安辑之；可击，击之。都护治乌垒城，去阳关二千七百三十八里。"颜师古注云："都犹总也，言总护南北之道。"[6] 汉元帝初元元年（前48），"置戊己校尉，屯田车师前王庭"[7]。"自宣、元后，单于称藩臣，西域服从，其土地山川王侯户数道里远近翔实矣。"[8] 随着西域的开通和汉代对西域的经略，汉王朝通往西域的道路变得越发畅通和安全起来。西域诸国使节不绝于路，熙来攘往。如甘肃敦煌悬泉置遗址发现大量与当时对外交流相关的汉简[9]，从中可以看到当时西汉至东汉王朝对外交流的盛况。其中有关西域使者的信息，证明了当时来自西域的使节不绝于路。从汉简内容来看，来自西域的使者是途经西汉王朝在河西地区设立的邮置（驿站）前往长安的。汉简中留下了招待使节的费用、招待人数等细节内容，从一个侧面反映了西汉王朝将天下赋税的1/3用于宾客（招待使节等）的真实性。据《晋书·索綝传》记载："汉天子即位一年而为陵，天下贡赋三分之，一供宗庙，一供宾客，一充山陵。"[10]

东汉灵帝时，灵帝及洛阳贵族皆尚胡风。据《后汉书·五行一》记载："灵帝好胡服、胡帐、胡床、胡坐、胡饭、胡空侯、胡笛、胡舞，京都贵戚皆竞为之。此服妖也。其后董卓多拥胡兵，填塞街衢，虏掠宫掖，发掘园陵。"[11] 董卓是陇西人，其所带胡兵多来自西域。结合《后汉书》上下文的记载可知，其中所载东汉末期"胡服、胡帐、胡床、胡坐、胡饭、胡空侯、胡笛、胡舞"，当指来自西域的服饰等，其中当然也包括匈奴等来自北方的胡人的物品。东汉晚期的灵帝好胡风，但这并不是突然形成的。长安地区新莽时期墓葬出土的胡人抱壶俑表明，这中间有一个逐渐熏染和盛行的过程，而其开始则应该在西汉时期。

与西汉王朝开通并经略西域、东汉灵帝好胡风这一历史背景相对应，在汉墓随葬品中也开始出现一些不同于以往的因素，其中的胡人抱壶俑则比较典型。如西安雅荷城市花园新莽时期M85出土的1件酱黄釉胡人俑（图1），其呈蹲坐式，头戴尖状胡帽，双膝之间置一带足酱黄釉扁壶，其上刻"宜子孙"字样[12]，其左衽的服饰表明了其胡人身份。西安草场坡东汉墓发现的绿釉胡人俑（图2），呈蹲坐式，头戴尖状胡帽，双膝之间置一带足绿釉扁壶，左手托一圆形杯，高9.5厘米。[13] 与草场坡东汉墓相似的绿釉陶俑，在西安汉城乡郭家村东汉墓发现1件（图3），高5厘米[14]。汉墓中出土的带釉胡人俑怀中所抱扁壶是当时的盛酒具"椑"[15]，其上所刻"宜子孙"含有祈福之意，这一点与文献记载相一致。如《汉书·食货志下》云："酒者，天之美禄，帝王所以颐养天下，享祀祈福，扶衰养疾。百礼之会，非酒不行。"[16] 扁壶作为盛酒具，在十六国时期仍然存在。如甘肃酒泉丁家闸五号十六国北凉墓葬绘有1幅乐舞图，其中绘制一几，几上置樽

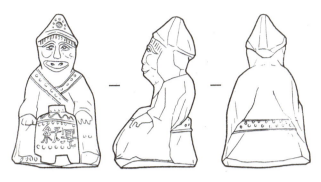

图1　西安雅荷城市花园新莽时期M85出土酱黄釉胡人俑线描图

图2　西安草场坡东汉墓出土绿釉胡人俑

图3　西安汉城乡郭家村东汉墓出土绿釉胡人俑

图4　甘肃酒泉丁家闸五号十六国北凉墓后室西壁上部壁画

图5　山东沂南汉墓门楣上的胡汉战争画像拓片

和勺，几下一侧则是盛酒的扁壶（图4）。[17]

这类胡人抱扁壶陶俑出现在西汉都城长安地区的墓葬中，其实并不奇怪，它们只是把当时流行的盛酒器与来到长安的胡人形象结合起来而已。西汉之时，随着张骞出使西域，人们对西域盛产葡萄及葡萄酒已经有了较为详细的了解，这些认识屡屡出现在各类文献中。据《史记·大宛列传》记载："宛左右以蒲陶为酒，富人藏酒至万余石，久者数十岁不败。俗嗜酒，马嗜苜蓿。汉使取其实来，于是天子始种苜蓿、蒲陶肥饶地。及天马多，外国使来众，则离宫别观旁尽种蒲萄、苜蓿极望。"[18]胡人抱扁壶俑皆头戴尖帽，说明头戴尖顶帽的形象是汉代对胡人的重要印象之一，如山东沂南汉墓门楣上的胡汉战争画像中的胡人也是头戴尖顶帽（图5）[19]。由此可见，长安地区新莽至东汉时期墓葬出土的胡人抱扁壶俑，是丝绸之路开通的必然结果，当时人以俑形象地表现了胡人与葡萄酒的关系，它的出现为唐代的胡人抱囊或抱鸭形壶俑奠定了基础，或者说开了先河。

二、唐代胡人抱囊或抱鸭形壶俑分类

在考古发掘的出土物和传世品中[20]，唐代陶瓷质地的胡人抱囊或抱鸭形壶俑为数不少。这里以其坐姿及坐具的不同分为四类：

第一类：身躯之下无坐具的胡人抱囊俑。

在陕西西安段伯阳夫妇合葬墓中出土了1件白瓷胡人抱囊俑，高23.5厘米（图6）。这件胡人抱囊俑之下，未见象征氍毹的台座等。段伯阳葬于龙朔元年（661），其夫人葬于乾封二年（667）[21]，说明这类俑的年代大约在7世纪后半叶。同类的白瓷俑在日本也有收藏，高35.9厘米（图7）[22]。这种下部无坐具的胡人抱囊壶俑怀中所抱者以囊袋为主，而这种囊在隋代的骆驼俑已经开始出现，挂于骑驼者身后驼峰之前（图8）[23]，充分说明囊是胡人随身携带的日常生活用品。

第二类：跪于氍毹之上的胡人抱囊俑。

美国西雅图美术馆收藏1件三彩胡人抱囊俑[24]，胡人头戴幞头，鹰钩鼻，大胡须，双手抱囊置于身躯右侧，双腿呈胡跪姿态，俑下有一象征氍毹的低矮台座（图9）。河南洛阳唐墓中也出土1件[25]，胡人头戴毡帽，鹰钩鼻，大胡须，双手抱皮囊于身躯右侧，双腿呈胡跪姿态，俑下有一象征氍毹的低矮台座（图10）。在一些器物上也装饰有此类胡人抱

图6 西安东郊唐乾封二年段伯阳墓出土白瓷胡人抱囊俑　　图7 日本藏白瓷胡人抱囊壶俑　　图8 隋代绿釉人物骑驼俑

图9 美国西雅图美术馆藏三彩胡人抱囊俑　　图10 河南洛阳唐墓出土胡人抱囊俑　　图11 西安东郊韩森寨唐墓出土玉带銙

囊形象，如西安东郊韩森寨唐墓出土的1件玉带銙[26]上，雕刻有胡人抱囊图像（图11）。其上的胡人胡跪于氍毹之上，脸上一侧雕刻出胡须，应为一男性。这种胡人抱囊俑或器物上装饰的胡人抱囊艺术形象，其胡跪姿态以及其身躯之下的氍毹，当是胡人生活方式的体现。

第三类：跪于莲花座上的胡人抱鸭形壶俑。

河南开封市博物馆收藏有1件三彩胡人抱鸭形壶俑，高26.5厘米[27]，胡人胡跪于圆形覆莲台座之上（图12）。同类器物在香港文化博物馆徐展堂中国艺术馆也收藏1件[28]。这类俑的底部台座略高于第二类，呈覆莲座样式，这应该是唐代工匠吸收佛教的莲花座后进行的艺术加工，其意义与前述的氍毹相同。

第四类：坐于筌蹄形坐具之上的胡人抱鸭形壶俑。

坐于筌蹄形坐具（或束帛藤座）之上的胡人抱鸭形壶俑发现的数量较多。如山西长治景云元年（710）李度墓出土的三彩抱鸭形壶俑，高34厘米[29]，胡人坐于筌蹄形坐具之上（图13）；湖北武昌M270出土的三彩抱鸭形壶俑，高31.8厘米[30]，胡人以半跏趺坐的姿态坐于较高的筌蹄形坐具之上（图14）；日本出光美术馆也收藏1件，肩披绿色披巾（图15）[31]。在陕西省考古研

图 12　河南开封市博物馆藏　图 13　山西长治景云元年李度墓出土三彩抱鸭形壶俑
　　　　三彩胡人抱鸭形壶俑

  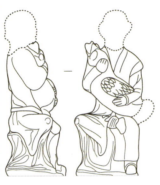

图 14　湖北武昌 M270 出土三彩抱鸭形壶俑及其线描图

图 15　日本藏三彩胡人抱鸭形壶俑　　图 16　陕西省考古研究院发掘的唐墓中出土三彩抱鸭形壶俑

究院发掘的1座唐墓中也出土1件（图16）[32]。这类坐于筌蹄形坐具之上的胡人抱鸭形壶俑，与前三类明显不同，显然是坐于较高坐具上等待斟酒的样式。与此同时，可以形象地看到，这些俑怀中所抱鸭形壶口中，都表现出一个来通形杯的杯口部分，反映了用这种鸭形壶斟酒时可能是借助来通进行的。

通过以上的分类可以看出：第一类和第二类较为相似，下部无坐具或者是较为低矮的象征氍毹之物，怀中所抱者皆为囊壶，胡人面部皆有胡须，性别为男性，姿态为胡跪；第三类既有与前两类相似的一面，如胡跪、下部的莲花座较为低矮，也有与第四类相似的一面，如怀抱鸭形壶、抱壶人物肩部有披巾等；第四类皆为三彩器，均坐于筌蹄形坐具之上，坐具明显较前三类增高，怀中所抱者皆为鸭形壶，抱壶人物肩部皆有披巾。从分类也可以看出，胡人抱囊或抱鸭形壶俑在年代上也有先后顺序：第一类年代较早，且以陶瓷质地为主；第二类中开始出现三彩抱囊俑，应该晚于第二类，但怀中仍抱囊，说明第一类和第二类虽然在年代上有早晚，但应该很接近；第三类又晚于第二类而早于第四类，而且莲花座也见于西安南郊缪家寨唐王元忠夫妇墓出土的三彩玩具胡人抱囊俑[33]，说明其年代在8世纪初至8世纪中叶；第四类的形象较为统一，年代上晚于第三类。总的来看，前两类的年代大约在唐初至8世纪初；而后两类不仅在坐具中出现了莲花座、筌蹄形坐具，而且皆为三彩、怀抱鸭形壶，目前这类俑的发现表明，其流行年代大约在8世纪初至8世纪中叶。

胡人抱囊或抱鸭形壶俑的坐具，存在一个从无到有的发展过程，而坐具本身也有一个逐渐增高的过程，这与唐代社会生活中坐具逐渐增高的发展过程相一致。如西安东郊王家坟M90出土的三彩坐姿女俑（图17）[34]、西安白家口出土三彩坐姿女俑（图18）[35]、西安南里王村唐墓（M36）出土汉白玉女俑（图19）[36]等。墓葬壁画中也绘制有坐于筌蹄形坐具之上的女性形象，如唐开元二十九年（741）让皇帝李宪惠陵墓室东壁的乐舞图中，绘有坐于筌蹄形坐具上欣赏乐舞的女性形象[37]。新发现的唐开元二十九年薛柔顺墓壁画中，也绘制有类似的坐于筌蹄形坐具和椅子上的女性形象。由于这些墓葬年代准确，不仅为这类坐俑的流行年代提供了参考，也验证了笔者对胡人抱囊或抱鸭形壶俑年代的推断。坐具从氍毹到筌蹄形坐具，反映了来华胡人逐

图17　西安王家坟唐墓出土三彩坐姿女俑　　图18　西安白家口出土三彩坐姿女俑　　图19　西安南里王村唐墓（M36）出土汉白玉女俑

渐适应唐代社会生活习惯的过程，这一适应过程实际上也是其生活习惯逐渐华化的过程。值得注意的是，一部分俑的姿态呈单腿跪地的胡跪姿态，这种跪姿也称为互跪[38]，以这种姿态来表现胡人，是为了与汉人双膝着地的长跪相区别，从而强调其胡人身份。

从胡人抱囊或抱鸭形壶俑的分类和年代顺序来看，其形象的不同是时代发展的结果，但其造型设计所表现出的一致性，则反映了其所要表现的主题是一致的。

三、唐代胡人抱囊或抱鸭形壶俑所反映的问题

相较于汉代的胡人抱扁壶俑，唐代陶瓷质地的胡人抱壶俑数量明显增多，并且成为当时东西方文化交流的一个缩影和真实写照。关于这一点，葛承雍先生通过丰富的文献资料和图像资料相对比，对唐代胡人抱囊或抱鸭形壶俑与"胡人岁献葡萄酒"的关系有过精彩的论述[39]。虽然人们普遍认为这种胡人抱囊或抱鸭形壶俑中的囊或者鸭形壶是盛酒用器，但其证据是什么呢？目前尚没有专门的论述，人们所言其为酒具，也多凭陶瓷俑怀中所抱持器物的外观或者研究者的主观印象，因此对其进行论证就显得有一定的必要性。

笔者在拜读前人论著的同时，发现了1件非常有趣的三彩杯盘（图20）[40]，它出土于河南孟津朝阳乡周寨村唐墓，盘径24.5厘米、通高11.5厘米。盘分两层，下面的盘平底，在其周围放置有6个碗形杯，下盘中央放置1件高足盘，高足盘上放置1件带环形把的酒杯，带把杯被认为是用于饮葡萄酒的，或至少是饮酒的杯子。在带把酒杯之旁还放置1件胡人三彩俑，其怀中抱一物，人们以往认为其怀中所抱者是皮囊状壶。但笔者通过仔细观察，发现所谓的皮囊状壶一侧装饰有硕大的羽翼，囊口略偏下方有鸟喙和眼睛，鸟喙上部衔着一个斜口、上大下小的杯状物，颇有来通形杯的意匠。显然，三彩胡俑怀中所抱者为鸭形壶，而不是所谓的皮囊状壶。将整个杯盘综合起来分析，可以这样认为：首先，杯盘是一组酒具无疑，它是墓内设奠的丧葬习俗的反映。这种放置酒具的杯盘，在南北朝至隋唐墓葬中均有发现，如河北赞皇东魏李希宗墓（图21）[41]和甘肃天祝武则天天授二年（691）慕容智墓（图22）[42]都有出土，而且它们都是实用的酒器。其次，将胡人抱鸭形壶与诸多酒杯放在一起，所表现的应该是其斟酒或等待斟酒的瞬间形象。这组杯盘的组合方式，不仅能够充分证明这种胡人俑怀中所抱的囊或者鸭形壶，就是用来盛酒的酒具，而且能够反映唐代这类胡人俑应该表现的是宴会中的侍者形象，是唐代工匠通过俑来表现胡人的生活习惯和生活特点。如西安发现的唐代玉带銙上就装饰

图20 河南孟津朝阳乡周寨村唐墓出土三彩杯盘

图21 河北赞皇东魏李希宗墓出土放置酒具的杯盘

图22 甘肃武威天祝吐谷浑慕容智墓出土漆盘和银扣漆碗

有胡人抱囊壶斟酒的形象（图23），胡人胡跪于方形氍毹之上，正在从囊中往杯中倒酒[43]。这一图像表现了胡人抱囊或抱壶斟酒的瞬间形象。河南孟津朝阳乡周寨村唐墓出土的这组三彩杯盘的意义在于，它明确了前面四类胡人抱囊或抱鸭形壶俑所表现的主题是胡人来华后的生活场景的特写，其上胡人的身份是宴会中的斟酒侍者。

从这类胡人俑的发型和面部特征来看，它们有两种形象：一种带有胡须，另一种是头梳双鬟，发鬟垂于面部两侧。前者容易辨认，显然是男性；后者的发鬟在胡人俑中男女皆有，与古代的黄发垂髫相类似，应该表现的是胡人少女或者年轻男性。但目前所见胡人抱鸭形壶俑等的肩部皆覆搭披巾，而肩部覆搭披巾不仅是唐代女性常见的装扮，更是一种性别标识，如唐懿德太子墓石椁线刻、墓室壁画中的侍女（图24），无不在肩部覆搭披巾[44]，这说明抱鸭形壶者是胡人女性形象。由此可见，这类胡人俑的人物性别，从最初（唐初至7世纪后半叶）的男性为主逐渐变为女性为主，说明斟酒的侍者变为以年轻女性为主，而这一变化大约发生在8世纪初。生活在8世纪前半叶的李白的诗歌中已有生动描述，如《前有一樽酒行二首》之二云："琴奏龙门之绿桐，玉壶美酒清若空。催弦拂柱与君饮，看朱成碧颜始红。胡姬貌如花，当垆笑春风。笑春风，舞罗衣，君今不醉将（一作欲）安归。"[45]李白诗歌中的胡姬酒肆大概用的就是这种斟酒方式。从

图23 西安发现的唐代玉带銙

图24 唐懿德太子墓前室西壁仕女图

另外一个角度讲,生活在开元盛世的李白,其诗歌具有强大的影响力,它的流传对于这一类写实性较强的胡人俑的流行,从某种程度而言应该有推动作用,至少是不可忽视的。

元稹也有类似的描绘胡女卖酒与伴客的诗歌,如其《和李校书新题乐府十二首·西凉伎》云:"吾闻昔日西凉州,人烟扑地桑柘稠。蒲萄酒熟恣行乐,红艳青旗朱粉楼。楼下当垆称卓女,楼头伴客名莫愁。乡人不识离别苦,更卒多为沉滞游。哥舒开府设高宴,八珍九酝当前头。前头百戏竞撩乱,丸剑跳踯霜雪浮。狮子摇光毛彩竖,胡腾醉舞筋骨柔。大宛来献赤汗马,赞普亦奉翠茸裘。一朝燕贼乱中国,河湟没尽空遗丘。"[46] 诗歌中的"楼下当垆称卓女,楼头伴客名莫愁",应该就是笔者前文所云的斟酒侍者,诗歌所描绘者可与实物大体对应。

那么,为什么胡人抱囊俑等都采用胡跪的姿态呢?这也是个颇为有趣的问题。笔者以为,这应该是对来华胡人生活的写照。胡人喜欢坐于榻上或氍毹之上饮酒,如陕西泾阳石刘村M318中绘制的胡人宴饮图像[47],就是其生活习惯的写照。胡跪姿态既是其生活习惯的反映,也给当时人留下了深刻的印象,成为胡人的身份标志之一,以示与唐人的区别。所以,唐代工匠或艺术家以胡跪姿态表现其斟酒的样子,是对其生活习惯的艺术化表现。

与此同时,还应该看到,胡人抱鸭形壶坐于筌蹄形坐具之上的形象,是随着唐代坐具的逐渐增高而出现的一种胡人抱壶俑的新形象,也可以说是胡人生活华化的反映。正如前文所述,大约从8世纪初开始,唐代的汉人女性开始出现坐于筌蹄形坐具的形象,她们均头束高髻,不是悠闲地坐着,就是在把镜化妆。正是这一新型坐具的流行,深刻影响了胡人的生活习惯,其起居方式也随之发生了一些变化。三彩俑中为数不少的坐于筌蹄形坐具之上的胡女抱鸭形壶俑就是鲜活的例证。

胡人喜饮葡萄酒不仅是汉代人的印象,也是唐代人的印象。只是到了唐代之时,人们对于胡人喜饮葡萄酒的印象更加明晰。在唐长安地区出土的一些玉带銙上,往往装饰有胡人载歌载舞、欢快饮酒的场景,应该就是李白诗歌"笑春风,舞罗衣,君今不醉将安归"的图像表现。图像艺术与李白诗歌的歌咏,两者相互呼应。而在唐墓壁画中所表现的侍女形象,往往被绘成站立或做行走状,手提或者怀抱胡瓶,如陕西富平唐房陵大长公主墓前室东壁及后室北壁绘制的侍女图像(图25、图26)[48]、陕西乾县章怀太子墓壁画中绘制的抱胡瓶侍女图像(图27)[49]等,它们与胡跪姿态的胡人抱囊壶或坐于筌蹄形坐具之上的胡人抱鸭形壶俑形成鲜明对比。宴饮场景的表现也有所不同,如西安长安区南里王村唐墓壁画中的宴饮图(图28)真实地反映了盛唐时期唐人的宴饮场景[50],与前文所云的泾阳石刘村M318的胡人宴饮图形成鲜明对比。两种不同的艺术形象,分别对应胡人的生活习惯与唐代中国人的生

图25 陕西富平唐房陵大长公主墓前室东壁侍女图像

图26 陕西富平唐房陵大长公主墓后室北壁侍女图像

图27 陕西乾县章怀太子墓壁画中的抱胡瓶侍女图像

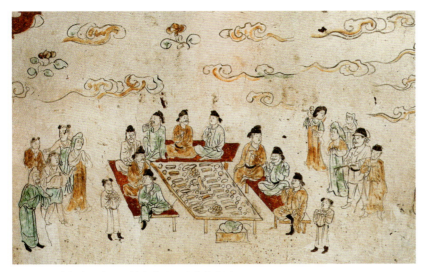

图 28　西安长安区南里王村唐墓壁画中的宴饮图

图 29　河南洛阳出土胡商陶俑

图 30　河南洛阳唐墓出土黄绿釉胡人手执胡瓶立俑

图 31　辽宁朝阳唐永徽六年孙则墓出土胡人手执胡瓶立俑

活习惯，反映了两者之间的差异。由此可见，抱囊或者鸭形壶的胡人俑，应该是对胡人生活习惯的反映。

与抱囊或抱鸭形壶胡人俑形象完全不同者，还有负囊手提胡瓶行走的胡人俑（图29）[51]，它们反映的则是胡人所从事职业的特点。这类俑在唐代长安、洛阳两京地区等地的唐墓中多有出土，可见当时不同地区的人们对胡人的印象基本是一致的，也说明以粟特人为主的胡人入华之后的生产经营活动，主要是经商与开酒肆等，而经商和开酒肆都是可通过艺术形象表现的。当然了，他们也从事一些艺术形象无法表达的生产经营活动。如果说胡人抱囊或抱鸭形壶俑反映了其生活方式，那么背负包袱手提胡瓶的胡人俑，则反映了其善于经商的职业特点。

还有一类胡人俑较有特点，它们与前述胡人俑的姿态不同，多呈持胡瓶的直立状，如河南洛阳唐墓出土的黄绿釉胡人手执胡瓶立俑（图30）[52]、辽宁朝阳唐永徽六年（655）孙则墓出土的胡人手执胡瓶立俑（图31）[53]等。葛承雍先生敏锐地发现了这类陶俑有一个共同特征，那就是其站立不动的样子，并认为它们所表现的可能是"细脚胡"[54]。但从其僵硬的直立姿态以及手执胡瓶来看，其所表现的似乎也是斟酒侍者形象，与前述四类胡人抱囊或抱鸭形壶俑较为一致，其手中所持胡瓶应该是用于斟酒的酒具。其身躯僵直的姿态，似乎表现的是其规规矩矩地站在主人身旁等待主人的呼唤，其身份更可能是胡人家中的仆侍。这类胡人俑所表现的是胡人日常生活中仆侍在等待为主人斟酒的形象。

总而言之，背负行囊持胡瓶做行走状的胡人俑，表现的是其职业特点，即他们善于经商，行走于天南地北[55]，其意义与载物骆驼俑所表现的主题是一致的。而胡人抱囊或抱鸭形壶的形象则是胡人在长安、洛阳等地生活特点和生活习惯的真实表现，也是胡人嗜葡萄酒的反映，所以在唐代的陶俑及图像中，胡人抱囊或抱鸭形壶俑与胡人饮酒形象屡屡出现。而胡人怀中所抱的盛酒器，也逐渐从囊变成符合唐人审美观的动物形酒具。但如果对胡人抱囊或抱鸭形壶俑追根溯源的话，正如前文所述，其最初的形象出现在汉代。汉唐时期的胡人抱壶俑之间存在内在的承袭关系，这深刻地反映了自张骞"凿空"之后，丝绸之路开通并逐渐变得畅通起来，但不同时代的入华胡人不论其生业方式、经营活动及生活方式等都有极为相似的一面，从而使得汉唐时期人们所制作的胡人抱壶俑之间具有较强的相似性，不同时代的抱壶俑之间的差异也只是因时代不同而抱持的器物有所不同，胡人抱壶的设计思想则变化不大，只是其造型更加丰富多彩了。

四、关于胡人抱鸭形壶俑中的鸭形壶

动物形象的容器，在考古发掘中多有发现，如商周时期就出现了各种动物形象的尊等。秦汉之时，各种动物形器物也有不少发现，比较常见的有雁形灯、牛形灯等。唐代动物形器物造型也为数不少，如河南新安十里村唐墓发现的三彩鸳鸯形壶（长29厘米，高13.5厘米）（图32）[56]、宁夏西吉县发现的铜骆驼壶（以骆驼为模型制作而成，长10.5厘

图32 河南新安十里村唐墓出土三彩鸳鸯形壶　图33 宁夏西吉县出土铜骆驼壶　图34 河北井陉出土白瓷双鱼四系背壶　图35 西安月登阁唐墓出土三彩来通形杯

米，宽4.7厘米，高6.7厘米）（图33）[57]。而最为人们所熟悉的则是各类质地的双鱼壶，如河北井陉出土的白瓷双鱼四系背壶（图34）[58]。就目前的考古发现而言，除鸳鸯形壶之外，虽然其他动物造型的容器都与抱鸭形壶的差异较大，但其动物造型本身对鸭形壶的影响则显然是存在的。

不仅如此，吐蕃金银器中的鹅形器的影响也不可忽视。据文献记载，吐蕃向唐王朝贡献的金银器有可以盛酒的金鹅。如《册府元龟》卷九七〇《外臣部·朝贡三》记载，唐贞观二十年（646），太宗伐辽东还，吐蕃遣使节禄东赞来贺，奉表称"夫鹅犹雁也，故作金鹅奉献"，"其鹅黄金铸成，高七尺，中可实酒三斛"[59]。又据《旧唐书·吐蕃传》记载，唐开元十七年（729）吐蕃赞普向唐朝献"金胡瓶一、金盘一、金碗一、马脑杯一"，金城公主"又别进金鹅盘盏杂器物等"[60]。

就目前所知的文献和考古资料而言，吐蕃贡献的金鹅与鸭形壶之间的关系最为直接，两者不仅形象接近，而且皆为酒具。由于器物造型中的鸭与鹅有时候不好区分，以前所认为的胡人俑怀中所抱者，不一定就是鸭形壶，也存在鹅形壶的可能性，这种俑似乎也可以被称为"胡人抱鹅形壶俑"[61]。这说明，唐代工匠在继承传统的动物形器物造型（如鸳鸯形壶等）的同时，可能也吸收和借鉴了吐蕃所贡献的金鹅形容器的造型。或者说，胡人俑怀中所抱持的鸭形壶，也可能与吐蕃贡献的金鹅、金鹅盘有着某种联系。如果是这样的话，那么说明唐代工匠或艺术家将吐蕃贡献的鹅形酒具与胡人联系在一起。这不仅说明唐代工匠善于吸收和融合，更反映了吐蕃作为中华民族的组成部分，曾经也为唐代文化做出过贡献。

五、关于西安月登阁唐墓出土三彩来通形杯的解读

近年来，在西安东郊月登阁唐墓出土了1件三彩来通形杯（图35）[62]，葛承雍先生对其进行了详细论证，认为其上装饰的头戴尖顶帽的人物是特里同[63]。这件三彩来通形杯的造型和装饰，与以往发现的三彩来通形杯相比较，不仅造型较为奇特，而且是目前所见同类器物中最为精美的。这件三彩来通形杯的独特之处主要表现在：在杯口上部添加了一个抱囊、头戴尖顶帽的胡人形象。从前面的论述来看，胡人抱囊或抱鸭形壶俑是其生活习惯的反映，也是其斟酒侍者身份的反映。而这件三彩来通形杯，显然是将胡人抱囊形象与来通形杯巧妙地结合在了一起。这种结合反映了三个方面的问题：

一是将胡人抱囊形象添加到了来通形杯的口沿部位，反映了来通形杯与胡人之间的关系，是胡人抱囊和仿制的来通形杯的完美结合；又从胡人抱囊或抱鸭形壶俑的出土地域遍及陕西、河南、山西、湖北等地来看，反映了唐代工匠对胡人抱囊或抱鸭形壶的形象能够娴熟地表现，将其装饰于来通形三彩杯口沿之上，似乎不是什么难事。二是将唐代常见的胡人抱囊形象装饰到来通形杯的口沿侧面，更加形象地表现了胡人斟酒侍者正在往来通形杯斟酒的样子，是胡人生活习惯和生活特点的反映，与前述胡人抱囊或抱鸭形壶所表现的主题相一致。三是将胡人抱囊形象与来通形杯完美地结合在一起，使之成为具有强烈艺术感的新器形，反映了唐代工匠善于吸收、融合与创新。这类例子在唐代器物中不胜枚举。

总而言之，月登阁唐墓出土的三彩来通形杯，是前无古人的新器形，它是将胡人抱囊形象与来通形

杯完美结合的产物，不仅体现了唐代工匠的巧思和善于创新，更是唐代社会开放和包容的象征。

六、胡人抱囊或抱鸭形壶俑形象的扩展

令人惊讶的是，在河南巩义黄冶窑址及唐长安城醴泉坊遗址出土的一些小件三彩器物中，竟然出现了胡人抱囊、胡人抱鸭形壶、猴子抱囊袋、猴子抱鸭形壶等造型的三彩俑，它们与前述四类胡人抱囊或抱鸭形壶俑相比较，一般较小且低矮，属于玩具之列。例如，唐长安城醴泉坊唐三彩窑址出土的三彩胡人抱鸭形壶俑（高6.5厘米）（图36）[64]，河南巩义黄冶窑遗址出土的素烧胡人抱囊俑（高6.4厘米）（图37）[65]、三彩胡人抱囊俑（高6.5厘米）（图38）[66]、三彩猴子抱鸭形壶俑（高8厘米）（图39）[67]，等等。此外，河南巩义黄冶窑遗址还出土了一些呈胡跪姿态的抱宠物的胡人俑（图40）[68]。尤其珍贵的是西安南郊缪家寨唐王元忠夫妇墓出土的3件胡人抱囊俑玩具[69]。其中2件（图41、图42）形制基本一致，胡人散发披肩，斜披络腋，怀中抱囊，胡跪于台座之上，高5.7~5.9厘米；另外1件（图43）头发分梳而披肩，身着左衽短袖外衣，怀中抱囊，胡跪于莲花座上，高6厘米。这座墓葬有纪年，王元忠葬于唐中宗景龙三年（709），其夫人辛氏葬于唐玄宗开元十一年（723），可知这类玩具俑大体流行于8世纪初至8世纪中叶，即唐中宗至唐玄宗时期。

这些玩具俑显然模仿自胡人抱囊或抱鸭形壶俑，可以视为胡人抱囊或抱鸭形壶俑形象的扩展，说明这种造型为唐人所喜爱并被广泛运用。这种现象的发生有着深刻的历史背景，是唐代社会特别是盛唐社会对外部世界开放和包容的反映；而且其造型那么自然，充分说明唐代社会的开放和包容不是刻意而为，它已经生活化、常态化。

图36　唐长安城醴泉坊遗址出土三彩胡人抱鸭形壶俑

图37　河南巩义黄冶窑遗址出土素烧胡人抱囊俑

图38　河南巩义黄冶窑遗址出土三彩胡人抱囊俑

图39　河南巩义黄冶窑遗址出土三彩猴子抱鸭形壶俑

图40　河南巩义黄冶窑遗址出土三彩胡人抱宠物俑

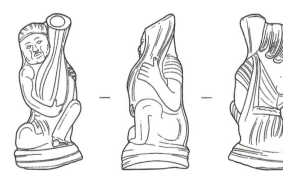
图41　西安南郊缪家寨唐王元忠夫妇墓出土胡人抱囊俑之一线描图

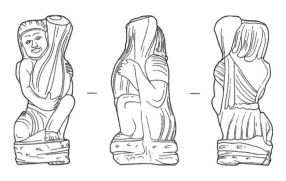

图 42　西安南郊缪家寨唐王元忠夫妇墓出土胡人抱囊俑之二线描图

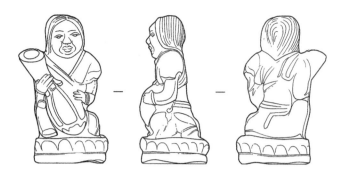

图 43　西安南郊缪家寨唐王元忠夫妇墓出土胡人抱囊俑之三线描图

结语

在隋唐时期的一些较为特殊的载体（如石椁等）上，往往以大幅画面的艺术形式表现以粟特人为主的胡人的宗教信仰、生活方式、往来于丝绸之路的过程等内容。而唐代胡人俑中的胡人抱囊或抱鸭形壶俑等，则通过一个瞬间艺术形象反映了胡人的生活习惯、生活特点、职业特点等，是胡人在中国生活情形的形象再现，也是丝绸之路的缩影和真实写照，还是唐代社会开放和包容的反映。王维的"九天阊阖开宫殿，万国衣冠拜冕旒"[70]、鲍防的"天马常衔苜蓿花，胡人岁献葡萄酒"[71]等，皆以优美的诗歌意境描绘出了盛唐时期社会的开放和包容，而胡人抱囊或抱鸭形壶俑等则是唐代社会和文化的开放性和包容性的形象表现。即使在今天看来，它们也不失为精美的艺术珍品，更成为文化交流的象征和符号。

参考资料

[1]（晋）葛洪撰，周天游校注：《西京杂记校注》，中华书局，2020年，第20页。

[2] 葛承雍：《"胡人岁献葡萄酒"的艺术考古与文物印证》，《故宫博物院院刊》2008年第6期；又见氏著《绿眼紫髯胡：胡俑卷》，生活·读书·新知三联书店，2020年，第49—73页。

[3]（汉）班固撰，（唐）颜师古注：《汉书》，中华书局，1962年，第176—177页。

[4]（汉）班固撰，（唐）颜师古注：《汉书》，中华书局，1962年，第3872、3873页。

[5]（宋）司马光编著，（元）胡三省音注：《资治通鉴》，中华书局，1956年，第859—860页。关于西域都护府的设立年代，还有地节二年（前68）和神爵三年（前59）之说，《资治通鉴》认为其有误而未采。

[6]（汉）班固撰，（唐）颜师古注：《汉书》，中华书局，1962年，第3874页。

[7]（汉）班固撰，（唐）颜师古注：《汉书》，中华书局，1962年，第3874页；（宋）司马光编著，（元）胡三省音注：《资治通鉴》，中华书局，1956年，第896页。

[8]（汉）班固撰，（唐）颜师古注：《汉书》，中华书局，1962年，第3874页。

[9] 甘肃省文物考古研究所：《甘肃敦煌汉代悬泉置遗址发掘简报》，《文物》2000年第5期。

[10] （唐）房玄龄等：《晋书》，中华书局，1974年，第1651页。

[11] （宋）范晔撰，（唐）李贤等注：《后汉书》，中华书局，1965年，第3272页。

[12] 西安市文物保护考古所、郑州大学考古专业：《长安汉墓》（上册），陕西人民出版社，2004年，第315—317页。

[13] 西安市文物保护考古研究院：《西安文物精华·陶俑》，世界图书出版公司，2014年，第34页，图版44。

[14] 冀东山主编《神韵与辉煌——陕西历史博物馆国宝鉴赏：陶俑卷》，三秦出版社，2006年，第55页，图版27。

[15] 孙机：《汉代物质文化资料图说》，文物出版社，1991年，第319—321页。

[16] （汉）班固撰，（唐）颜师古注：《汉书》，中华书局，1962年，第1182页。

[17] 甘肃省文物考古研究所编《酒泉十六国墓壁画》，文物出版社，1989年。金维诺总主编《中国美术全集·墓室壁画（一）》，黄山书社，2009年，第172—173页。

[18] （汉）司马迁：《史记》，中华书局，1959年，第3173—3174页。

[19] 中国画像石全集编辑委员编《中国画像石全集》第一卷《山东汉画像石》，山东美术出版社、河南美术出版社，2000年，第132—133页，图版179—181，说明文字参见59。

[20] 关于传世的胡人抱囊或抱壶俑，葛承雍先生的《"胡人岁献葡萄酒"的艺术考古与文物印证》一文中所有收录可以参考，本文所列以考古发掘的出土物为主。参见葛承雍：《"胡人岁献葡萄酒"的艺术考古与文物印证》，《故宫博物院院刊》2008年第6期；又见氏著《绿眼紫髯胡：胡俑卷》，生活·读书·新知三联书店，2020年，第44—73页。

[21] 冀东山主编《神韵与辉煌——陕西历史博物馆国宝鉴赏·陶瓷器卷》，三秦出版社，2006年，第84页；杨维娟：《唐殷伯阳墓相关问题探讨》，《文博》2013年第5期。

[22] 出光美術館：《シルクロードの宝物——草原の道·海の道》，出光美術館，2001年，第25页，图版9，说明文字参见第158页。

[23] 出光美術館：《シルクロードの宝物——草原の道·海の道》，出光美術館，2001年，第25页，图版7，说明文字参见第158页。

[24] 葛承雍：《"胡人岁献葡萄酒"的艺术考古与文物印证》，《故宫博物院院刊》2008年第6期；又见氏著《绿眼紫髯胡：胡俑卷》，生活·读书·新知三联书店，2020年，第63页。

[25] 葛承雍：《"胡人岁献葡萄酒"的艺术考古与文物印证》，《故宫博物院院刊》2008年第6期；又见氏著《绿眼紫髯胡：胡俑卷》，生活·读书·新知三联书店，2020年，第62页。

[26] 刘云辉编《北周隋唐京畿玉器》，重庆出版社，2000年，第70页，图版105—106。

[27] 郑州市文物考古研究所：《河南唐三彩与唐青花》，科学出版社，2006年，第222页，图版287。

[28] 葛承雍：《"胡人岁献葡萄酒"的艺术考古与文物印证》，《故宫博物院院刊》2008年第6期；又见氏著《绿眼紫髯胡：胡俑卷》，生活·读书·新知三联书店，2020年，第67页。

[29] 长治市博物馆：《长治市西郊唐代李度、宋嘉进墓》，《文物》1989年第6期。

[30] 湖北省文物考古研究所、湖北省博物馆、北京大学考古文博学院：《武昌隋唐墓》（全2册），上海古籍出版社，2021年，第65页，图版五二之一。

[31] 出光美術館：《シルクロードの宝物——草原の道·海の道》，出光美術館，2001年，第25页，图版7，说明文字参见第158页。

[32] 陕西省考古研究院刘呆运、邢福来先生见告并提供图片。

[33] 郑州大学历史学院、西安市文物保护考古研究院：《西安南郊缪家寨唐王元忠夫妇墓发掘简报》，《文物》2022年第10期。该墓为合葬墓，王元忠葬于唐景龙三年（709），王元忠夫人辛氏葬于唐开元十一年（723）。

[34] 冀东山主编《神韵与辉煌——陕西历史博物馆国宝鉴赏·陶俑卷》，三秦出版社，2006年，第96—97页，图版61；（日）齋藤龍一编《大唐王朝 女性の美》，中日新闻社，2004年，第80—81页，图版39。

[35] 中国历史博物馆：《中国历史博物馆——华夏文明史图鉴》（第四卷），朝华出版社，2002年，第199页，图版202。

[36] 刘云辉：《北周隋唐京畿玉器》，重庆出版社，2000年，第35页，图38。

[37] 陕西省考古研究所：《唐李宪墓发掘报告》，科学出版社，2005年，第150—155页。唐玄宗天宝元年（742）李宪夫人元氏被追谥为恭皇后，祔葬于李宪惠陵。

[38] 胡人下跪之时，一般先跪一腿，接着换跪另一腿，互相替换着跪，所以也称为互跪。而胡跪则是指其跪姿为胡人所特有，强调的是什么人这样跪。这与互跪强调下跪时膝盖着地的先后顺序并不矛盾，也即两个名称所表达的侧重点不同。

[39] 葛承雍：《"胡人岁献葡萄酒"的艺术考古与文物印证》，《故宫博物院院刊》2008年第6期；又见氏著《绿眼紫髯胡：胡俑卷》，生活·读书·新知三联书店，2020年，第49—73页。

[40] （日）東京国立博物館、NHK、NHKプロモーション编《宮廷の栄華——唐の女帝·則天武后とその時代展》，NHK、NHKプロモーション，1998年，第52页，图版33；王绣主编《洛阳文物精粹》，河南美术出版社，2001年，第196页，图版49。

[41] 石家庄地区革委会文化局文物发掘组：《河北赞皇东魏李希宗墓》，《考古》1977年第6期；河北省文物研究所：《河北考古重要发现（1949—2009）》，科学出版社，2011年，第239页。

[42] 甘肃省文物考古研究所、武威市文物考古研究所、天祝藏族自治县博物馆：《甘肃武周时期吐谷浑喜王慕容智墓发掘简报》，《考古与文物》2021年第2期。

[43] 刘云辉：《北周隋唐京畿玉器》，重庆出版社，2000年，第56—57页，图版76。

[44] 陕西省考古研究院、乾陵博物馆：《唐懿德太子墓发掘报告》，科学出版社，2016年，第159页。

[45] 《全唐诗》（上册），上海古籍出版社，1986年，第384页。

[46] 《全唐诗》（上册），上海古籍出版社，1986年，第1024—1025页。

[47] 刘呆运、赵海燕：《陕西泾阳石刘村M318出土"胡人宴饮图"探析》，《故宫博物院院刊》2022年第8期；葛承雍：《新出中古墓葬壁画中的下层胡人艺术形象》，《故宫博物院院刊》2022年第8期。

[48] 陕西历史博物馆：《唐墓壁画珍品》，三秦出版社，2011年，第24、30页，图版18、24。

[49] 乾陵博物馆、乾陵旅游开发有限责任公司：《中国乾陵文物精华》，陕西旅游出版社，出版时间不详，图版26。

[50] 赵力光、王九刚：《长安县南里王村唐壁画墓》，《文博》1989年第4期；《中国墓室壁画全集》编辑委员会编《中国墓室壁画全集》第二卷《隋唐五代》，河北教育出版社，2011年，第127页，图版141。

[51] 乾陵博物馆编《丝路胡人外来风——唐代胡俑展》，文物出版社，2008年，第68页；葛承雍：《唐代胡商形象俑研究》，载《绿眼紫髯胡：胡俑卷》，生活·读书·新知三联书店，2020年，第77—79页。

[52] 乾陵博物馆编《丝路胡人外来风——唐代胡俑展》，文物出版社，2008年，第70页。

[53] 辽宁省文物考古研究所、（日）日本奈良文化财研究所：《朝阳隋唐墓葬发现与研究》，科学出版社，2012年，第7—18页，图版八之一。

[54] 葛承雍：《唐代胡商形象俑研究》，载《绿眼紫髯胡：胡俑卷》，生活·读书·新知三联书店，2020年，第77—79页。

[55] 葛承雍：《唐代胡商形象俑研究》，载《绿眼紫髯胡：胡俑卷》，生活·读书·新知三联书店，2020年，第77—79页。

[56] 孙英民主编《河南博物院：精品与陈列》，大象出版社，2000年，第80页，图版65。

[57] 李进增、陈永耘：《丝绸之路——大西北遗珍》，文物出版社，2017年，第118页，图版103。

[58] 张柏编《中国出土瓷器全集》3《河北》，科学出版社，2008年，第53页，图版53。

[59] （宋）王钦若等：《册府元龟》，中华书局，1989年，第3845页。

[60] （后晋）刘昫等：《旧唐书》，中华书局，1974年，第5231页。

[61] 葛承雍：《"胡人岁献葡萄酒"的艺术考古与文物印证》，《故宫博物院院刊》2008年第6期；又见氏著《绿眼紫髯胡：胡俑卷》，生活·读书·新知三联书店，2020年，第49—73页。在一些考古发掘报告中，也开始称之为"抱鹅女坐俑"，如《武昌隋唐墓》（上册）（上海古籍出版社，2021年，第64—65页）。

[62] 文中插图系西安博物院王自力先生提供。

[63] 葛承雍：《从爱琴海到唐长安——新发现唐三彩希腊海神特里同造型角杯研究》，《文物》2023年第8期。

[64] 陕西省考古研究院：《醴泉坊遗址2001年发掘报告》，陕西科学技术出版社，2014年，第73页，彩版二。

[65] 河南省文物考古研究院、中国文化遗产研究院、日本奈良文化财研究所：《巩义黄冶窑》（全2册），科学出版社，2016年，第127页，彩版八六之5。

[66] 郑州市文物考古研究所：《河南唐三彩与唐青花》，科学出版社，2006年，第393页，图版522。

[67] 河南省文物考古研究院、中国文化遗产研究院、日本奈良文化财研究所：《巩义黄冶窑》（全2册），科学出版社，2016年，第249—250页，彩版二一二之5。

[68] 河南省文物考古研究院、中国文化遗产研究院、日本奈良文化财研究所：《巩义黄冶窑》（全2册），科学出版社，2016年，第247—248页，彩版二〇九之4、5。

[69] 郑州大学历史学院、西安市文物保护考古研究院：《西安南郊缪家寨唐王元忠夫妇墓发掘简报》，《文物》2022年第10期。

[70] 《全唐诗》，上海古籍出版社，1986年，第297页。

[71] 鲍防《杂感》诗云："汉家海内承平久，万国戎王皆稽首。天马常衔苜蓿花，胡人岁献葡萄酒。五月荔枝初破颜，朝离象郡夕函关。雁飞不到桂阳岭，马走先过林邑山。甘泉御果垂仙阁，日暮无人香自落。远物皆重近皆轻，鸡虽有德不如鹤。"虽然诗中有讽刺意义，但其前半阕则形象地描绘了盛唐时期社会的开放和包容。参见《全唐诗》，上海古籍出版社，1986年，第771页。

Hu Figurines on the Silk Road
——Exploration of Hu Figurines in Tang Dynasty Holding Bags or Duck-shaped Teapots and Related Issues

Ran Wanli
(School of Cultural Heritage, Northwest University, China)

Abstract: Of the many Hu figurines on the Silk Road in terms of quantities and types, the Hu figurines holding bags or duck-shaped teapots of Tang Dynasty are the most distinctive. Categorizing Hu figurines holding bags or duck-shaped teapots and exploring their development and evolution, as well as the era in which they became popular, this article also speculates on their identity, suggesting that they were serving as drink servers at the dinner parties of the Hu people. On this basis, this article also discusses issues such as the duck-shaped teapot, the tri-colored rhyton-shaped cup unearthed from the tomb of Tang Dynasty in Yuedeng Pavilion, Xi'an, and the expansion of the image of Hu figurines holding bags or duck-shaped teapots. Based on the above discussion, the author believes that Tang Dynasty's Hu figurines holding bags or duck-shaped teapot, through a momentary artistic image, reflect the Hu people's living habits, life characteristics, and career traits. It is an image representation of the Hu people's living conditions in China, a microcosm and true portrayal of the Silk Road, and an expression of Tang Dynasty's social and cultural openness and inclusiveness.

Фигурки людей Ху (этнические группы на севере и западе Китая в древние времена) на Шелковом пути
— Обсуждение Фигурок людей Ху династии Тан, держащих сак или кувшины в форме утки, и связанные с ними вопросы

Жань Ваньли

(Институт культурного наследия Северо-западного Университета Китая)

Аннотация: На Шелковом пути встречается множество фигурок людей Ху (этнические группы на севере и западе Китая в древние времена), среди которых наиболее характерны фигурки людей Ху, держащих сак или кувшины в форме утки во времена династии Тан. Классифицируя их, в данной статье рассматривается процесс развития и эволюции, а также дата популярности фигурок людей Ху, держащих сак или кувшины в форме утки, и высказываются предположения об их общественном положении и считается, что они служили для разлива напитков на банкетах людей Ху. Исходя из этого, в данной статье также рассматривается горшок в форме утки, трехцветная чашка в формс сосуда ритон (Rhyton), раскопанная в гробнице династии Тан в Юэденгэ города Сиань, и расширение образа людей Ху, держащих сак или кувшины в форме утки во времена династии Тан. В результате вышеизложенных рассуждений автор считает, что такие фигурки людей Ху династии Тан отражают их привычки, особенности жизни, профессиональные характеристики и т.д., путем сиюминутного художественного образа. Это воспроизведение образа жизни народа Ху в Китае, а также микрокосм и истинное изображение Шелкового пути, а также образное выражение социальной и культурной открытости и терпимости династии Тан.

丝绸之路绢帛图像考
——以敦煌壁画和唐墓骆驼俑为中心

沙武田
（中国陕西师范大学丝绸之路历史文化研究中心）

摘要：丝绸及其各类织品，是丝绸之路上贸易、交流、往来的主要商品和物品。其中以绢帛为主的丝织品，汉唐以来一直是中原王朝主要的财富，甚至在很长的时间中担当着流通货币的职能，在丝绸之路沿线广泛流通。对于历史时期各类绢帛产品的生产、种类、品名、使用、交流等，历史文献的记载是清楚的。但是作为丝绸之路上主要流通的货物，从形象历史和图像认识的角度观察，受考古资料的限制，一直没有完整的出土物可供参考，因此其形象并不清楚，也没有引起学界过多的关注。虽然沿丝绸之路多有丝绢织物碎片出土，但往往因为受出土物形式、数量、材质等限制而笼统交代，未有深究其具体的物品名称。但是仔细观察敦煌壁画图像、北朝隋唐墓葬骆驼俑、辽金墓壁画等出土的考古实物材料，基于形象史学的规范，则有意想不到的结果，可以对历史时期丝绸之路上重要物品绢帛形象做全新的认识。

前言

丝绸之路因丝路贸易而来，丝绸贸易无疑是丝绸之路的核心内容。对于历史时期以丝绸为主要贸易对象及其交易方式的记载，在传统的史书典籍和各类考古文献中并不陌生，在以河西汉简，敦煌藏经洞各类档案写本，吐鲁番文书，西域、中亚考古资料为代表的考古文字文献中也有真实的记载，到今天已是大家耳熟能详的史实。

有趣的是，如此醒目的历史记忆，我们却很难在考古资料中得到实物和明确的图像印证。虽然在中亚、西域、河西各地的遗址、城址和墓葬中不难发现各类丝绸织物遗存，但均以各类衣物、物品或其残件的形式呈现，很难有完整的作为贸易对象或通货使用的丝绢产品。大英博物馆收藏有斯坦因1901年在楼兰遗址发现的3—4世纪汉晋时期的1匹平纹素绢（图1），现呈浅黄色（原应为白色），一大一小，小的是大的一半，分别是1匹和1缎，是单匹单缎的丝绢卷成捆束的形状。依公布的数据可知，该完整

图1　斯坦因在楼兰发现的汉晋绢一匹一缎

的1匹绢的幅阔度是50厘米（此尺寸正是汉晋绢帛幅阔）。[1]据美国耶鲁大学芮乐伟·韩森（Valerie Hansen）教授判断，应该是"楼兰戍堡中中国士兵的军饷"，因此她认为"这是三四世纪通货用绢的唯一实物例证"。[2]因为汉晋时期楼兰的士兵往往是受到设于河西走廊的敦煌或凉州的上级单位管理，所以这些绢有可能是来自河西走廊的敦煌一带，至少可以肯定同样的绢在同时期的敦煌是作为流通货币使用的。[3]

这点还可以得到斯坦因在敦煌发现的另一件较为完整的残帛的印证。此件被法国沙畹编号为539T.XV.ai.3的"任城缣"，正面有文字：

任城国亢缣一匹，幅广二尺二寸，长四丈，重二十五两，值钱六百一十八。

另在背面有"□□元"三字。

该标本实物幅宽50厘米，按汉尺23厘米计算，基本吻合，是当时丝绢织品在敦煌流通的另一实例[4]。

汉晋之后，到了隋唐时期，可以确定作为丝路贸易商品的丝绸，即是墓葬中常见的骆驼陶俑或壁画骆驼上出现的一束束像绳子一样拧结在一起的、被考古报告明确描述为"生丝""丝绸"的货物。而对于大量唐墓中见到的骆驼（骆驼俑或壁画骆驼）上所驮载的物品，虽然国内外丝路研究的学者多有关注，但往往把其中部分物品统称为丝绸或丝织品（绢帛），具体的名称则未细究。[5]由于图像实物特征表达存在模糊性和不确定性，所以很难清晰而肯定地判断这些货物即是丝绸或其中某一类产品。

张庆捷先生对北朝和隋唐时期墓葬中大量出土的各类胡俑做过深入的研究，其中涉及对胡人牵驼俑的图像分析，指出"骆驼、马、驴驮载的货物种类主要有丝卷、锦帛、毛皮等，是胡商俑组合与胡商图中最常见的货物"，[6]另在其研究胡商骆驼俑驮载方式时，再次指出"从东魏起，骆驼、马、驴驮载的货物种类主要有束丝、绢帛、毛皮等，对于骆驼所载各种货物的比例，虽然没有做过精确的数量统计，但就所见资料大致比例看，束丝、丝绸、绢帛等纺织品，无疑是胡商俑组合与胡商图中最常见的货物，所占比例也是最大"[7]。虽然张先生的研究指出了丝路上胡商贩运丝绸的图像，但是仍然是较为笼统的命名，甚至有些想当然的推测，仅仅指出了驮背的是丝、绸、绢、帛，却几乎无一例图像特征的辨析，这实际上是无法确指的，因此不确定的成分多。

之所以会出现以上历史释读的困难和缺憾，除了历史图像资料中艺术表达对真实历史的常识性表达手法（也可以称为时代图式的表达）导致今天观察的误区之外，也与历史时期各类丝绸织品难以保存下来有关。幸运的是，通过仔细深入考察敦煌壁画和唐墓三彩骆驼俑等图像，我们可以发现珍贵的丝路贸易商品中与丝绸相关的产品，为我们从图像实物的视角观察这一问题提供重要的资料，介绍出来，以飨同好，也为丝路贸易研究提供些许思考。不当之处，敬希方家教正。

敦煌壁画中的绢图像

敦煌莫高窟盛唐第45窟主室南壁观音经变一铺，画面主体表现观音救难和三十三现身的内容，其中救难场景之"胡商遇盗图"，是表现漫长的丝绸之路上以粟特胡人为代表的胡商从事丝路贸易的情景。荣新江先生把壁画中商胡为首者判定为商队中的"萨宝"，即商队的头领。[8]笔者也从丝路交通贸易的角度做过研究[9]。另外在大量的敦煌画册和相关出版物中多见对此图的介绍和说明。但有趣的是，对于商队所驮载物品，至今还未见到有明确的判断。

经仔细观察发现，第45窟胡商遇盗图（图2）中，在强盗和胡商之间的地面上，堆放着2件物品，其中之一为一土红色包袱，未打开，内所装物品不得而知，另一件是由10小卷白色长条形物捆扎在一起的物品，其中一端有3片类似羽毛或叶状物突出来，均为白色，间有墨线条纹，旁边还有从毛驴身上卸载下来的鞍具并货物，其中货物因为完全被包起来，具体种类不明。对于以上物品的介绍和描述，在较早的敦煌壁画出版物即段文杰先生主编的《中国敦煌壁画·盛唐》中史苇湘先生撰写的图版说明里是这样描述的：

一群商人驮着丝绸经过狭谷险路时，为三名持刀匪徒劫持，皆恐惧不已。他们被迫从牲口背上卸下丝绢。[10]

在这里史苇湘先生虽然没有专门就前述已经堆放在地上的2件物品做特别描述，但是可以从行文中大体推断作者认为即丝绢类商品。

其他各类出版物中，对此图描述和关注的核心

图2 莫高窟盛唐第45窟观音经变胡商遇盗图及其线描图（敦煌研究院提供）

图3 莫高窟晚唐第468窟观音经变商人遇盗图（敦煌研究院提供）

 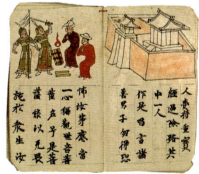

图4 莫高窟藏经洞插图本观音经S.6983"怨贼难"画面（采自国际敦煌项目IDP）

图5 唐章怀太子墓侍女图（采自周天游主编《唐墓壁画珍品·章怀太子墓壁画》图五五）

图6 宝山2号辽墓"寄锦图"壁画

是丝路上胡商遇见强盗的情景，侧重点多在强盗和胡商身上，即图像反映出来的丝路交通情景[11]，几乎不见有对地面上2件物品的说明，或仅统称之丝路交流"商品"而一笔带过。同样的表达方式清晰地出现在莫高窟晚唐第468窟顶坡"观音经变商人遇盗图"（图3）中，站立的强盗和胡跪的商人之间有3条（二红一白）横放的物品和1个包袱。更为清晰的同类图像出现在莫高窟藏经洞晚唐插图本观音经S.6983的2幅表现"怨贼难"的图（图4）中，在二画面的强盗与商人之间的地面上，分别画1捆由小卷（其一为3小卷1捆，另一至少有6小卷1捆）组合的物品。此插图画面中对此条形状物品的捆绑方式最为清晰，均一分为三段式捆扎，其中有一卷还有纵向的捆绳。其中一幅画中，在画面旁边单独画出来的二条形物，应为抽出来的样品。又可得到唐章怀太子墓一身持1卷绢帛状物品侍女的图像（图5）和宝山辽墓"寄锦图"（图6）中1卷锦帛样式的印证[12]。

如果说上述第45窟胡商遇盗图中地面包袱中的物品和驴鞍上包裹起来的商品，由于均被包裹在内而看不到形状，无法判断品名的话，那么插图本观音经画面中地面上堆放的由3~10小卷捆在一起的物件和单独抽出来小卷的物品，其形状是可卷起来的长条形物，色彩是白色、红色，间有条纹，质地是柔软的物品，有以上特征的古代商品，基本上只能是丝绸类产品。间有以上特征的还可能为纸张，但唐代纸张基本上是黄色或黄麻色（图7），不会有红色，另外从画面反映的特征来看，似与纸张的尺寸是不合的。单就纸张而言，以最为丰富的敦煌唐代纸张为例，据学者们的研究，小纸幅高25~26厘米，大纸幅高26.5~27.5厘米[13]。另从敦煌市博物馆藏卷轴装的藏文写经可知，唐五代还有一类幅高30~32厘米的麻纸[14]，著名的藏经洞咸通九年（868）雕版印刷的《金刚经》即幅高30.5厘米。[15]另在敦煌发现的来自中原地区如长安等地的写经，显示其幅高略高于敦煌本地纸张，一般在29~32厘米之间。[16]从我们后面对丝绢尺寸（幅阔56厘米左右）的讨论可知，纸张的幅高与绢的阔度有明显的差距，其大小可以在图像上区别出来。像敦煌壁画中常见的僧人手持经卷的画面，虽然在形式上是卷状物，但是其宽度、阔幅有明显的差距，因此可以据此做些图像学上的辨识。

但仅凭以上特征还不能完全判定莫高窟第45窟胡商遇盗图中地下堆放物其中之一为丝绢类产品。幸好在敦煌壁画中另有同类图像佐证。与第45窟属莫高窟同时期洞窟的第217窟南壁画佛顶尊胜陀罗尼经变一铺（图8），画面右侧为大面积山水画行旅场景。之前有研究者识别为法华经变之"幻城喻品"中的内容[17]，后经日本学者下野玲子女士考释，确定为佛顶尊胜陀罗尼经变之"序品"[18]，已得学界认可。

据佛陀波利译《佛顶尊胜陀罗尼经》可知，该经之"序品"，是讲佛陀波利于唐仪凤元年（676）来朝拜五台山，后经文殊菩萨化现老人的点化，返回西国，至永淳二年（683）取梵本《佛顶尊胜陀罗尼经》来到长安，在皇帝的主持下于宫内翻译此经，但因为皇帝不让经本外流，所以佛陀波利又不得已从皇帝手中请回梵本，至西明寺再译经本，最后入五台山金刚窟不出。[19]莫高窟第217窟和第103窟佛顶尊胜陀罗尼经变壁画右侧的山水画部分即是对此"序品"的表现（图9）。其中在方形城内帝王接见僧人和僧人翻译经典的场景，即是佛陀波利于长安受皇帝接见并组织翻译佛经的情景。其中有一画面，

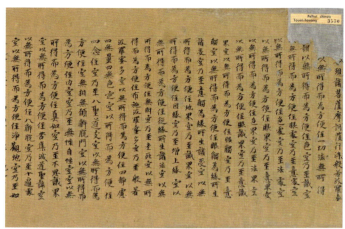

图7 敦煌藏经洞唐代写经纸卷轴（采自国际敦煌项目IDP）

图8 莫高窟盛唐第217窟南壁画佛顶尊胜陀罗尼经变（敦煌研究院提供）

地上依次放着3件物品（图9、图10），下野玲子描述为"三个长方物体"，并明确指出是"佛经"序品中所讲"敕施僧绢三十匹"之"绢三十匹"[20]。经文序文原文记载如下：

佛顶尊胜陀罗尼经者，婆罗门僧佛陀波利，仪凤元年从西国来至此汉土，到五台山次……至永淳二年回至西京，具以上事闻奏大帝。大帝遂将其本入内，请日照三藏法师，及勅司宾寺典客令杜行顗等，共译此经。勅施僧绢三十匹。其经本禁在内不出。[21]

至此，图像和经典文字记载完全符合，图文互证，可以肯定，第217窟壁画中城内地上堆放的被下野玲子描述为"三个长方物体"，即是唐永淳二年皇帝（唐高宗）在长安给佛陀波利"敕施"的"绢三十匹"无疑。

仔细观察这3件物品，和前述第45窟胡商遇盗图地上堆放的小卷成捆的物件完全一致。由于画面太小，又有变色的情形，我们不能确定是否亦为小卷组成之大捆，但是同样为成卷的长条形，色彩亦为白

图9 莫高窟第217窟佛顶尊胜陀罗尼经变右侧山水画"序品"画面（采自敦煌研究院编《史苇湘、欧阳琳临摹敦煌壁画选集》，上海古籍出版社，2007年，图版58）

图10 莫高窟第217窟佛顶尊胜陀罗尼经变右侧山水画"序品"画面线描图（常书鸿绘）（采自敦煌研究院编《敦煌壁画线描百图》，上海古籍出版社，2004年，图版35）

色。最有趣的是，这3卷物品的一端同样有3片类似羽毛或叶状物突出来，均为白色，其间有墨线条纹。也就是说第217窟壁画中的此3件物品的形状、特征与第45窟者完全一致，可以肯定是一类物品。那么，因为第217窟的物品有经典文字可证是绢，则可以肯定第45窟同类物品亦即是绢。那么，第468窟壁画中横放的三条状物品也当是绢，藏经洞插图本观音经画面中的成捆的条状物同样是绢。如此，另一铺同时期相同图像结构样式的莫高窟第103窟佛顶尊胜陀罗尼经变画中也绘有相同图像，可惜因第

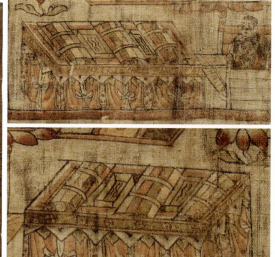

图11　敦煌绢画 Stein Painting 11 弥勒经变及其中的绢帛画面（采自《西域美术》）

图12　哈佛大学藏敦煌绢画弥勒经变供宝中的绢图像（王惠民提供）

103窟表现佛陀波利在长安见皇帝的画面残毁严重而模糊。

　　受以上壁画中绢图像的启示，仔细检索敦煌壁画，可以看到更多同类图像，分别出现在弥勒经变、金刚经变、降魔变、报恩经变、贤愚经变当中。介绍如下：

　　1.弥勒经变中。在敦煌莫高窟藏经洞绢画Stein Painting 11弥勒下生经变[22]中，主尊正前两侧的2条供桌上摆放着各类供宝，中间各有4只净瓶，一侧中间兼有4颗摩尼珠、1个花盘，另一侧中间有1个短颈的瓶；然后依次两侧各2个编筐，其中分别放6个黑色的馒头状物，详细物品不明；再外面在桌子的两侧边上，分别在两端堆放着2捆条形状物，从高度判断应该是2层，上层明显是5条，最外面的物品红色与素色相间，中间有2道绳索捆扎，下面四周可以清晰看到用来包裹的软布。（图11）从此图像可以明显看到丝绸柔软的质感，每卷有轻微的波浪感，捆扎的形式也同前所述第45窟、第217窟及相关观音经插图绘画，包裹的方式也应是丝绸的特征。而其出现在这个位置，正是表现对弥勒的供养，和桌子上同时出现的宝瓶、摩尼珠、花盘等一样，均属供宝，符合绢在当时的社会功能。同样的图像，又在哈佛大学藏敦煌麻布画弥勒经变（图12）中出现。同在弥勒经变中，另在莫高窟第208窟表现"众人观宝视而不取"的画面（图13）中，地上堆放着各类宝物，其中就有条状的绢。另，莫高窟晚唐第12窟弥勒经变婚嫁图（图14）画面中在行礼的新娘新郎前面一方毯上摆放的3个编筐内，放置有一条条物品，从其长度和形状判断，应为绢，且有红色和天蓝色2种颜色，应当表示的是聘礼。

　　2.金刚经变中。在金刚经变中表现强调用各种珍宝布施其所得功德不如弘扬金刚经所得功德多的画面中，可以看到在长条桌子上堆放着各类宝物。除了常见的宝瓶、珊瑚、宝珠、盘等之外，在莫高窟中晚唐第150窟、第361窟、第18窟的经变画（图15至图17）中，则出现了大量的作为布施宝物的绢的画面。其中，中唐第361窟画面最为清晰，桌子上堆放不同色彩的绢帛多条，施主站在一旁，有三人前来取宝，其中一人肩扛一匹彩绢，手执一胡瓶而去。莫高窟晚唐第18窟壁画中的桌子上的绢则有展开的成缎成匹的，甚为宝贵。

　　3.降魔变中。榆林窟五代第33窟降魔变两侧的条幅式佛传故事画中，出现"商主供奉"画面（图18），传统定为"商主奉蜜"。[23]但观察画面可得，跪在佛前面的世俗装商主双手奉1捆绿色的成条形状物，至少有8条，其宽度略过身体，应是绢

图 13　莫高窟盛唐第208窟弥勒经变路不拾遗画面（敦煌研究院提供）　　图 14　莫高窟晚唐第12窟弥勒经变婚嫁图及其线描图（敦煌研究院提供）

图 15　莫高窟中唐第150窟金刚经变布施图（敦煌研究院提供）　　图 16　莫高窟中唐第361窟金刚经变布施图（敦煌研究院提供）　　图 17　莫高窟晚唐第18窟金刚经变布施图（敦煌研究院提供）

帛物品，也符合商主身份。这正是高昌回鹘壁画中商主供养画面的另一种形式。若是奉蜜，则应盛于器皿之中。二者的区别是明显的。

4.报恩经变中。敦煌石窟中晚唐以来的报恩经变"恶友品"表现了善事太子身体复原后，从师利跋陀国回国后与父母相见，使之前从海龙王处取回的宝珠雨宝。在画面中的各种宝物中，可以看到从空中徐徐飘下的丝绸[24]。在莫高窟中唐第154窟报恩经变宝珠雨宝图（图19）的众人取宝画面中，其中有4人各手持1卷宝物，其一端伸出一布条，同第45窟、第217窟地上绢帛一端伸出的布条状物品一致，应是宝珠雨绢帛被下面的拾宝人卷成完整的一匹匹的形状，正是我们在其他画面中见到的绢帛形状。另在莫高窟晚唐第85窟报恩经变中表现太子施舍的画面（图20）中，骑马的太子身后一人背负1捆重物，条状，有黑、红、蓝3种色彩，前面有3位

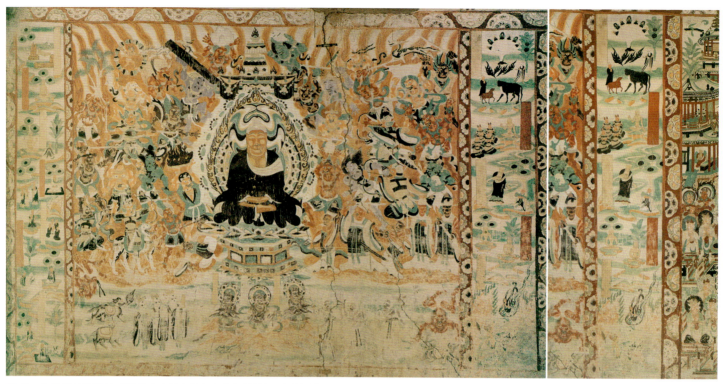

图18 榆林窟五代第33窟降魔变条幅中的商主奉宝（敦煌研究院提供）

图19 莫高窟中唐第154窟报恩经变雨宝图（敦煌研究院提供）

穷人。因为是施舍画面，其所背重物当是绢帛，以施舍穷人。在报恩经变中，不仅看到了成捆的丝绢图像，也有单卷的绢帛图，还有展开的绢帛画面，实是中古丝绢图像的重要例证。

5. 贤愚经变中。莫高窟五代第98窟各壁下的贤愚经变屏风画中，其中北壁第三屏"善事太子入海品"表现宝珠雨宝施予民众的画面（图21）中，从宝珠飘来一匹匹或一缎缎的绢帛，下面是拾宝的男女穷人民众，共有12人，其中有9人各自或抱或扛着1捆绢而去，另有3捆绢和其他宝物一起放在地上，一束束绢帛的色彩也不一样，其宽幅和捆扎方式同之前其他画面所见。此画面是目前所见绢帛数量最丰富的绢帛画面，有从空中飘下的丝绢，也有成捆的一束束绢帛。

以上这些洞窟壁画中的绢帛图像，其中弥勒经变、金刚经变、降魔变中出现的绢帛图像，均是作为佛教供宝出现的，而在报恩经变和贤愚经变善事太子入海故事中出现的绢帛画面，则是以宝物出现的。这种把绢帛绘画在财宝中的图像，也出现在莫高窟初唐第321窟十轮经变中[25]。

到了五代曹氏归义军时期的曹议金夫人回鹘天

图20 莫高窟晚唐第85窟报恩经变太子施舍图（敦煌研究院提供）

公主功德窟第100窟"天公主窟"，在西壁龛下中间供器一大香炉两侧，分别立有几身人物，其中有各执一球杖的"供奉官"[26]，在画面的南侧可以看到上下各1条桌子，其上摆放各种物品（图22）。画面虽然残毁严重，但仍可以看到条状物品堆积在一起，中间以2道绳子捆扎，极像前述各类绢帛图像，因为桌子上还可以看到似瓶子状物品。根据敦煌画面中各类宝物出现的场景，初步可以推断是绢图像。画面另一侧残毁严重，不十分清楚，但隐约可以看到类似绢的图像。此两处画面表现的分别是曹议金出行图和天公主出行图最前面的部分内容，出现在供桌上的宝物，应该属于礼佛物品。宁强先生早年已注意到这些作为供养礼佛使用的"绢布供品"[27]，可以说是很有见地的，惜未详细说明，也一直未见图版发表[28]。而在出行图最前面出现在桌子上的包括绢在内的各类供宝，除了学者们习惯认为的作为礼佛供养之意义的考虑之外，其实也启示我们对洞窟中出行图性质的再考察，容另文研究。

除敦煌壁画之外，检索考古资料，在宋辽金墓壁画中可以看到与以上第45窟、第217窟绢图像极为近似的图像。20世纪50年代由宿白先生主持

图21 莫高窟五代第98窟贤愚经变屏风画宝珠雨宝施民众图（敦煌研究院提供）

图22　莫高窟五代第100窟西壁龛下曹议金出行图前部供佛物品（敦煌研究院提供）

图23　白沙宋墓1号墓甬道东壁男子持物壁画（采自宿白《白沙宋墓》图版贰柒）

图24　白沙宋墓3号墓甬道西壁二男子持物壁画（采自宿白《白沙宋墓》图版肆捌）

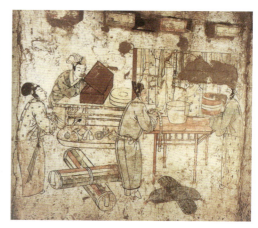
图25　河北宣化辽代韩师训墓室西北壁壁画"晨起、财富图"图（采自《宣化辽墓——1974—1993年考古发掘报告》彩图九六）

发掘的河南禹县白沙宋墓中，1号墓甬道东壁的持物男子（图23）、后室东南壁的持物女子，2号墓甬道东壁的持物男子，3号墓甬道西壁的二持物男子（图24），它们所持均如同前述二窟绢图像状物，考古报告称之为"筒囊"[29]。完全相同的图像后来还出现在河北宣化的辽墓壁画中，其中最为清晰完整也是最有代表性的图像即是韩师训墓室西北壁壁画"晨起、财富图"（图25）。考古报告中如是描述："筒状物的封筒，筒上有蓝、白、红、绿诸色，两端和中间有箍。一端有长方孔形的封盖，根据M6、M10[30]经架上的经卷装于'卷帛'封筒之中，一侧还露出卷轴分析，此物应为卷帛封筒。"[31]因为此图在墓葬中的意义明显是和墓主人对财富的拥有相关联，与此类筒状物一同出现的另有放在地上的一串串的铜钱，以及桌子上的银锭、犀牛角，按照古代绢帛与金钱共同作为货币使用的事实，考古报告确定此物为"卷帛封筒"，即属绢帛类物品的包装，是非常有道理的。完全相同的图像也可以在山西大同周家店辽墓壁画"收财帛图"（图26）中看到[32]。前述白沙宋墓中出现持此筒囊的人，往往另一手也会持有串钱或其他宝物，显然是宋金墓中流行"财富图"的表达。辽墓之外，同时期的

图26 山西大同周家店辽墓壁画"收财帛图"（采自贺西林、李清泉《中国墓室壁画史》第239页图4-14）

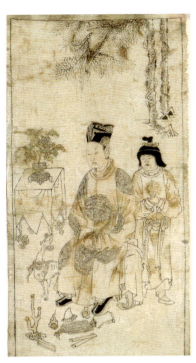

图27 西夏黑水城版画《皇帝与侍从像》（采自《俄藏黑水城艺术品2》图版232）

图28 莫高窟五代第98窟法华经变幻城喻品中的行侣（敦煌研究院提供）

金代版画中也可以看到几乎类似的绢与其他的如吊钱、珊瑚、摩尼珠、犀牛角、银锭等一同出现的画面。这样的画面在黑水城出土的西夏版画类经变画中也有丰富的图像例证（图27）。可以认为是同时代的具有统一模式的图像志表达。

仔细比较白沙宋墓和宣化辽墓中出现的"筒囊""卷帛封筒"的形式，也是一条条不同颜色的条状物，中间和两端有捆扎或箍条，结合莫高窟第217窟、Stein Painting 11以及哈佛大学藏弥勒经变绢画、金刚经变等画面，也可进一步确定宋墓和辽墓中此类"财富图"中物品为绢帛的事实。这一点也得到学者们的认可。[33]又从墓葬中筒囊与持有人的大小比例可以看出，正是后面所论唐宋绢幅阔宽度，因此当以绢为主。

而如果说以上敦煌唐代壁画、宋墓和辽墓壁画中绢帛图像因为捆扎在一起影响对其物品类别判断的话，那么内蒙古赤峰宝山辽墓壁画"寄锦图"中一卷有墨书题记可证为锦帛的图像[34]，如同敦煌插图本观音经中出现于强盗和商人之间地面上完整的小卷物品，恰是敦煌唐代壁画、宋墓和辽墓壁画中成捆的绢帛被抽出来的样品的反映。

受以上绢图像的启示，仔细检索敦煌壁画，以莫高窟第98窟壁画为代表的唐五代壁画法华经变中表现"幻城喻品"情节的丝路商旅图中，那些行走在山间栈道上的行侣们（图28），其中有人所背一卷卷筒状的物品，大概也是丝绢图像。葛承雍先生提示笔者，此处行人所背一卷卷物品最可能是毛毡之类供行人在长途寻宝途中休息所用，颇有道理。但笔者之所以更加倾向于丝绢类物品，是考虑到此类图像每人背上所背总是三五卷东西，如果是毛毡类，应该不会以如此多条表示。因为在内蒙古通辽市库伦旗奈林稿苏木前勿力布格村的2号、6号、7号辽墓壁画中，有多处骆驼身上驮有大型卷筒状物品（图29），根据画面特征极易判断是毛毡[35]。况且我们在同类图像中看到的休息者并没有铺毡休息，而仅是倚之而卧，表示所背卷状物品珍贵，不可拆铺。此外，若按画面所据经文之义，有可能画家是借现实生活中行走于路上的行走商人来表达经文所言不畏艰险的寻宝之人，其实也有强调商人贩运的结果，进而表达经文所讲最后得到"真宝"即佛法之精义。相似的画面在莫高窟五代第61窟大型五台山图中也有反映，其中出现前往五台山巡礼朝拜的

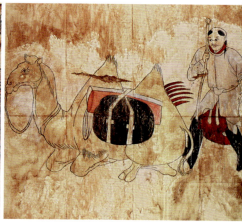

图 29　内蒙古通辽市库伦旗奈林稿苏木前勿力布格村辽墓壁画出行图中的骆驼载物（采自孙建华编著《内蒙古辽代壁画》第 262 页、第 275 页）

图 30　莫高窟五代第 61 窟五台山图中巡礼朝拜的行人（采自敦煌研究院兰州院部数字敦煌展）　图 31　敦煌插图本 P.2870《十王经》（采自国际敦煌项目 IDP）

行人（图 30）中，有以双手捧 1 卷物品，其略宽于身体，应该是比较珍贵，有可能为绢类物品，表示拿此类物品前往五台山供奉之意。

巧合的是，以上几幅壁画和绢画中表现出来的唐代丝绢的形状特征，和斯坦因在楼兰发现的汉晋时期的绢完全一样，唯独楼兰的绢未见像壁画中绢一样的一端附加的羽毛状或叶状的突出物。据 P.2003、P.2870（图 31）和日本和泉市久保惣纪念美术馆藏唐宋时期的插图《佛说十王经》中表达目连救母中用来贿赂地狱牛头鬼的绢图像，可证此为每匹绢的系带，到了辽墓卷帛经筒中则以一小片状封盖表示。

至此，我们大体可以肯定，包括莫高窟第 45 窟、第 468 窟及插图本观音经胡商遇盗图中出现的绢，即是在丝绸之路上胡商进行贸易的重要商品，因其珍贵而成为丝路沿途盗贼劫掠商队的原因和目的。而第 217 窟佛顶尊胜陀罗经变中的绢，则是大唐皇帝"敕施"给佛陀波利的珍贵物品，算是对其带来梵文本《佛顶尊胜陀罗尼经》的奖赏。二者分别体现的是有唐一代丝路贸易商品和国家珍贵物品在丝路交通和帝王赏赐活动中频繁出现的历史事实，有重要的图像价值和意义，值得引起丝路研究者的重视。

唐代作为货币商品的绢

绢是古代丝绸中最常见的一类，有时也是纱、绡、纨、素、缟、绨、缣、䌷、绝的统称，但因组织结构的不同略有差异。绢一般是平纹素织物，而有色彩的平纹素绢物则称为彩绢[36]。绢是由汉晋或之前的帛而来，汉代时又有称"缯帛"[37]，到了魏唐时期，绢才成为一般平纹素织物的通称[38]。唐代绢的生产由官府纺织业机构即少府监下属织染署八作所管理。绢在隋唐时期是比较普通的丝织品，是当时老百姓向政府缴纳户调的主要物品，又是各地向政府进贡的一般丝料，而且是市场上作为货币使用的流通等价物，因此绢在当时的重要性可以想唐初实行租庸调制度，其中庸调支付的除了麻绵（图32）等外，大量的即为绢帛，所以绢帛的征收量很大。"其度支岁计，粟则二千五百余万石，布、绢、绵则二千七百余万端、屯、疋，钱则二百余万贯。"[39]两税法代替租庸调制度之后，发生变化，以钱定税，但仍允许百姓将钱折成绢帛交纳。《册府元龟》记载："其所纳见钱，仍许五分之中，量征二分，余三分兼纳实估定段。"[40]汪篯先生据《通典》卷六《食货典》、《元和郡县图志》、《唐六典》卷三户部郎中员外郎条记载，通过对唐玄宗时全国十道诸郡丝织物贡品的统计，对隋唐时期全国丝产地的分布做了梳理，结果表明，单就绢而言，集中生产于河南、河北二道，也就是说绢成为此二道地方诸郡向国家交纳赋税的主要物品。[41]对于历史时期黄河流域绢的生产，史念海先生也有深入的研究。以唐代为例，河北和河南二道诸州以绵绢作为主要贡赋的情况之外，也可以看到此二道不同地区所产绢在当时市场上的优劣等级，以黄河中下游地区作为国家主体经济商品绢的主要生产地，代表着国家经济的核心依赖关系。[42]又据严耕望先生研究，不仅唐如此，到了唐末五代十国时期，绢同样是各地主要的贡赋土产，且生产区域扩大。[43]但到了安史之乱之后，江南地区的丝绸纺织业得到很大的发展，以生产绢为主的吴地也成为丝绸产品的主要生产地，江南生产的绢仍然在国家赋税中占重要地位。[44]因此，天下财赋，首于东南，浙东"机杼耕稼，提封七州，其间茧税鱼盐，衣食半天下"[45]。整体来看，有唐一代，绢在国家赋税经济中占有重要的地位。

探讨绢在国家经济中的重要地位，还得借助唐代的货币制度。对于唐代的商业经济和货币制度，学术界研究成果极其丰富[46]。总体来看，唐代一直实行"钱帛兼行"的基本货币政策[47]。开元二十年（732）九月，政府下令，市场上通用绫、罗、绢、布杂货等，可不用现钱。这在《全唐文》卷二十五《令钱货兼用制》中有详细反映：

> 绫罗绢布杂货等，交易皆合通用。如闻市肆必须见钱，深非道理。自今已后，与钱货兼用，违法者准法罪之。[48]

开元二十二年（734）十月，玄宗再次发布敕令《命钱物兼用敕》，指出：

图32 吐鲁番阿斯塔那墓M108出土贺思敬庸调麻布（采自河南博物院编《丝路遗珍——丝绸之路沿线六省区文物精品展》图版177）

> 货币兼通，将以利用，而布帛为本，钱刀是末，贱本贵末，为弊则深，法教之间，宜有变革。自今已后，所有庄宅口马交易，并先用绢布绫罗丝绵等，其余市买至一千以上，亦令钱物兼用，违者科罪。[49]

到了贞元二十年（804），政府再次令绢帛与铜钱兼用。《新唐书·食货志四》记载："命市井交易，以绫、罗、绢、布、杂货与钱兼用。"[50]《明夷待访录》亦载：

> 唐时民间用布帛处多，用钱处少。大历以前，岭南用钱之外，杂以金银、丹砂、象齿。贞元二十年，命市井交易，以绫罗绢布杂货与钱兼用。[51]

唐代绢作为国家货币，除了体现在日常的各类支付手段（交纳赋税、薪俸、赏赐、贿赂、馈赠、赁费等）和商品交换等价物之外，也广泛见于国家层面或皇帝个人行为的对大臣和有功之人或外交的赏赐，另有国家军费开支，甚至官府计赃定罪的赃款计算，往往也是折合成绢来体现。因此《唐律疏义》中以绢来计算一切财物的价格，说明绢帛的货币地位之高、使用范围之广。

至于出现在丝路重镇敦煌和吐鲁番等地文书中反映丝织品绢和练作为交换商品和充当货币等价物

的情况，属学界共识。吐鲁番出土的唐代文书中有丰富的记载丝路贸易中以"大生绢""大练""练"来进行包括牲口买卖、奴婢交易、粮食交换、草料购买等广泛交易的内容，另在吐鲁番出土的唐代衣物疏中也可以感受到当时对绢、练作为财富的意义。[52]吴震先生对吐鲁番出土文书所见的纺织品做过集中考察，其中对绢和练之联系与区别做了辨析，指出绢有"生绢""熟绢"之分，练有"大练""小练"之分，二者是否等值并不确定。[53]唐代诗人张籍在《凉州词》中描写了"无数铃声遥过碛，应驮白练到安西"的丝路交通景象。我们亦可以在吐鲁番文书中见到作为货币的练在西州、安西等西域市场和社会中进行广泛交易的记载。

对于丝路重镇的敦煌而言，如同壁画中所反映的那样，作为丝路贸易的各类丝绸及其织品的存在和使用，广泛见于敦煌历史时期的各类社会经济类文书当中。据齐陈骏、冯培红统计，唐五代敦煌市场上的丝织品有绢、生绢、白丝生绢、帛、熟绢、绵绫、黄丝生绢、绵䌷、白绵绫、白花绵绫、绫、绯绵绫、紫绵绫、绿绢、碧绢、碧䌷、楼绫、胡锦、车影锦、甲缬、白练、绯䌷、生绫、白绵䌷、黄绢、绯绢、绯缬、紫绣、黄罗、紫䌷、紫绝、绯绫、大练等，品种非常丰富。[54]在莫高窟藏经洞、南区遗址、北区洞窟的考古资料中也可以见到丰富的实物[55]。据赵丰先生的统计可知，唐五代宋时期，在敦煌的市场交易和老百姓之间的租赁契约中，以"大生绢""绢""生绢""熟绢"作为货币使用的情况，颇为频繁。[56]

绢作为唐代"钱帛兼行"货币体系中的主要等价物，同时又是丝绸之路交通贸易输出的主要商品。据张广达先生的研究，绢作为货币使用的范围一直可到中亚或更远的地区。"史料表明，在昭武九姓胡地区，铸币与不同尺寸的丝织品各有一定比值，表明这里可能与汉地一样钱帛并行，丝帛同样可作一般等价物使用。"[57]因此，除了在文献中有丝路上绢作为流通货币使用的记载之外，敦煌壁画中展示了胡人商队在丝路上贩卖以绢为代表的丝绸的历史，确是不可多得的丝路丝绸贸易图像。

丝绸之路绢帛图像再辨识

长期以来，在唐墓中出土数量颇多的胡人骆驼俑和壁画中的骆驼图像，一直被认为是反映丝绸之路交通贸易和中西交通史的重要内容，但是由于骆驼上所驮物品特征不明确，一直以来学术界对骆驼所驮物品的研究莫衷一是，说法不一。近10多年来，葛承雍先生集中和丝路胡人有关的宗教、艺术、图像的研究，发表了一系列新见地、有独特观点的文章，往往令人耳目一新，逐渐剥离出一些重要的历史谜团，为我们揭开了丝路研究新的一页。尤其是他对表现丝路上幻术表演者形象的"胡人袒腹俑"[58]、丝路胡商骆驼所驮"穹庐""毡帐"[59]、唐代狩猎俑中的胡人猎师形象[60]等问题的考证，给历史时期埋葬在墓葬中的丝路信息赋予全新的生命，逐渐勾勒出丝路鲜活的群像，给今天的研究有重要的启示和启迪。

受葛先生研究的指引，我们回过头来再看看莫高窟第45窟、第468窟和插图本观音经胡商遇盗图中出现的丝路胡商主要贩卖的商品丝绢图像，就能很自然地把其和被齐东方先生比喻为"丝绸之路象征符号"[61]的唐代墓葬中常见的丝路胡人所牵骆驼所驮载的部分货物做些联系。

若从图像相似的角度来比较，河南洛阳的唐安国相王孺人唐氏墓中的胡人牵驼出行图壁画（图33）中，其一身骆驼所驮货品，极似莫高窟第45窟、第468窟、第217窟壁画和插图本观音经，以及宋墓和辽墓壁画中的绢帛图像，5小卷组成1捆[62]。可惜墓葬考古简报中并没有对骆驼所驮货物做交代[63]，但是在《丝绸之路》杂志上有报道称是"5卷丝绸"[64]。考虑到此5

图33 河南洛阳唐安国相王孺人唐氏墓中的胡人牵驼出行图壁画（采自《丝路遗珍——丝绸之路沿线六省区文物精品展》图版130）

件物品的卷状特征，又从占据骆驼身体宽度上看显然非纸张尺寸，因此大体上可确定是绢帛类物品。其捆扎的方式与莫高窟第45窟、第217窟壁画，唐章怀太子墓侍女图，以及白沙宋墓、宣化辽墓、大同辽墓壁画中的绢筒囊更加接近。虽然此壁画自出土以来即被认为是表现胡商在丝路上贩卖绢绸的典型画面，但无论是研究文章，还是展览图册，抑或新闻报道与网络文字[65]，均不能辨明骆驼所驮丝织物的类别归属，多仅描述成"成卷的丝绸"，过于笼统，因此做些图像的辨析是有意义的。此壁画也是目前所知唐墓壁画中表现骆驼驮载丝绸织品最清晰可辨者，实是不多得的图像例证。

另在唐墓中出土的各类骆驼俑中，可以看到骆驼上驮载的物品有驮囊、胡瓶、皮囊壶、菱形花盘、拧成绳状的生丝、象牙等。以西安南郊31号唐墓出土1件三彩骆驼俑（图34）为代表[66]，冉万里先生有专门的研究，对其中拧成绳状的丝绸有说明[67]。像这样骆驼所驮物品中出现的拧成绳状的丝绸，是唐墓考古中常见的资料。由于受图像特征直观性启示，无论是考古简报、考古报告，还是一般的展览说明或展览图册，或网上一般性说明文字，多笼统以"丝绸"称之，若从宏观的丝路贸易而言，倒也是客观的历史叙述。由于受到陶俑艺术品制作材料和工艺的限制，对丝织品的艺术表现，很难达到像壁画等绘画作品那样，可以清晰地把丝绸特征表现出来。

非常有意思的现象是，在诸如上述西安南郊31

图34　西安南郊31号唐墓出土三彩骆驼陶俑（西安博物院提供）

号唐墓出土的三彩骆驼俑所驮物品中，除了可以明确辨认的驮囊、胡瓶、皮囊壶、菱形花盘、拧成绳状的生丝、象牙等之外，其实还有一件物品往往被研究者所忽略，即在骆驼双峰之间的驮囊两侧，一侧为学术界习称的2束生丝，另一侧是条状物1组。从其形状特征来看，应是同敦煌壁画中看到的绢，本来是一卷一卷的物品，但因为是挂在驼背上受自然力作用而呈被压平后的形状。事实上，姜伯勤先生在早年的研究中以极其敏锐的观察力，把唐墓三彩骆驼上常见的此类物品统称为"丝练""帛练""帛"[68]，给我们的研究重要的启示。因此，以此骆驼上所驮物品为代表，大家熟知的唐墓骆驼身上驮载着的各类物品也有丝路贸易中最常见的作为通货等价物的绢帛。如果再仔细看，此骆驼所驮物品最下面还有葛承雍先生研究发现的用于商队宿营搭"穹庐""毡帐"的"支架""木排"。至此，可以认为在西安南郊31号唐墓三彩骆驼俑上，工匠已经把当时在丝绸之路上通过丝路象征符号的骆驼所带来的或带走的主要商品，以及胡商在丝路上行走的方式，以极其简洁的手法，给予历史最精彩的图像诠释，理应引起丝路研究者的高度关注。

事实上，珍贵的生丝和绢、帛、练，是不适合暴露在骆驼的背上的，因为丝绸及其织品是非常脆弱的，一旦受风沙、雨雪天气，后果不可想象。因此从理论上来讲，这些丝绸产品是应该包裹在防风沙、雨雪的皮囊（即驮囊）中，但是作为表现墓主人财富观念的陪葬品[69]，唐墓中大量出现的胡人牵驮俑及骆驼上的贵重物品和奢侈品，特别是像把丝绸及其织品暴露在外的各类泥塑作品表现手法，正如葛先生指出的那样，当是艺术家为了表达骆驼在丝路上长途贩运的状况，而非实际生活的再现[70]。因此，就我们所见到大量的骆驼俑双峰间出现的丝绸及绢品外露的情形，更多是体现了艺术表达手法，而不能简单理解为完全真实的历史影像。

如果西安南郊31号唐墓出土三彩骆驼俑上绢的图像释读可以得到认可，那么顺着这个思路，我们可以在唐墓三彩俑和陶俑中看到更多此类图像遗存。

1973年经考古发掘的唐李凤墓壁画中有一胡人

图35 唐李凤墓壁画胡人牵驼图(采自《唐代墓室壁画》)

图36 西安机械化养鸡厂唐墓出土三彩骆驼立俑(采自《丝路遗珍——丝绸之路沿线六省区文物精品展》图版117)

牵驼图(图35),其中骆驼上所驮的货物,发掘简报中称为"白色条形物",此白色条形物实际正是作为一匹匹绢的图像特征;简报中又有"外套黑色方格纹网"[71],仔细观察,此方格纹网只是针对此身单峰驼的驼峰而言,与丝绢无关。

1983年西安机械化养鸡厂唐墓出土1件三彩骆驼立俑(图36),其背上所驮物品有兽头驮囊,下面是1排用于搭毡帐的木排,驼峰两侧分别是前面1束生丝、后面条形物,即是绢[72]。

1963年在洛阳关林地质队出土1件做行走状的三彩骆驼俑(图37),其双峰间是传统的兽头驮囊,下有1排木排,双峰两侧分别是前面的生丝和后面的条形物。它们因驼峰和驮囊挤压而变成弧形,显然是柔软的材料,即是丝绢。有图版说明描述为此骆驼"背负驮囊丝绢"[73],倒是非常准确之图像辨析。

像这样的考古实例非常之多,在相当部分的唐墓中均有出土物可印证,资料颇丰且查阅方便,故在此不一一赘说。

如果说以上唐墓骆驼俑上所驮丝绢的图像因为材质的原因而在艺术的表达上不是十分到位的话,那么敦煌绘画中同样有最为精彩的艺术再现。藏经洞插图本观音经P.4513中表现"怨贼难"的画面(图38)中的骆驼上的物品,以墨线条和红线条表现的条形物,自然下垂,显然是一匹匹的绢。相同的画面出现在敦煌插图本观音经S.5642"怨贼难"画面(图39)骆驼图中。在敦煌纸本画Stein Painting 77 汉人牵骆驼图(图40)中也有精彩的呈现。这样下垂的布帛绢帛画法,让我们联想到敦煌壁画弥勒经变"树上生衣""木架生衣"(图41)画面中出现的挂在衣架上的布料,甚至在河北金代柿庄6号墓室东壁的捣练图(图42)中也有相似的画面[74],若再联系像唐张萱《捣练图》、周昉《挥扇仕女图》及兴教寺石槽上的《捣练图》中的绢帛[75],截取其中的一缎,不正是唐墓各类骆驼俑驮囊双峰内侧一侧扁平状物品的形状。

塑有类似丝绢图像的骆驼俑在唐墓中颇为常见。有趣的是,绢往往和拧成绳状的生丝一起对称出现,也说明工匠们制作时是有意把作为丝路交通

图37 洛阳关林地质队唐墓出土三彩骆驼俑(采自《丝路遗珍——丝绸之路沿线六省区文物精品展》图版113)

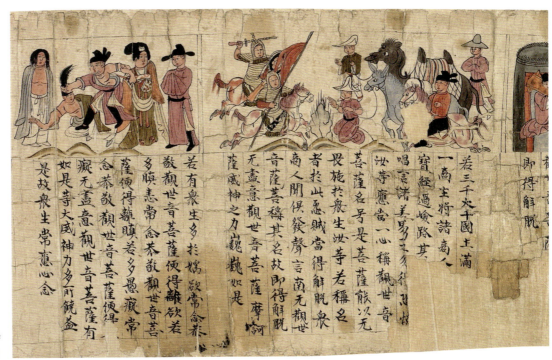

图 38 敦煌插图本观音经 P.4513 "怨贼难" 画面（采自国际敦煌项目 IDP）

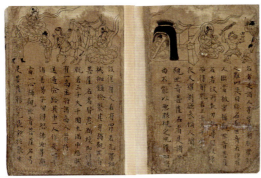

图 39 敦煌插图本观音经 S.5642 "怨贼难" 画面（采自国际敦煌项目 IDP）　　图 40 敦煌纸本画 Stein Painting 77 汉人牵骆驼图（采自国际敦煌项目 IDP）

图 41 榆林窟第 36 窟弥勒经变 "木架生衣" 图（敦煌研究院提供）　　图 42 河北金代柿庄 6 号墓室东壁捣练图（采自河北省文物研究所《河北古代墓葬壁画》第 107 页图版）

Начиная с Чанъаня: Тематическая выставка о праздновании 10-летия успешного включения Шелкового пути в список Всемирного культурного наследия

贸易中最常见的同类商品生丝和丝绢对称并列出现在骆驼背上,是艺术表达受丝路贸易影响的直接结果。但在北朝和隋代的骆驼俑上,往往只见绳状的丝束,且非常夸张,不见条形绢。以宁夏固原李贤墓陶俑(图43)为代表,另在陕西历史博物馆藏的几件北周骆驼陶俑(图44),也是同样的表达手法。西安南郊31号唐墓出土三彩骆驼俑身上表达出来的丝路风景风情,表明工匠们对丝路交通贸易的理解在不断变化,总体上是在骆驼身上出现的表达丝路往来中用于交换的物质更加丰富,也说明在人们的丧葬观念中,对通过丝路而表达出来的物质追求在不断丰富。

通过对以上考古资料的简单分析,可以看到丝绢图像在唐墓艺术中,确实如同其在丝路交通贸易中的真实历史一样,在粟特胡商的推动下,以丝路象征符号骆驼为载体,颇为真实而形象地再现了丝绢作为丝路交通贸易中的重要商品,并在以唐代为代表的中古历史时期所占据的重要地位。

而各类骆驼俑中出现的丝绢图像,其基本的表达手法即是条状物,壁画中多是以圆形表现,三彩俑中则是扁平状。之所以如此表达,实与绢在历史时期的规格制度有关。

作为通用的货币,绢帛是有其使用标准和特定衡量尺度的,以便于在交易中进行计算。《新唐书》卷五十一《食货志一》记:

开元八年,颁庸调法于天下,好不过精,恶不至滥,阔者一尺八寸,长者四丈。[76]

《通典》卷第六《食货六·赋税下》开元二十二年五月敕条注:

准令,布帛皆阔尺八寸,长四丈为足,布五丈为端,绵六两为屯,丝五两为绚,麻三斤为綟。[77]

唐代绢帛一般以匹、定计算,长四丈,布则以端计算,长五丈。绢帛也有以缎计的,是半匹,二丈长。唐代布帛的官府定式是幅广一尺八寸,长度以四丈为一匹,五丈为一端。为了保证绢帛的质量,维护货币市场,唐政府颁布法令以规定布帛的定式,还在各州设置样品,各地方政府在征收布帛时以此为标准,使"好不过精,恶不至滥"。同时,政府颁行法令以惩处作奸取巧者。《唐律疏义·杂律》规定:"诸造器用之物及绢布之属,有行滥、短狭而卖者,各杖六十。"又《唐律疏义》注曰:"'行滥',谓器用之物不牢、不真;'短狭',谓绢匹不充四十尺,布端不满五十尺,幅阔不充一尺八寸之属而卖:各杖六十。"唐代一尺合今29.5~31

图43 宁夏固原李贤墓出土陶骆驼俑(采自《宁夏文物》)　　图44 陕西历史博物馆藏北周骆驼陶俑(陕西历史博物馆提供)

厘米,幅阔一尺八寸约56厘米。[78]这个尺寸也可以得到大量敦煌写本文书的印证。据王进玉先生统计,在敦煌藏经洞保存下来唐代大量借贷文书中的绢的幅宽,基本上在一尺八寸至二尺之间,个别有略宽或略窄的[79],与唐代制度相一致。而且这个尺寸一直延续到五代宋时期,如P.2504背《辛亥年(915)康幸全贷绢契》中有"白丝生绢一匹,长三丈九尺,帐阔一尺九寸",北图殷字41号(北敦9520号背二)《癸未年(923)三月二十八日王□敦贷生绢契》记"贷生绢一匹,长四十尺,帐阔一尺八寸二十分",P.3573《曹留住卖人契》记载曹留住出卖一个10岁的名叫三奴的人给段□□,"断□□□□生绢□匹半,匹长三丈九尺,帐阔一尺九寸"。虽然各自略有出入,但总体上仍然是一匹四丈,幅阔一尺八寸的基本规格。

更加有趣的是,在敦煌藏经洞发现的这些借贷文书中,不仅有文字记载的各类绢等织物的尺寸,在文书的背面还往往会画出被学者们称为"量绢尺图"的图像。根据日本学者山本达郎、池田温,法国学者童丕,以及中国学者宋家钰的统计和研究,敦煌写本S.4884、P.3124V(图45)、P.3453、P.4083、S.5632V、дX.1303、дX.6708等不同时期的文书中均有出现"量绢尺图",其尺度基本上为30.8~32厘米。[80]其中像S.4884背面画出的量绢尺图,量绢尺的两端长约31厘米,与唐尺完全一致。因此,具有特定尺寸并以匹、缎来计量的绢帛,在通常的运输中即形成像莫高窟第45窟、第217窟、Stein Painting 11、哈

图 45　敦煌写本 P.3124V 量绢尺图
（采自国际敦煌项目 IDP）

图 46　康国故地阿弗拉西阿卜"大使厅壁画"中各国使臣形象及其线描图

佛大学藏敦煌绢画弥勒经变，洛阳唐安国相王孺人唐氏墓壁画，以及大量唐墓中的骆驼三彩俑和陶俑上所表现出来的一卷卷或一条条的形状。

事实上，不仅仅是在敦煌壁画、墓葬壁画和骆驼俑身上可以看到丝绢在丝路贸易中的广泛出现，作为丝路贸易的主要商品、交换品、等价物，来自唐代的丝绢图像，也应该会出现在当时主要从事丝路交通贸易的粟特九姓胡人的所在地中亚。有趣的是，早在1965年，苏联的考古工作已经有重要发现[81]。在康国故地阿弗拉西阿卜的一处宫廷大厅遗址西壁壁画（即今天学界通称的"大使厅壁画"）（图46）中出现了来自唐代的使臣形象，可以看到唐使臣中最前面二人所捧的物品即为白色和红色的卷状横条形物品。从其画法来看，其实正是我们在敦煌壁画中所见绢的表达手法，其宽度略大于人体宽幅，和章怀太子墓侍女捧绢尺寸一致，其实正与唐代绢之56厘米的宽幅相合。"大使厅壁画"表现的是各国使节觐见康国国王拂呼缦（Varkhuman）的情景，因此各使臣奉献的当是各自国家的特色物品，或与丝路贸易关系最为密切的物品。无疑来自唐帝国的绢当是唐使臣朝见康国王时的贵重礼品，其中有白色的素绢，也有红色的彩绢。根据留存在西墙的同时期的题记可知，此壁画成作于656年左右，是为庆祝当地国王拂呼缦被唐朝皇帝授予粟特九国之王称号而画。这与《新唐书》"康国传"记载"高宗永徽时，以其地为康居都督府，即授其王拂呼缦为都督"相呼应[82]。

以各类绢作为赏赐礼物，即国家礼品，广泛见于唐王朝皇帝对周边少数民族或其他各国来长安朝觐时回赐记载中。那么前去各国进行外交活动的唐使臣所带物品中，丝绸织品绢当是主要物品之一。因此，撒马尔罕"大使厅壁画"中出现的唐代丝绢图像，当是丝路交通贸易最真切的反映，也是继19世纪初在叙利亚帕尔米拉墓葬出土汉代丝绸和1901年斯坦因在楼兰发现汉晋时期的丝绢实物之后，唐代丝绢在丝路的西端又是交通枢纽的中亚两河流域使用的重要图像印证。

结语

丝绸之路的兴盛与中国丝绸及其织品的贩运有非常密切的关系，虽然各类历史文献的记载极其丰富，但相关图像一直未受关注。中古时期绢帛作为财富使用的历史，启示我们此类物品必当是中古时期图绘不可或缺的题材。透过以敦煌壁画和唐墓骆驼俑为代表的各类考古材料的分析，确实可以发现，工匠们对以绢帛为代表的丝绸及其织品财富的展示，将各类绢帛练锦图像分别在唐五代以来的敦煌壁画、唐墓骆驼俑驮载的货囊、传世绘画以及宋墓、辽墓壁画中做了较为清晰的描绘，既是图像记载真实历史时期的丝路风情，也可帮助我们今天理解中古时期丝路贸易的点滴面貌。作为丝路象征符号的骆驼身上所驮载着的一类物品，其图像特征虽然不明显，但剥茧抽丝，对细小画面的释读却大大开阔了我们观察考古材料的视野，使得这些大家熟知的考古旧材料变得鲜活起来。而客观还原丝路真实的历史，则使得丝路的研究更加富于历史趣味。

参考资料

[1] M. Aurel Stein, *Serindia-Detailed Report of Explorations in Central Asia and Westernmost China* (London: Oxford University Press, 1921), pp. 373-374, 432, 701, Plate XXXVII. 中译本见（英）奥雷尔·斯坦因：《西域考古图记》，中国社科学科学院考古研究所译，广西师范大学出版社，1998年。

[2] Valerie Hansen, *The Silk Road-A New History* (London: Oxford University Press, 2012), Plate 5A. 中译本见（美）芮乐伟·韩森：《丝绸之路新史》，张湛译，北京联合出版公司，2015年。

[3] 此图版另见荣新江：《丝绸之路上的于阗》图1《敦煌发现的汉代丝绸》，载上海博物馆编《于阗六篇：丝绸之路上的考古学案例》，北京大学出版社，2014年，第1—36页。

[4] 罗振玉、王国维：《流沙坠简》，上虞罗氏宸翰楼，1914年，"器物五五"。另见中华书局，1993年。夏鼐：《我国古代蚕、桑、丝、绸的历史》，载《考古学和科技史》，科学出版社，1979年，第98—116页。（日）池田温：《敦煌の流通经济》，《讲座敦煌3·敦煌の社会》，大东出版社，1980年，第297—343页。

[5] （日）森丰：《丝绸之路的骆驼》，新人物往来社，1972年。（法）布尔努瓦：《丝绸之路》，耿昇译，山东画报出版社，2001年。Elfriede R. Knauer, *The Camel's Load in Life and Death: Iconography and Ideology of Chinese Pottery Figurines from Han to Tang and their Relevance to Trade along the Silk Routes* (Zurich: AKANTHVS.Verlag fur Archaologie, 1998). 参见荣新江：《骆驼的生死驮载——汉唐陶俑的图像和观念及其与丝路贸易的关系》书评，载《唐研究》（第5卷），北京大学出版社，1999年。冉万里：《"丝绸之路"视野中的一件三彩骆驼俑》，载樊英峰主编《乾陵文化研究》（四），三秦出版社，2008年，第147—157页。

[6] 张庆捷：《北朝隋唐的胡商俑、胡商图与胡商文书》，载李孝聪、荣新江主编《中外关系史：新史料与新问题》，科学出版社，2004年，第173—204页；另收入氏著《民族汇聚与文明互动——北朝社会的考古学观察》，商务印书馆，2010年，第178页。

[7] 张庆捷：《北朝入华外商及其贸易活动》，载张庆捷、李书吉、李钢主编《4—6世纪的北中国与欧亚大陆》，科学出版社，2006年；另收入氏著《民族汇聚与文明互动——北朝社会的考古学观察》，商务印书馆，2010年，第216页。

[8] 荣新江：《萨保与萨薄：佛教石窟壁画中的粟特商队首领》，载《法国汉学》丛书编辑委员会编《粟特人在中国——历史、考古、语言的新探索》，中华书局，2005年，第49—71页；另载氏著《中古中国与粟特文明》，生活·读书·新知三联书店，2014年，第186—216页。

[9] 沙武田：《丝绸之路交通贸易图像——以敦煌画商人遇盗图为中心》，载陕西师范大学历史文化学院、陕西历史博物馆编《丝绸之路研究集刊·第一辑》，商务印书馆，2017年，第122—155页。

[10] 段文杰主编《中国敦煌壁画·盛唐》，天津人民美术出版社，2010年，彩色图版六四，图版说明第22页。

[11] 马德主编《敦煌石窟全集·交通画卷》，香港商务印书馆，2000年，第28页。

[12] 孙建华：《内蒙古辽代壁画》，文物出版社，2009年，第46、49页图版。

[13] 姜亮夫：《敦煌——伟大的文化宝藏》，上海古典文学出版社，1956年。潘吉星：《敦煌石室写经纸的研究》，《文物》1966年第3期，第39页。李晓苓、贾建威：《甘肃省博物馆藏敦煌写经纸的初步检测和分析》，《敦煌学辑刊》2013年第3期，第164—174页。

[14] 马德主编《甘肃藏敦煌藏文文献叙录》，甘肃民族出版社，2011年。

[15] 数据来自国际敦煌项目IDP。

[16] 相关数据可见国际敦煌项目IDP，或法国国家图书馆网站，或国内已出版各类敦煌文献大型系列图书，如《英藏敦煌文献》《法藏敦煌西域文献》《俄藏敦煌文献》等。相关研究参见王进玉《敦煌学和科技史》第七章（甘肃教育出版社，2010年）。

[17] 施萍婷、贺世哲：《敦煌壁画中的法华经变初探》，载敦煌文物研究所编著《中国石窟·敦煌莫高窟》（第三卷），文物出版社、株式会社平凡社，1987年，第177—191页。贺世哲：《敦煌壁画中的法华经变》，载敦煌研究院编《敦煌研究文集·敦煌石窟经变篇》，甘肃民族出版社，2000年，第127—217页。贺世哲：《敦煌石窟论稿》，甘肃民族出版社，2004年，第135—224页。

[18] （日）下野玲子：《敦煌莫高窟第二一七窟南壁经变の新解释》，载《美术史》第157册，2004年，第96—115页。丁淑君中译本见敦煌研究院信息资料中心编《信息与参考》总第6期（2005年）；牛源中译本见《敦煌研究》2011年第2期，第21—32页。另见下野玲子：《唐代佛顶尊胜陀罗尼经变图像的异同与演变》，载《朝日敦煌研究员派遣制度纪念志》，朝日新闻社，2008年，第140—150页；下野玲子：《敦煌佛顶尊胜陀罗尼经变相图の研究》，勉诚出版，2017年，第25—112页。

[19] 参见（唐）志静法师：《佛顶尊胜陀罗尼经序》，载《大正藏》第19册，第349页。

[20] （日）下野玲子：《莫高窟第217窟南壁经变新解》，牛源译，刘永增审校，《敦煌研究》2011年第2期，第30—31页。

[21] （日）高楠顺次郎、渡边海旭：《大正藏》第19册，大藏出版株式会社，1934年，第349页。

[22] （英）Roderick Whitfield, *The Arts of Central Asia*（第二卷彩版12），日本讲谈社，1982年。

[23] 樊锦诗主编《敦煌石窟全集·佛传故事画卷》，香港商务印书馆，2004年，第176—177页。

[24] 在各类画册的解说中，传统的认识往往把此类物品解释为衣服，实为当时作为通行货币使用的一匹匹（或一缎缎）绢帛，是以钱物的形式给穷人。

[25] 王惠民：《敦煌321、74窟十轮经变考释》，载中山大学艺术史研究中心编《艺术史研究·第6辑》，中山大学出版社，2004年，第309—336页。

[26] 宁强：《曹议金夫妇出行礼佛图研究》，载段文杰等编《敦煌学国际研讨会论文集：石窟艺术编》，辽宁美术出版社，1995年，第308页。米德昉：《敦煌莫高窟第100窟研究》，甘肃教育出版社，2015年，第306页。

[27] 宁强：《曹议金夫妇出行礼佛图》，载段文杰等编《敦煌学国际研讨会论文集：石窟艺术编》，辽宁美术出版社，1995年，第311页。

[28] 对此图像，我们在洞窟现场讨论时，杨婕、敦煌研究院赵晓星、浙江大学王瑞雷、中国藏学研究中心杨鸿蛟等帮忙释读。同时我们也就敦煌壁画中出现的卷轴佛经做了比较，排除了作为卷轴写经的可能性。因为写经卷轴两头均有突出来的轴，另中间出现2道捆扎的绳子，也非经卷所使用，经卷是用经帙包裹。感谢敦煌研究院李国先生提供图片。

[29] 宿白：《白沙宋墓》，第2版，文物出版社，2002年，图版二七、三二。

[30] 即张匡正墓。——本文作者注

[31] 河北省文物研究所:《宣化辽墓——1974—1993年考古发掘报告》,文物出版社,2001年,第298页,另见彩版九六、线图二二九。

[32] 王银田、解廷琦、周雪松:《山西大同市辽墓的发掘》,《考古》2007年第8期,第34—44页。图版见贺西林、李清泉:《中国墓室壁画史》,高等教育出版社,2009年,图4-14,第239页。

[33] 李清泉:《宣化辽墓:墓葬艺术与辽代社会》,文物出版社,2008年。

[34] 内蒙古文物考古研究所、阿鲁科尔沁旗文物管理所:《内蒙古赤峰宝山辽壁画墓发掘简报》,《文物》1998年第1期,第73—95页。吴玉贵:《内蒙古赤峰宝山辽墓壁画"寄锦图"考》,《文物》2001年第3期,第92—96页。另载(美)巫鸿、李清泉:《宝山辽墓:材料与释读》,上海书画出版社,2013年,第147—152页。

[35] 哲里木盟博物馆等:《库伦旗第五、六号辽墓》,《内蒙古文物考古》总第2期,1982年,第35—46页。郑隆:《库伦辽墓壁画浅谈》,《内蒙古文物考古》总第2期,1982年,第47—50页。全申:《库伦旗六号辽墓壁画零证》,《内蒙古文物考古》总第2期,1982年,第51—55页。王健群、陈相伟:《库伦辽代壁画墓》,文物出版社,1989年。孙建华:《内蒙古辽代壁画》,文物出版社,2009年,第262、263、275页图版。

[36] 区秋明、袁宣萍:《中国古代丝绸品种的分类》,载朱新予主编《中国丝绸史(专论)》,中国纺织出版社,1997年,第249—250页。

[37] 孙机:《汉代物质文化资料图说》,上海古籍出版社,2011年,第70页。

[38] 赵丰:《中国丝绸艺术史》,文物出版社,2005年,第37页。

[39] (唐)杜佑:《通典》卷六《食货六·赋税下》,中华书局,1988年,第111页。

[40] (宋)王钦若等:《册府元龟》卷五百一《邦计部·钱币第三》,周勋初等校订,凤凰出版社,2006年,第5689页。

[41] 唐长孺等编《汪籛隋唐史论稿》,中国社会科学出版社,1981年,第289—298页。

[42] 史念海:《黄河流域蚕桑事业盛衰的变迁》,载《河山集》,生活·读书·新知三联书店,1963年;另载《史念海全集》(第三卷),人民出版社,2013年,第194—197页。

[43] 严耕望:《唐代纺织工业之地理分布》,载《唐史研究丛稿》,新亚研究所,1969年,第645—646页;另载《严耕望史学论文集》(中),上海古籍出版社,2009年,第793—802页。

[44] 杨希义:《唐代丝绸织染业述论》,《中国社会经济史研究》1990年第2期,第24—29页。杨希义:《唐代丝绸染织业概说》,《西北大学学报》(自然科学版)1990年第3期,第99—106页。李伯重:《唐代江南农业的发展》,北京大学出版社,2009年。

[45] (唐)杜牧撰,何锡光校注:《樊川文集校注》卷十八,巴蜀书社,2007年。

[46] 冻国栋:《商业》,载胡戟、张弓、李斌城等主编《二十世纪唐研究》,中国社会科学出版社,2002年,第481—482页。

[47] 李埏:《略论唐代的"钱帛兼行"》,《历史研究》1964年第1期,第169—190页。史卫:《从货币职能看唐代"钱帛兼行"》,《唐都刊》2006年第3期,第1—5页。唐祥凤:《唐代货币问题研究》,河北经贸大学硕士学位论文,2014年。

[48] （清）董诰等编《全唐文》卷二十五《令钱货兼用制》，中华书局，1983年，第293页。

[49] （清）董诰等编《全唐文》卷三十五《命钱物兼用敕》，中华书局，1983年，第386页。

[50] （宋）欧阳修、宋祁：《新唐书》卷五十四《食货志四》，中华书局，1975年，第1388页。

[51] （明）黄宗羲：《明夷待访录·财计一》，中华书局，1981年，第36页。

[52] 中国文物研究所、新疆维吾尔自治区博物馆、武汉大学历史编《吐鲁番出土文书》（全四册），文物出版社，1992年。（日）小田義久：《大谷文书集成》，法藏馆，1989年。

[53] 吴震：《吴震敦煌吐鲁番文书研究论集》，上海古籍出版社，2009年，第625—655页。

[54] 齐陈骏、冯培红：《晚唐五代宋初归义军对外商业贸易》，郑炳林主编《敦煌归义军史专题研究》，兰州大学出版社，1997年，第346页。

[55] 赵丰、王乐：《敦煌丝绸》，甘肃教育出版社，2013年。

[56] 赵丰：《敦煌的丝绸贸易与丝路经营》，载赵丰主编《敦煌丝绸与丝绸之路》，中华书局，2009年，第237—244页。

[57] 张广达：《论隋唐时期中原与西域文化交流的几个特点》，《北京大学学报学（哲学社会科学版）》1985年第4期，第3页。

[58] 葛承雍：《唐代胡人袒腹俑形象研究》，《中国历史文物》2007年第5期，第20—27页。

[59] 葛承雍：《丝路商队驼载"穹庐"、"毡帐"辨析》，《中国历史文物》2009年第3期，第60—69页。

[60] 葛承雍：《唐代狩猎俑中的胡人猎师形象研究》，《故宫博物院院刊》2010年第6期，第126—143页。

[61] 刘东方：《丝绸之路的象征符号——骆驼》，《故宫博物院院刊》2004年第6期，第6—25页。

[62] 图版采自洛阳文物管理局、洛阳古代艺术博物馆编《洛阳古代墓葬壁画》（下卷），中州古籍出版社，2010年，图版二十三、二十六。

[63] 洛阳市第二文物工作队：《唐安国相王孺人唐氏、崔氏墓发掘简报》，《中原文物》2005年第6期，第26—27页。

[64] 《洛阳出土骆驼驮丝绸壁画为丝绸之路起点再添力证》，《丝绸之路》2010年第18期，第23页。

[65] 参见 http://news.lyd.com.cn/system/2015/12/24/01。

[66] 西安市文物保护考古所：《西安市南郊唐墓（M31）发掘简报》，《文物》2004年第1期，第31—61页。国家文物局编《丝绸之路》，文物出版社，2014年，第142、143页图版与说明。

[67] 冉万里：《"丝绸之路"视野中的一件三彩骆驼俑》，载樊英峰主编《乾陵文化研究（四）》，三秦出版社，2008年，第147—157页。

[68] 姜伯勤：《唐安菩墓所出三彩骆驼所见"盛于皮袋"的祆神——兼论六胡州突厥人与粟特人之祆神崇拜》，载荣新江主编《唐研究（第七卷）》，北京大学出版社，2001年，第55—70页。后收入姜伯勤：《中国祆教艺术史研究》，生活·读书·新知三联书店，2004年，第225—236页。

[69] （美）巫鸿：《黄泉下的美术——宏观中国古代墓葬》，施杰译，生活·读书·新知三联书店，2010年。

[70] 葛承雍：《丝路商队驼载"穹庐"、"毡帐"辨析》，《中国历史文物》2009年第3期，第64页。

[71] 富平县文化馆、陕西省博物馆、陕西省文物管理委员会：《唐李凤墓发掘简报》，《考古》1977年第5期，第318页。

[72] 《丝绸之路——大西北遗珍》编辑委员会：《丝绸之路——大西北遗珍》，2版，文物出版社，2014年，彩色图版117，第106页。国家文物局编《丝绸之路》，文物出版社，2014年，第140、141页图版与说明。

[73] 国家文物局编《丝绸之路》，文物出版社，2014年，第354、355页图版与说明。

[74] 河北省文物考古研究所编《河北古代墓葬壁画》，文物出版社，2000年，第107页。

[75] 刘合心：《陕西长安兴教寺发现唐代石刻线画"捣练图"》，《文物》2006年第4期，第69—77页。

[76] （宋）欧阳修、宋祁：《新唐书》卷五十一《食货志一》，中华书局，1975年，1345页。

[77] （唐）杜佑：《通典》卷第六《食货六·赋税下》，中华书局，1988年，第107—108页。

[78] 曾武秀：《中国历代尺度概述》，《历史研究》1964年第3期，第172—174页。吴泽：《王国维尺度研究综论》，载中国唐史研究会编《唐史研究会论文集》，陕西人民出版社，1980年，第332—359页。丘光明：《中国历代度量衡考》，科学出版社，1992年，第88页。吴慧：《新编简明中国度量衡通史》，中国计量出版社，2006年，第106页。

[79] 王进玉：《敦煌学和科技史》，甘肃教育出版社，2011年，第170—172页。

[80] Eric Trombert, *Lecredit a Dunhuang*, p. 127.（法）童丕：《敦煌的借贷：中国中古时代的物质生活与社会》，余欣、陈建伟译，中华书局，2003年，第115—123、193—195页。宋家钰：《S.5632：敦煌贷绢契与量绢尺》，载宋家钰、刘忠编《英国收藏敦煌汉藏文献研究：纪念敦煌文献发现一百周年》，中国社会科学出版社，2000年，第166—169页。参见王进玉：《敦煌学和科技史》，甘肃教育出版社，2011年，第163—173页。

[81] （苏联）阿尔巴乌姆：《阿弗拉西阿勃绘画》，莫斯科，1975年。

[82] 毛民：《天马与水神》，《内蒙古大学艺术学院学报》2007年第1期，第36页。

A Study of the Silk Road Silk Images
——Centered on Dunhuang Paintings and Camel Figurines of Tombs of Tang Dynasty

Sha Wutian

(Research Center for the Silk Road History and Culture, Shaanxi Normal University, China)

Abstract: Silk and its various fabrics were the main commodities and goods traded, communicated, and exchanged along the Silk Road. Among them, silk fabrics, mainly silk, were the main wealth of the Central Plains Dynasties since Han and Tang Dynasties, and even played the role of circulating currency for a long time, widely circulated along the Silk Road. The historical documents clearly record the production, types, product names, usage, and communication of various silk products during historical periods. However, as the main commodities circulating on the Silk Road, from the perspective of image history and image understanding, due to the limitations of archaeological data, there have been no complete unearthed materials available for reference, so its image is not clear and has not attracted much attention from the academic community. Although there have been many fragments of silk fabrics unearthed along the Silk Road, they are often vaguely described due to limitations such as the form, quantity, and material of the unearthed objects, without delving into their specific names. However, upon careful observation of the Dunhuang mural images, camel figurines from tombs of the Northern, Sui, and Tang Dynasties, and murals from tombs of the Liao and Jin Dynasties, as well as other unearthed archaeological materials, based on the norms of image history, unexpected results can be obtained, which can provide a new understanding of the important item silk on the Silk Road during historical periods.

Исследование изображений на шелке по Шелковому пути —Картины Дуньхуана и фигурки верблюдов из гробниц династии Тан

Ша Утянь
(Центр исследований истории и культуры Шелкового пути Шэньсиского педагогического университета Китая)

Аннотация: Шелк и различные виды тканей из него являются основными предметами и товарами для торговли, обмена и общения на Шелковом пути. Шелковые ткани, главное, бо(帛) и цзюань(绢), были ключевым богатством династии Центральных равнин со времен династий Хань и Тан, и даже служили в течение длительного времени оборотной валютой, широко циркулируя по Шелковому пути. В исторических документах ясно записываются различные шелковые изделия, их производство, типы, названия, использования, обмена и т.д. в различные исторические периоды. Но в качестве основных товаров циркуляции на Шелковом пути, с точки зрения образа истории и осознания изображений, с учетом ограничений археологических данных, не было полных раскопок для справки, поэтому его образ не ясен, и не привлек слишком много внимания со стороны академического сообщества. Хотя вдоль Шелкового пути было раскопано много фрагментов шелковых тканей, но часто из-за формы раскопанных объектов, количества, материалов и других ограничений не рассматривали название его конкретных предметов. Но путем внимательного изучения настенных изображений Дуньхуана, фигурок верблюдов в гробнице Северных династий, династий Суй и Тан, настенных росписей в гробнице династий Ляо и Цзинь и других раскопанных археологических материалов, основая на нормах историографии изображения, имеются неожиданные результаты, которые могут дать новое понимание изображений шелковой ткани, важного предмета на Шелковом пути в исторический период

哈萨克斯坦国家博物馆藏别列尔、伊塞克墓葬动物风格饰品

库尔曼加利耶夫·阿尔曼·凯拉托维奇

（哈萨克斯坦国家博物馆）

在学术研究和大众读物中，关于塞人时代（对应于考古分期的"早期铁器时代"）有很多论述。众所周知的"金人"，其服饰的细节被用作哈萨克斯坦共和国国徽的基础；小说《托米里斯》就是在这一考古发现的影响下写成的。此外，还有许多关于波斯-塞人关系的其他信息、塞人部落的传说和故事等。

对伊塞克和别列尔遗迹材料的研究具有重要的考古学意义，它们可以补充有关哈萨克斯坦古代历史信息，确定古代居住在哈萨克斯坦领土上的民族在欧亚草原地区历史和文化进程中的地位。

塞人考古学的形成历史可以追溯到几个世纪以前，在此期间形成了一定的历史资料基础、复杂的方法论体系和命名法信息。鉴于塞人时期的遗迹遍布欧亚草原，这首先是一门欧亚科学。如果我们把它想象成一个遗迹单元，那么它的组成部分之一可以被认为是哈萨克斯坦的伊塞克和别列尔古迹。当我们把注意力集中在物质文明对象时，我们得出的结论是：这无疑是一个高品质文明的组成部分。

在伊塞克和别列尔留下考古遗迹的人群属于游牧部落中的特权阶层，他们在塞人时期对杰特苏草原、额尔齐斯河上游河谷和阿尔泰山西南部产生了影响。事实上，长期以来，塞人考古学主要以研究墓葬群（即古代塞人的墓冢）而闻名。在对墓冢的研究中发现的著名"动物风格"的遗物是生活在这片领土上的部落财富的直接证据。

科学家们在对阿尔泰山和杰特苏山谷境内生活了几个世纪的部落古迹进行考古研究时，遇到了一批特权阶层的遗迹，在那里发现了著名的别列尔和伊塞克墓冢。事实证明，在这片土地上发现了古代雄伟的墓冢和人工制品，其中黄金制品占据了特殊的位置，在各种图像中经常可以看到用黄金铸造的狮鹫形象[1]。

在考古发掘过程中，科学家们有了一个特殊的发现，影响了对早期铁器时代部落的进一步研究。就是在伊塞克墓冢发现了一位年轻战士的墓葬，特别值得注意的是他的衣服上满是金饰。据统计，仅在他的衣服、头饰和鞋子上就有4000多件令人惊叹、巧夺天工的镶条和垫片。此外，还有一枚金印戒指，上面描绘了一个戴着奇特头饰的男人头像。通过对实物材料的分析以及对墓冢的研究，我们已经确定墓主应是一位社会地位很高的军官。墓室遗物主要是生活在杰特苏草原和山区的各种动物图像。其中包括狮、虎、豹、狼、狐狸、野猪、马、驼鹿、羚羊、鹿、山盘羊。学者K.阿基舍瓦认为，所有这些动物都是天山的居住者[2]。

因此，据上述材料我们可以看到，位于欧亚草原的特权阶层墓葬中的随葬品多是以令人惊叹的动物风格制作的。如果我们关注在别列尔墓冢中发现的具有动物风格特征的文物，那么，我们就有充分的理由证实：这里曾存在一个非常庞大的文化。在斯基泰-西伯利亚动物风格的艺术品中，出现大量描绘各种动物或它们身体一部分的现象。对斯基泰艺术的高度价值和独创性的正确认识来得太晚了。在此之前，人们认为这些物品只是外国古代艺术形象的仿制品。M.I.罗斯托夫采夫、G.I.博罗夫卡二人最早注意到斯基泰动物风格与古代东方和希腊艺术之间的差异。高加索的B.B.皮亚特罗夫斯基、中亚的S.P.托尔斯托夫和M.I.伊京诺的研究结果提供了许多有关斯基泰艺术的有价值的信息。I.安德烈松、A.萨尔蒙、V.格里斯迈尔、M.P.格里亚兹诺夫、S.V.基谢列夫以及S.I.鲁登科，在阿尔泰冰冻的墓冢中发现了动物风格艺术的典型遗物，并研究了该艺术风格在东方的传播[3]。欧亚大陆古代游牧民族文化的主要特征之一是被称为"斯基泰-西伯利亚动物风格"的视觉艺术，其典型艺术元素通常是：角鹿，猛禽形象，苦难场景，一种融合的动物形态生物——结合了兽类和鸟类物种特征并具有突出的喙的狮鹫，等等[4]。

斯基泰动物风格以一组特定的图像和主题为特征。动物风格的制品主要出现在特权阶层和普通士兵墓葬中。

动物风格的主要含义是它所描绘的内容，即以特定形式描绘特定动物形象。因此，斯基泰-塞人动物风格的概念不仅考虑到描绘方法，还包括影响斯基泰艺术的语义方面。半个多世纪前，伟大的俄罗斯历史学家和考古学家M.I.罗斯托夫采夫注意到了斯基泰动物风格与其他动物形象的区别[5]。目前有价值的文物是伊塞克和别列尔墓冢藏品，包括保存在哈萨克斯坦国家博物馆的独特动物风格作品。这里不仅有真实动物图像，还有被赋予一定意义的奇幻动物图像。

因此，我们将重点详细描述源自上述古迹的早期游牧民族的动物造型的器物特征。常见的是长着翅膀和角的马的形象，头高高抬起，脖子弯曲，前腿蜷缩在身体下面。嘴巴由小而富有表现力的线条描绘，鼻孔、眼睛和眉弓的轮廓突出。头上顶着山盘羊的大角，耳朵向前倾斜。马有翅膀。马是用圆雕法制作而成。木质底座，表面镀有金箔。金色内衬由纵向两半组成，捆扎牢固，并用小铜钉固定在木质底座上。犄角和耳朵是分开制作的，插入头部的孔中，翅膀插入肩胛骨的孔中。（见本书第119页图）

山顶上的雪豹浮雕，图案对称，（左右）侧面显示。雪豹形象和山峰主题在构图上形成了一个统一的整体。（见本书第121页图）

带有山羊图像的吊坠，吊坠上描绘了两只动物。图像以侧面呈现，眼睛和鼻孔的轮廓模糊不清，动物的姿势类似于跳跃前的姿势。突出的犄角、小尾巴和胡须等明显的特征，使我们有充分的理由认为这是一组山羊形象。（见本书第120页图）

造型别致的吊坠，描绘了一个花卉装饰，放置在截面呈圆形的横杆上。植物装饰被认为是游牧民族应用艺术的主要图案之一。带有植物装饰图案的吊坠完全由木头雕刻而成。（见本书第125页上图）

狮鹫形状的吊坠——展翅的鹰头狮鹫。古代游牧民族视觉艺术的基本主题是自然界不存在的奇幻动物。它们在古代游牧民族的艺术中尤为流行。值得注意的是，一种神奇动物的形象往往是由几种动物的特征组合而成。（见本书第125页下图）

这是一个由猫科猛兽的头和驼鹿的身体呈镜像排列而成的装饰片。该制品完全覆盖着金箔，但金箔已残缺不全。（见本书第122页图）

这是一件精美的狮身人面镀金制品，其形象是一只爪子弯曲的猫科猛兽。在别列尔墓冢中发现的艺术品中，这件物品尤其引人关注，它是一个木制小型狮身人面像，以一种类似猫科猛兽的假想动物为模型。

这些小雕塑装饰在被埋葬者的衣服上。该制品完全镀金。(见本书第123页图)

本文考察了伊塞克和别列尔遗迹中具有动物风格的物品,这些物品证实了这一时期特定的描绘动物的方式。

分布在杰特苏和哈萨克斯坦东部的动物风格物品反映了制造这些物品的部落的性质和特征。在伊塞克和别列尔墓冢中发现的动物风格的视觉艺术是在内在精神境界的影响下发展起来的,具有很高的水平。巴泽雷克文化的特殊性表现在制品上的金箔纸、木雕作品、"塞人动物风格"图案以及武器类型上,这些都是我们宝贵的遗产和文化谱系,传递着远古时代的信息。

参考资料

[1] М.Грязнова.П.Алтай и приалтайская степь // Археология СССР. Степи Азиатской части скифо-сарматского времени. – М., 1992. – 256 с.

[2] К.Акишева.А. К интерпретации Иссыкского погребального обряда // культура и искусство древнего Хорезма. - Ташкент, 1986. – С.129-137.

[3] О.Вишневская.А. Культура сакских племен низовьев Сырдарьи в VII-V вв. до.н.э. // Труды Хорезмской а. - М., 1973.Т.VIII.– 232 С.

[4] З. Самашев., Базарбаева Г. Г.Жумабекова. Берельские курганы казахского Алтая // казахская культура: исследования и поиски. - Алматы, 2000. С.68-81.

[5] С. Руденко.И. Культура поселения на Алтае в скифское время. – М., 1959. – 241 С.

Қазақстан Республикасының Ұлттық музейі қорындағы Есік, Берел қорымдарынан табылған аң стилі әшекейлері

Құрманғалиев Арман Қайратұлы
(Қазақстан Республикасының Ұлттық музейі)

Археологиялық кезеңдеменің «ерте темір дәуірі» деп аталатын бөлімге сәйкесетін сақ дәуірі туралы ғылымда да, көпшілік әдебиеттерде де аз жазылған жоқ. Мемлекетіміздің елтаңбасына негіз болған «Алтын адам», осы археологиялық жаңалық әсерімен жазылған «Томирис» романын, сондай-ақ, парсы-сақ қарым-қатынастары, сақтар жайлы басқадай зерттеулер аңыз – әфсаналық мағлұматтар қалың көпшілікке кеңінен таныс.

Таза археология ғылымында Есік, Берел ескерткішін зерттеу аса зор маңызы бар, себебі еліміздің көне тарихын зерттеп, тың тұжырымдар жасап, көне замандарда Қазақстан территориясын мекендеген халықтардың Еуразияның далалық аймағында жүрген тарихи, мәдени үдерістердегі орының, анықтау бүгінгі заман талабынан туындап отырған қажеттілік.

Сақ археологиясының өзіндік қалыптасу тарихы бірнеше ғасырды қамтиды және осы мерзім аралығында оның өзіндік дерекнамалық қоры мен тарихнамасы, күрделі әдістемелік жүйесі мен атаулық – ұғымдық ақпараты қалыптасты. Сақ ескерткіштерінің Еуразия даласын алып жатқанын ескерсек, бұл ең алдымен еуразиялық ғылым болып табылады. Мұны үлкен тұтас құрылым ретінде көз алдымызға елестетсек, осының бір құрамдас бөлігі ретінде Қазақстандағы Есік және Берел ескерткерткіштерін атай аламыз. Осы уақытқа дейін берілген материалдық мәдениет нәтежелеріне көз жүгіртер болсақ, сөз жоқ өте беделді құрамдас бөлік.

Есік және Берел археологиялық ескерткішін қалдырғандар сақ дәуірінде Жетісу даласы мен жоғары Ертіс алқабы, Таулы Алтайдың оңтүстік батыс бөлігіне өз ықпалын жүргізген көшпелі тайпалардың элитасы қатарына жатады. Турасын айтқанда, сақ археологиясы ең алдымен, жерлеу ескерткішінің, яғни көне оба қорғандарды зерттейтін сала ретінде белгілі. Оба, қорғандарды зерттеу кезінде табылған «аң стилінің» заттай материалдық кешендер осы аумақтың бай екеніне бірден-бір дәлел.

Сан ғасырлар бойы Таулы Алтай мен Жетісу далалық аймағында орын тепкен Есік және Берел аумағында өмір сүрген этностардың археологиялық қазба жұмыстарын жүргізу барысында ғалымдар ескерткіштердің элиталық тобына кезікті. Бұл аумақта мәңгі тоң басқан обалар сондай-ақ грифондар әр түрлі образда алтыннан құйылып жасалған заттай материалдардың табылуы нақты айғақ болып отыр. [1, 256-б]. Археологиялық қазба жұмыстары барысында ғалымдар тобы ерекше артефактіге кез болды. Ол «Есік» обасынан археологиялық қазба жұмыстар барысында жас жауынгердің мүрдесі табылды. Мүрдені толығымен алтын әшекеймен қапталғанына ғалымдар ерекше назар аударады. Бұл арада тек оның киімінде, бас киімінде және аяқ киімінде 4000-нан астам өте көркем алтын қаптырмалар мен тілік түріндегі әшекейлер болғанын айта кету керек. Басқа да сирек кездесетін заттардын арасында өзіне назар аудартатыны — сәнді бас киім киіп, қырын қарап тұрған адамның бас бейнесі бар алтын жүзік-мөр. «Есік» обасындағы жерлеу орнында әлеуметтік дәрежесі жоғары жас жауынгер жерленгені айқындады. Табылған археологиялық артефактілер Жетісу далалары мен тауларында өмір сүрген түрлі жануарлар бейнесі, олардың ішінде: арыстан, жолбарыс, барыс, қасқыр, түлкі, қабан, жылқы, бұлан, бұғы, қарақұйрық, арқар, таутеке ғалым К.Ақышев пікірінше бұл жануарлардың барлығы Тянь-Шянь тауларының мекендеген хайуанаттар деп тұжырымдаған. [2, 129-137б]. Еуразия даласының элиталық ескерткіші Берел обаларынан табылған археологиялық құнды жәдігерлер аң стилінің өнеріне бай екендігін көре аламыз. Берел элиталық қорымының табылған аң стиліне тән жәдігерлерге назар аударатын болсақ бұл жерде өте үлкен мәдениет қалыптасқан деген тұжырымға толық негіздеме бар. Скиф-сібір аң стилі өнерінің сюжеттерінде түрлі жануарлар немесе олардың бөліктері көптеп орын алады. Скиф өнерінің жоғары көркемдік бағасы мен өзіндік ерекшелігін дұрыс түсіну кеш келді. Бұған дейін ол антика әлемінің варварлық бұтағы, бөгде образдарға жай ғана еліктеу деп қарастырылған. Орыстың М.И. Ростовцев пен Г.И. Боровка сынды ғалымдары ең алғаш болып скиф аң стилінің Ежелгі Шығыс пен Грекия өнерінен өзгешелігі мен көркемдік айшығын сипаттап көрсетіп берді. Скиф өнері бойынша бірқатар құнды деректерді Кавказда – Б.Б.Пиотровский, Орта Азияда – С.П. Толстов пен М. Итина зерттеулері берді. Бұл өнердің шығысқа таралуы туралы еңбектерді И. Андрессон, А. Сальмон, В. Грисмайер, М.П. Грязнов, С.В. Киселев, әсіресе аң стилі өнерінің тамаша үлгілерін Алтайдың тоң басқан қорғандарын ашқан С.И. Руденко сияқты ғалымдар жарыққа шығарды [3, 232-б.]. Ежелгі Еуразия көшпелілері мәдениетінің ең басты ерекшеліктерінің бірі – «скифтік-сібірлік аң стилі» деп аталатын бейнелеу өнері. Оған тән сюжеттер көбінесе былай болып келеді: шаңырақтай мүйізі бар бұғы, шығырықтай бүктетілген жыртқыш, жануарларды жәукемдеген көріністер, тұмсығы ерекше үлкен, көзі танадай жыртқыш құс және синкретті ғажайып мақұлықтар – грифондар [4, 68-81-б.].

Скифтік аң стилі белгілі образдар мен сюжеттер жиынтығымен ерекшеленеді. Аң стилінде жасалған бұйымдар негізінен ақсүйектер мен қарапайым сарбаздардың жерлеу орындарында кездеседі.

Аң стилінің ең басты мәнісі – онда не бейнеленуіне байланысты. Осыған орай, белгілі бір жануардың белгілі кейіпте бейнеленуі деген анықтама айтылады. Сондықтан скиф-сақ аң стилі деген түсінік бейнелеудің әдісін ғана ескеріп қоймайды, сонымен қатар, скиф өнерінің оған ықпал ететін мағыналық жағын да қамтимды. Скиф аң стилінің өзге де жануар бейнелерінен айырмашылығын жарты ғасырдан астам уақыт бұрын орыстың керемет тарихшысы және археологы М.И. Ростовцев белгілеп кеткен. [5, 241-б]. Жоғарыда айтылған аң стиліндегі ерекше өнер туындылары табылған «Есік» және «Берел» қорымдарынан табылған артефактілер топтамасы қазіргі уақытта Қазақстан Республикасының Ұлттық музейі қорындағы ас құнды жәдігері болып табылады. Көшепелілерге тән бұл жәдігерлер шынайы бейнелермен катар киял ғажайып бейнелер түрінде де кездеседі.

Сонымен, айтылған ескерткіштерден шыққан ерте көшпенділерге тән заттарды сипаттайтын болсақ, Қанатты және мүйізді жылқылар, тік иілген мойынға жоғары көтерілген басы, алдыңғы аяқтары денесінің астына бүгілген, күйдегі бейнелер жиі кездеседі. Ауыз шамалы, бірақ мәнерлі сызықтармен сызылған, танау, көз және қас жоталары, бет сүйектері дөңес контурланған. Басы үлкен ешкі мүйіздерімен тәж киген жылдық сақиналар, ал құлақтар алға қарай қисайған. Жылқылар қанатты, иық пышақтарынан үлкен құс тәрізді қанаттары бар. Жылқының протомдары дөңгелек мүсін әдісімен жасалған. Мүсіннің негізі ағаш, алтын жапырақ төсеніші, ағаштан ойылған жылқы протомдары толығымен сақталған. Алтын төсем бір-біріне жақсы бекітілген және бекітілген екі бойлық жартыдан тұрады кішкентай қола шегелері бар ағаш негіз. Мүйіздер мен құлақтар бөлек жасалып басындағы саңылауларға, енгізілген құс қанаты жауырындарында саңылауларға бекітілген. (См. рисунок на странице 119 книги)

Таудағы барыс рельефі, тауларды бейнелейді. Олар жұптастырылған (оң және сол), кескіндер профильде көрсетілген бір-бірінің айнадағы кескіндері. Барыс бейнесі мен тау шыңдарының схемалық мотиві композицияны құрайды бір бүтінге қатысты. (См. рисунок на странице 121 книги)

Таутеке тәрізді шытыралар, олардың үшеуі бір-біріне карама-қарсы позицияда өрнектелген. Профильдегі фигуралардың сұлба кескіндері. Ол жалпы, толығымен дерлік берілген гравюра жоқ, тек көздер мен танаулардың контурлары әлсіз сызылған, аяқтар біріктірілген секіру алдындағы жануардың позасы. Үлкен саңылау мүйізді, кішкентай тік құйрықты және сына тәрізді сақал таутекені бейнелейтініне күмән келтірмейді. (См. рисунок на странице 120 книги)

Стильдендірілген өсімдік тектес ілдіргі, бұйым қимасында шеңбер түрінде келген планкада орналастырылған. Өсімдік ою-өрнегі көшпенділердің қолданбалы өнеріндегі негізгі мотивтердің бірі. Өсімдік мәнеріндегі ілдіргі толығымен ағаштан ойылып жасалынған. (См. верхний рисунок на странице 125 книги)

Қанаты жайылған бүркіт басы грифон, қанатын жайған самұрық бейнелі салпыншақ. Көне берелдіктердің бейнелеу өнерінің негізгі мотиві - табиғатта жоқ қиял-ғажайып мақұлықтар – самұрықтар. Олар ежелгі көшпелілердің өнерінде ерекше танымалдыкқа ие, бірнеше жануардың бейнелері біріктіруінен туындаған қиялиғажайып хайуанның бейнесі. (См. нижний рисунок на странице 125 книги)

Мысық жыртқыш және үш құлақты грифон құстар бейнеленген ірі айылбас, Мысық тектес жыртқыштың жұқа алтынмен қапталған басы мен айналық кескіндегі екі бұланның протомаларын меңзейтін әшекей. Бұйым бастапқы қалпында толықтай алтынмен апталған. Бізге дейін алтын фольгасы фрагментарлы түрде ғана жеткен. (См. рисунок на странице 122 книги)

Жыртқыш мысық бейнесіндегі сфинкс мүсіні, аяқтарын бүккен сфинкс бейнелі шағын алтынмен қапталған мүсін. Берел өнер туындыларының арасында ағаштан жасалып жұқа алтынмен қапталған, тұрқы шағын, адам бейнелі, денесі мысық тұқымдас жыртқыш аңға ұқсас қияли аң бейнесінде жасалған сфинкстер ерекше қызығушылық туғызады. Бұл шағын мүсіндер шапанның немесе бас киімнің ілініп тұратын салпыншақтары. Бұйым толықтай алтынмен апталған. (См. рисунок на странице 123 книги)

Осы мақалаға арқау болған ежелгі Есік және Берел ескерткіштерінен шыққан аң стиліне жаттатын заттардың қарастырып, осы кезеңде жануарлардың бейнелейтін өзіндік заңдылықтың болғандығы, нақтырық келтіріп айтсақ – әшекейлерді дайындау барысында шеберлер бірқатар белгілерді қолданған.

Аң мәнерінде жасалынған Жетісу және Шығыс Қазақстан далалық аймағында жеке бұйымдар, олардың жалпы мінез-құлықтарын мен негізгі ерекшеліктері, тұрғылықты дәстүр мен тұрғылықты шеберлер жасалған. Есік және Берел қорғандарынан табылған аң стілінің бейнелеу өнері жоғары деңгейде дамығаны, ішкі рухани жағдайының әсерінен туған дүниелер. Пазырық мәдениетінің өзіндік ерекшелігі алтын фольга, ағаштан ою арқылы жасалынған заттарға композициялар, ат-әбзелдер көркемделген әшекей жапсырмалар, қару-жарақтар және «аң-стіліндегі» кескіндер бүгінгі күнге жеткен баға жетпес мұрамыз сондай-ақ, өткен ғасырдан ақпарат беретін мәдени шежіре болып табылады.

Әдебиеттер

[1] Грязнов М.П. Алтай и Приалтайская степь // Археология СССР. Степи Азиатской части скифо-сарматского времени. – М., 1992. – 256 б.

[2] Акишев К.А. К интерпретаций Иссыкского погребального обряда // Культура и искусство древнего Хорезма. – Ташкент, 1986. – б. 129-137.

[3] Вишневская О.А. Культура сакских племен низовьев Сырдарьи в VII-V вв. до.н.э. // Труды Хорезмской АЭЭ. – М., 1973. Т. VIII. – 232 б.

[4] Самашев З., Базарбаева Г., Жумабекова Г. Берельские курганы Казахского Алтая // Казахская культура: исследования и поиски. – Алматы, 2000. 68-81 б

[5] Руденко С.И. Культура населения Алтая в скифское время. – М., 1959. – 241 б.

Украшения в зверином стиле, найденные в захоронениях Иссык, Берель, из фондов Национального музея Республики Казахстан

Курмангалиев Арман Кайратович
(Национальный музей Республики Казахстан)

О сакской эпохе, соответствующей «раннему железному веку» археологической периодизации, как в науке, так и в массовой литературе написано немало. Широко известны «Золотой человек», детали украшения костюма которого использованы в основе герба нашей страны; роман «Томирис», написанный под влиянием этой археологической находки, а также другие сведения о персидско-сакских отношениях, легенды и сказания о сакских племенах.

Изучение материалов памятников Иссык и Берель имеет большое значение для археологической науки, поскольку пополнение сведений о древней истории страны и определиние места народов, населявших территорию Казахстана в древности, в историко-культурных процессах степного региона Евразии, обусловленно современными требованиями.

История становления сакской археологии насчитывает несколько столетий, и за этот период сформировалась определенная источниковедческая база и историография, сложная методологическая система и номенклатурная информация. Учитывая распространенность памятников сакского периода на территории евразийских степей, это прежде всего евразийская наука. Если представить это как единую целостную структуру, то одной из её составляющих можно считать памятники Исссык и Берель в Казахстане. Акцентируя внимание на предметах материальной культуры, несомненно назревает вывод о том, что это, несомненно, престижная составляющая.

Оставившие археологические памятники Иссык и Берель, относились к элите кочевых племен, оказавших свое влияние на степи Жетысу, долину верхнего Иртыша и юго-западную часть Горного Алтая в сакский период. Фактически, сакская археология долгое время была известна прежде всего как археологическое направление, сфокусированное на изучении погребальных комплексов, то есть древних сакских курганов. Предметы материальной культуры, выполненные в знаменитом «зверином стиле», обнаруженные в ходе исследований курганов, являются непосредственным доказательством богатства племен, обитавших на этой территории.

С элитной группой памятников ученые столкнулись в ходе археологических исследований памятников племен, веками проживавших на территории горного Алтая и долины Жетысу, где были обнаружены знаменитые Берельские и Иссыкский курганы. Фактическим свидетельством является обнаружение на этой территории древних величественных курганов, а также артефактов, среди которых особое место занимают предметы, выполненные из золота, часто встречается фигура грифона отлитого из золота в различных образах [1, С. 256].

В ходе археологических раскопок учёные столкнулись с особой находкой, повлиявшей на дальнейшее изучение племен раннего железного века. Это был курган «Иссык», при исследовании которого было обнаружено захоронение молодого воина, особое внимание уделяется его одежде, которая была полностью украшена золотыми украшениями. Следует отметить, что только на его одежде, головном уборе и обуви было расположено более 4000 удивительных, искусно выполненных нашивок и бляшек. Среди других редких находок также выделяется золотое кольцо-печатка с изображенной на нем головой мужчины в профиль, в причудливом головном уборе. В ходе анализа вещественного материала, а также изучения кургана, было установлено, что погребенный воин был человеком высокого социального статуса. Найденные археологические артефакты представляют собой образы различных животных, обитавших в степях и горах Жетысу. В основном это представители местной фауны. Среди них: лев, тигр, леопард, волк, лисица, кабан, лошадь, лось, олень, джейран, олень, горный архар. По мнению ученого К. Акишева, все эти животные – обитатели Тянь-Шаньских гор [2, 129-137с.].

Таким образом, на основании вышеуказанного материала, мы видим, что археологические предметы, найденные в ходе исследований элитных захоронений, расположенных в евразийских степях, выполнены в поражающем воображение искусстве звериного стиля. Если обратить внимание на артефакты, характерные для звериного стиля, найденные в Берельских курганах, то есть все основания сделать вывод, что здесь сформировалась очень крупная культура. В сюжетах искусства скифо-сибирского звериного стиля в большом количестве имеют место изображение различных животных, либо частей их тел. Правильное понимание высокой художественной ценности и своеобразия скифского искусства пришло слишком поздно. До этого бытовало мнение, что такие предметы являлись простым подражанием иностранным образам античного искусства. Одними из первых, отметивших художественные отличия скифского звериного стиляот искусства Древнего Востока и Греции, были такие русские ученые как М.И. Ростовцев и Г.И. Боровка. Ряд ценных сведений о скифском искусстве дали результаты исследований Б. Б. Пиатровского на Кавказе,и С.П. Толстова и М. Итинойв Средней Азии. О распространении данного стиля искусства на восток писали И. Андрессон, А. Сальмон, В. Грисмайер, М.П. Грязнов, С.В. Киселев, а также С.И. Руденко, обнаруживший в замерзших курганах Алтая превосходные образцы искусства звериного стиля [3, с.232]. Одной из основных особенностей культуры древних кочевников Евразии является изобразительное искусство, получившее название «скифо-сибирский звериный стиль». Типичные его сюжеты зачастую таковы: олень с разветвленными рогами, образ хищного животного, сцены терзания, синкретическое зооморфное существо – грифон, сочетающий в себе видовые признаки животных и птиц, с выделенным клювом [4, стр. 68-81].

Скифский звериный стиль отличается набором определенных образов и сюжетов. Изделия, выполненные в зверином стиле, встречаются преимущественно в захоронениях представителей элиты и рядовых воинов.

Главный смысл звериного стиля – это то, что в нем изображено. В связи с этим упоминается определение изображения определенного животного в конкретной форме. Поэтому понятие скифо-сакского звериного стиля учитывает не только способ изображения, но и включает в себя влияющую на него смысловую сторону скифского искусства. Отличие скифского звериного стиля от других изображений животных было отмечено более полувека назад великим русским историком и археологом М.И. Ростовцевым [5, с. 241]. Ценными артефактами в настоящее время является коллекция предметов с курганов Иссык и Берель, включающая в себя уникальные произведения, выполненные в зверином стиле, хранящаяся в Национальном музее Республики Казахстан. Здесь встречены не только образы реальных, но и фантастических животных, наделенных определенными смыслами.

Таким образом, остановимся на детальной характеристике предметов, характерных для ранних кочевников, происходящих из упомянутых памятников. Часто встречается изображение крылатых и рогатых лошадей с высоко поднятой головой на изогнутой шее и передними ногами согнутыми под телом. Рот изображен небольшими, но выразительными линиями, контуром выделены ноздри, глаза и надбровные дуги. Голова увенчана большими рогами горного архара, а уши наклонены вперед. Лошади крылаты. Протомы лошади выполнены методом круглой скульптуры. Основание изделия – дерево, покрыто золотой фольгой. Золотая подкладка состоит из двух продольных половинок, хорошо скрепленных и прикрепленных к деревянному основанию небольшими бронзовыми гвоздями. Рога и уши изготовлялись отдельно и вставлялись в отверстия в голове, крылья птицы в отверстиях в лопатках (Осы кітаптың 119-бетіндегі суретке қараңыз)

Рельеф барса на горной вершине. Изображения парные, зеркальные, отображаемые в профиле (правый и левый). Образ барса и схематизированный мотив горной вершины составляют в композиционном плане единое целое (Осы кітаптың 121-бетіндегі суретке қараңыз)

Подвеска с изображениями горного архара, при чем на подвеске изображалось несколько, в данном случае трое животных, расположенных в противоположных друг другу позициях. Изображения представлены профильно, слабо очерчены очертания глаз и ноздрей, положение животного напоминает позу перед прыжком. Ярко выделенные признаки, такие как выдающиеся рога, небольшой хвост и бородка дают все основания сделать вывод о том, что нашему вниманию представлена именно фигура горного архара (Осы кітаптың 120-бетіндегі суретке қараңыз)

Стилизованная подвеска с изображением растительного орнамента, размещена на планке, округлой в разрезе. Растительный орнамент – считается одним из основных мотивов в прикладном искусстве кочевников. Подвеска с растительным орнаментом полностью вырезана из дерева. (Осы кітаптың 125-бетінің жоғарғы суретіне қараңыз)

Подвеска в виде грифона – грифон с головой орла с расправленными крыльями. Основной мотив изобразительного искусства древних кочевников – фантастические существа, не существующие в природе. Особую популярность они получили в искусстве древних кочевников, стоит отметить, что образ фантастического животного создавался путем совмещения признаков нескольких животных. (Осы кітаптың 125-бетінің төменгі суретіне қараңыз)

Бляшка в виде головы кошачьего хищника и протом двух лосей, расположенных в зеркальном отражении. Изделие полностью было покрыто золотой фольгой, до наших дней фольга сохранилась в фрагментарном виде (Осы кітаптың 122-бетіндегі суретке қараңыз).

Изящное позолоченное изделие в виде сфинкса, в образе хищного кошачьего животного с согнутыми лапами. Среди произведений искусства, обнаруженных в Берельских курганах, данный предмет – небольшой сфинкс из дерева, выполненный по образу воображаемого животного, схожего с кошачьим хищником, представляет особый интерес. Эти небольшие скульптуры украшали предметы одежды погребенного. Изделие полностью покрыто золотом (Осы кітаптың 123-бетіндегі суретке қараңыз).

В этой статье были рассмотрены предметы, которые представляли знаменитый звериный стиль из памятников Иссык и Берель, служащие подтверждением тому факту, что в этот период существовал определенный способ изображения животных.

Предметы, выполненные в зверином стиле, распространенные на территории Жетысу и Восточного Казахстана, отражали характер и особенности изготавливавших эти изделия племен. Изобразительное искусство звериного стиля, найденное в курганах Иссык и Берель, развито на высоком уровне, рождено под влиянием внутреннего духовного состояния. Своеобразие пазырыкской культуры выраженное в листах золотой фольги, покрывающих изделия, в композициях, выполненных резьбой по дереву, в изображениях «сакского звериного стиля» и типах вооружения, являются нашим бесценным наследием и культурной генеалогией, транслирующе   й информацию из прошлого века.

Литература

[1] М. Грязнова.П. Алтай и приалтайская степь // Археология СССР. Степи Азиатской части скифо-сарматского времени. – М., 1992. – 256 с.

[2] К. Акишева.А. К интерпретации Иссыкского погребального обряда // культура и искусство древнего Хорезма. - Ташкент, 1986. – С. 129-137.

[3] О. Вишневская.А. Культура сакских племен низовьев Сырдарьи в VII-V вв. до.н.э. // Труды Хорезмской а. - М., 1973. Т. VIII. – 232 С.

[4] З. Самашев., Базарбаева Г. Г. Жумабекова. Берельские курганы казахского Алтая / / казахская культура: исследования и поиски. - Алматы, 2000. С. 68-81.

[5] С. Руденко.И. Культура поселения на Алтае в скифское время. – М., 1959. – 241 С.

全书参考书目

References

Литература

1. 新疆文物考古研究所：《新疆奇台县石城子遗址 2019 年的发掘》，《考古》2022 年第 8 期。

2. 钱国祥：《中国古代汉唐都城形制的演进——由曹魏太极殿谈唐长安城形制的渊源》，《中原文物》2016 年第 4 期。

3. 钱国祥：《北魏洛阳永宁寺塑像的初步研究》，《中原文物》2005 年第 1 期。

4. 朱捷元：《西安北郊发现唐代金花银盘》，《文物》1963 年第 10 期。

5. 卢兆荫：《关于西安北郊所出唐代金花银盘》，《考古》1964 年第 3 期。

6. 林梅村：《从突骑施钱看唐代汉文化的西传》，《文物》1993 年第 5 期。

7. 新疆文物考古研究所：《吐鲁番阿斯塔那－哈拉和卓墓地：哈拉和卓卷》，北京：文物出版社，2017 年。

8. 葛承雍：《"醉拂菻"：希腊酒神在中国——西安隋墓出土驼囊外来神话造型艺术研究》，《文物》2018 年第 1 期。

9. 葛承雍：《"胡人岁献葡萄酒"的艺术考古与文物印证》，《故宫博物院院刊》2008 年第 6 期。

10. 戴应新、孙嘉祥：《陕西神木县出土匈奴文物》，《文物》1983 年第 12 期。

11. 朱捷元、李域铮：《西安东郊三店村西汉墓》，《考古与文物》1983 年第 2 期。

12. 赵德云：《中国出土的蜻蜓眼式玻璃珠研究》，《考古学报》2012 年第 2 期。

13. 荣新江：《丝绸之路与东西文化交流》，北京大学出版社，2015 年。

14. 荣新江主编《丝绸之路上的中华文明》，商务印书馆，2022 年。

15. 葛承雍：《绵亘万里：世界遗产丝绸之路展反思》。

16. 陈同滨：《"丝绸之路：起始段和天山廊道的路网"遗产解读》，《中国文化遗产》2014 年第 3 期。

17. 陈同滨：《丝绸之路：长安—天山廊道的路网，中国，哈萨克斯坦，吉尔吉斯斯坦》，《世界建筑》2017 年第 5 期。

18. 陕西省考古研究院等：《陕西华阴市唐宋素墓发掘简报》，《考古与文物》2018 年第 3 期。

19. 网站 www.silkroads.org.cn（丝绸之路世界遗产网）。

后 记

"丝绸之路"的主题，无论是在学术界，还是在普通大众的眼里，一直经久不衰。然而，学术界对丝绸之路相关问题研究的深度和广度，与普通大众的认知之间，始终存在巨大的鸿沟。那么，博物馆这个时候就应该站出来，承担起致力于教育和研究的功能，架起传播学术和启发思想的桥梁。这也是为什么每年有诸多丝路主题的展览，而每个展览都那么引人入胜，观众络绎不绝。

近年来，得益于国家政策的有效推动和学人的不懈努力，中国和中亚国家之间的文化交流日益深入。更重要的是，中国也能够加入重新复苏的中亚考古热潮，并且逐渐取得瞩目成就，展示中国学人风采。"从长安出发——丝路申遗成功十周年主题展"正是在这样的背景下策划并实施的，也是对2014年中国、哈萨克斯坦、吉尔吉斯斯坦三国联合申遗成功的"丝绸之路：长安—天山廊道的路网"项目的总结和纪念。展览从"路网"沿线的33处遗址点出发，集合中国、哈萨克斯坦两国330余件（组）重点文物，努力为丝绸之路注入新的生命力。

展览是有时效性的，但是如果将展览的文字和图像付诸纸质的图书，那么便可以永久保存。基于这样的目的，我们在本图录的编排过程中，除了着力展示与各遗址点相关的文物高清图片之外，基本按照展览文字内容进行系统编排。我们都知道，一个展览大纲的最终完成，其历经的"磨难"不亚于一篇硕士甚至博士学位论文，数万字的大纲本子是策展团队集体智慧的结晶。因此，希望读者在打开图录欣赏精美图像的同时，也能够通过文字感受策展团队在展览的准备工作中付出的艰辛和经受的挣扎。与此同时，本图录还附录有展厅场景照片，希望读者在阅读时，能产生置身于展览现场的独特体验，使瞬间成为永恒。

当然，由于多方面的原因，在展览的策划和本图录的编撰过程中还存在这样那样的问题。有些问题是博物馆面向公众展览普遍存在的，比如如何恰当地使用展览语言，使得展览既能体现学术研究高度，又能为普通大众所接受和理解，这也是一直以来困扰策展人的问题之一。同时，尽管"博物馆热"已是近年来普遍存在的社会现象，但是人民群众对博物馆前所未有的高度热情，在很大程度上局限于对明星文物的追求和关注，容易存在人云亦云的现象。与此同时，博物馆展览图录由于对图像质量要求高等原因，体积大，重量沉，一定程度上图录就成为业内人士互相学习和交流的内部材料。

诸如以上的问题，归根结底是如何使展览和观众产生深层次的共鸣。这些都是我们策展人今后需要继续思考的问题和研究的方向。

积沙成塔，积水成渊。以图录为主的书，是所有参与者共同协作的产物。在这里衷心感谢所有参与调研、借展、布展、拍照、撰稿、设计、编辑、审核的同事和朋友。希望下一次的展览策划和图录制作，我们能有所进步。

岳敏静

2024年8月

Postscript

The Silk Road has been a hot topic in both academic community and the eyes of the general public. However, a huge gap still exists between the depth and breadth of academic research on issues related to the Silk Road and the understanding of the general public. That is where museums should come in to take on the role of educating and researching, and to build bridges for disseminating academic knowledge and inspiring ideas. That is why so many Silk Road themed exhibitions are conducted every year, and also why each of them is so captivating that it has attracted a large number of viewers.

In recent years, thanks to the effective promotion of national policies and the unremitting efforts of the academic community, cultural exchanges between China and Central Asia have become increasingly intensified. More importantly, China can also join the revived archaeological programs of Central Asia whereby it has gradually made remarkable accomplishments, with positive images of Chinese scholars highlighted. It was against this backdrop that the theme exhibition "Starting from Chang'an—Theme Exhibition of the 10th Anniversary of Inscription of the Silk Roads on World Heritage List" was planned and conducted, which is also a summary and commemoration of the "Silk Roads: the Routes Network of Chang'an-Tianshan Corridor" project that was nominated for World Heritage status jointly by China, Kazakhstan, and Kyrgyzstan in 2014. The exhibition focuses on the 33 archaeological sites along the "Silk Roads: the Routes Network of Chang'an-Tianshan Corridor", with more than 330 key cultural relics from China and Kazakhstan presented, striving to inject new vitality into the Silk Road.

Exhibitions are subject to a time limit, but the text and images of the exhibitions that are put into paper books can be preserved permanently. With this in mind, in addition to highlighting the high-definition pictures of cultural relics related to each site, we have systematically arranged them in conjunction with the text content of the exhibition. As we all know, the final completion of an exhibition outline goes through no less "hardships" than does a master's thesis or even a doctoral dissertation, which with tens of thousands of words outline is the collective wisdom of the team of organizers. Therefore, we hope that readers can not only appreciate the exquisite images in the album, but also feel through words the hardships and struggles that the team of organizers has put in and endured in the preparation work of the exhibition. At the same time, this album also includes photos of exhibition hall scenes, which are intended to enable readers to have a unique experience of being at the exhibition site while reading, making the moment eternal.

Of course, due to various reasons, problems still remain in the planning of the exhibition and the compilation of this album. Some issues are usually seen in the exhibition the museum holds for the public, such as how exhibition language is to be employed to show the high level of academic research and to be accepted and understood by the general public at the same time. This has also been one of the problems that disturb the organizer of exhibitions. Despite the museum fever has become a common social phenomenon in recent years, the unprecedented high enthusiasm of the people for museums is largely confined to the iconic cultural relics that they enjoy, which would result in echoing of views of others without really thinking. Meanwhile, the album of museum exhibition, due to the high requirements for image quality, is more often than not large in size and heavy in weight, making it available only to professionals, to some extent, for learning from and communicating with each other.

The above-said issues are actually concerned about how to create a deep resonance between the exhibition and the audience. They are the questions and research directions that we exhibition curators and organizers need to think about in future.

As many a little makes a mickel, a book primarily composed of images is the product of collaborative efforts of all participants. Sincere thanks are hereby given to all colleagues and friends who have participated in the surveying, exhibit borrowing, exhibition setting, phototaking, copywriting, designing, editing, and reviewing. We wish more improvements in the exhibition organization and the album production in future.

Yue Minjing
August 2024

Послесловие

Тема «Шелкового пути» всегда живучая как в академическом сообществе, так и в глазах широкой общественности. Тем не менее, всегда существует огромный разрыв между глубиной и широтой академических исследований по вопросам, связанным с Шелковым путем, и восприятием публики. Пришло время музеям взять на себя функцию образования и исследований, а также построить мосты для распространения академических знаний и пробуждения мысли. Именно поэтому ежегодно проводится множество тематических выставок, посвященных Шелковому пути, и каждая из них настолько увлекательна, что публика стремится на них попасть.

В последние годы, благодаря эффективному продвижению политики страны и неустанным усилиям ученых, культурные обмены между Китаем и Центральной Азией становятся все более глубокими. Что еще более важно, Китай также смог присоединиться к возрождающемуся археологическому буму в Центральной Азии и постепенно добился замечательных успехов, продемонстрировав элегантность китайских ученых. «Начиная с Чанъаня: Тематическая выставка о праздновании 10-летия успешного включения Шелкового пути в список Всемирного культурного наследия» была спланирована и реализовалась именно на этом фоне, она также является отчетом и юбилейным событием, в память успешного включения в список Всемирного наследия проекта «Шелкового пути: сеть маршрутов Чанъань-Тянь-Шаньского коридора», совместно объявленного Китаем, Казахстаном и Кыргызстаном в 2014 году. Начиная с 33 объектов вдоль «сети маршрутов», выставка собирает более 330 ключевых культурных реликвий из Китая и Казахстана, чтобы вдохнуть новую жизнь в Шелковый путь.

Выставка обладает свойством временной эффективности, но если текст и изображения выставки превратятся в бумажные книги, то их можно будет сохранить навсегда. Исходя из этой цели, в процессе составления данного каталога иллюстраций археологических находок, помимо демонстрации фотографий высокого разрешения культурных реликвий, связанных с каждой развалиной, мы в основном систематически оформляем их в соответствии с текстовым содержанием выставки. Все мы знаем, что прежде чем окончательно завершить выставочный конспект, он проходит «испытания» не меньше, чем магистерская или даже докторская диссертация, а конспект из десятков тысяч слов - кристаллизация коллективной мудрости кураторской команды. Поэтому мы надеемся, что читатель, открывая каталог археологических находок и наслаждаясь прекрасными изображениями, сможет прочувствовать через текст всю ту тяжелую работу и борьбу в душе, через которую прошла команда кураторов при подготовке выставки. В то же время в каталог включены фотографии сцен из выставочных залов, в надежде, что читатель, читая каталог, получит уникальный опыт присутствия на выставке, и эти моменты станут вечными.

Конечно, по разным причинам в процессе планирования выставки и составления этого каталога все еще существуют проблемы. Некоторые проблемы оказываются общими для музейных выставок для публики, например, как правильно использовать язык выставки, чтобы он не только отражал высокий уровень академических исследований, но и при этом был принят и понят широкой публикой, и это является одной из проблем, которая беспокоит кураторов все время. Между тем, хотя музейная лихорадка стала широко распространенным социальным явлением в последние годы, беспрецедентно высокий энтузиазм людей по отношению к музеям в основном ограничивается фанатичным поклонением и вниманием к звездным реликвиям, что приводит к легкому возникновению недостаток собственного мнения. В то же время, каталог иллюстраций археологических находок музейной выставки велик и тяжел из-за высоких требований к качеству изображения, в определенной степени, стал внутренним материалом для изучения и общения между профессионалами отрасли.

Вышеперечисленные проблемы сводятся к вопросу о том, как создать глубокий резонанс между выставкой и аудиторией. Это вопросы и направления исследований, над которыми нам, кураторам, необходимо продолжать думать и изучать в будущем.

Из собранных песчинок соорудить пагоду, морская пучина складывается из капель. Книга, основанная на каталоге иллюстраций, является результатом совместных усилий всех участников. Мы хотели бы выразить сердечную благодарность всем коллегам и друзьям, которые участвовали в исследовании, заимствовании культурных реликвий, организации выставки, фотографировании, написании, оформлении, редактировании и рецензировании. Мы надеемся, что сможем добиться прогресса в курировании следующей выставки и выпуске каталога.

Юэ Миньцзин

Августа 2024 года

图书在版编目（CIP）数据

从长安出发：丝路申遗成功十周年主题展：汉、英、俄 / 侯宁彬主编. -- 西安：西北大学出版社，2024.9. -- ISBN 978-7-5604-5486-3

Ⅰ. K878.04

中国国家版本馆CIP数据核字第20247YD641号

从长安出发
——丝路申遗成功十周年主题展

CONG CHANG'AN CHUFA:
SILU SHENYI CHENGGONG SHI ZHOUNIAN ZHUTIZHAN

编　　者	陕西历史博物馆
主　　编	侯宁彬
责任编辑	王　岚
装帧设计	|合|和| 蒋　艳
出版发行	西北大学出版社
地　　址	西北大学校内
电　　话	(029) 88302590　88303593
邮政编码	710069
印　　刷	北京雅昌艺术印刷有限公司
开　　本	965 mm×635 mm　1/8
印　　张	38.5
字　　数	400千字
版　　次	2024年9月第1版
印　　次	2024年9月第1次印刷
标准书号	ISBN 978-7-5604-5486-3
审 图 号	GS陕（2024）088号
定　　价	880.00元
网　　址	http://nwupress.nwu.edu.cn

如有印装质量问题，请与出版社联系调换，电话：029－88302966。